20년차 신 부장의
금융지표 이야기

17개 지표를 통해 금융시장의 숨겨진 심리를 읽는 법

20년 차 신 부장의

금융지표 이야기

신년기 지음

지음

매크로 상황을 볼 때 가장 중요한 것은 여러 가지 지표다. 다만 그런 지표들에 대한 사전적인 혹은 전문적인 설명서들은 찾아볼 수 있지만, 알기 쉽게 그 지표를 찾는 방법인 A부터 실제 시장 흐름에 적용하는 Z까지 쉽고 상세히 설명한 책을 찾기는 쉽지 않다. 단순히 스토리로만 마켓을 보는 것이 아니라 데이터베이스로 실제 시장이 어떤 반응을 보이는지를 원스톱으로 읽어내기 좋은 책이다. 매크로를 공부하고자 하는 독자에게 추천한다.
－오건영, 신한은행 WM사업부 팀장, 《위기의 역사》 저자

2010년 봄, 하나은행에서 해외채권 운용역으로 근무중인 저자를 클라이언트로 처음 만났습니다. 그즈음은 2008년 글로벌 금융위기가 2010년대 글로벌 재정위기로 이어지는 과정으로 매일이 혼돈의 연속이었지만, 역으로 시장에 대한 경험과 이해도를 높일 수 있는 좋은 계기가 되었습니다. 이후 저자는 미국 MBA 유학에 이어 국내 유수의 금융기관에서 다양한 해외채권 상품군을 운용하며 경력을 키워갔습니다. 특히 국내에서는 외화표시 정부채, 회사채, 유동화채, 전환사채 등 대부분의 채권군을 직접 운용해본 몇 안 되는 운용역이 아닐까 생각합니다. 그의 이러한 지식과 경험은 지금까지의 "20년 차 신부장" 시리즈(1권 《채권투자 이야기》, 2권 《경제지표 이야기》)에 고스란히 녹아 있으며, 이번 《금융지표 이야기》를 통해 시리즈는 더욱 충실해졌습니다.

금융시장에는 수많은 지표가 있고, 때때로 각각의 시그널이 상충하는 경우가 있어 전문가들조차도 곤혹스러울 때가 있습니다. 하지만 저자는 오랜 경험을 통해 중요한 지표들을 추려내고 이에 대한 시장의 반응과 예측을 알기 쉽게 설명하였습니다. 특히 통상의 파이낸스 교과서와는 달리 실무적 경험을 에피소드 형식으로 서술하고 있어 비전공자나 일반인들도 재미있게 읽어 내려갈 수 있습니다. 아무쪼록 이 책자를 통해 독자들이 시행착오를 줄이며 금융시장 전반에 걸친 이해도를 높일 수 있기를 바랍니다.
－손병노, 씨티그룹글로벌마켓증권 Financial Institutional Sales and Solution 부문장

《20년 차 신 부장의 금융지표 이야기》는 금융지표와 시장의 복잡한 상호작용을 이야기 형식으로 풀어낸 독특한 책입니다. 통화 스와프, 국채 금리 스프레드, 기대인플레이션 등과 같이 친숙한 금융지표 외에도 씨티그룹 서프라이즈 지수(Citi Economic Surprise Index), 채권 변동성 지수, 구리/금 비율 등과 같은 이른바 '생소한' 지표들을 통해 금융시장을 해석하는 방법을 설명합니다. 그리고 이러한 지표가 어떻게 시장의 움직임에 영향을 미치는지 명확하게 보여주고 있습니다. 이 책을 읽는 동안 금융시장을 바라보는 새로운 시각을 얻게 되었고, 금융지표의 중요성을 다시 한번 깨달았습니다.

이 책은 금융에 대한 기존 지식이 없는 독자에게도 금융지표에 대한 친절한 설명으로 흥미로운 관점을 접할 수 있고, 금융 전문가들에게는 새로운 관점을 제시합니다. 무엇보다 신 부장의 업무 경험을 바탕으로 한 이야기 형식의 스타일은 마치 금융 현장에 있는 느낌을 받게 하면서, 동시에 복잡한 주제를 생생하게 이해할 수 있게 도와줍니다. 금융에 대한 흥미로운 통찰과 전문적인 정보를 제공하는 《20년 차 신 부장의 금융지표 이야기》는 금융시장에 조금이라도 관심 있고, 시장 현상을 직관적으로 이해하고자 하는 모든 사람에게 강력 추천합니다.

- 임병화, 성균관대학교 핀테크융합전공 교수

신난은행 외환채권부

신달라 부장
해외채권 운용 20년 경력의 베테랑, 강의를 통해 실무에 필요한 스킬과 자신의 해외채권 시장의 노하우를 전하고 있다. 함께 일하는 직원들의 의견을 경청하고, 상품에 대한 이해가 완벽하게 되면 빠르게 결정을 내린다.

두둥강 차장
외화채권부의 2인자이자 채권운용경력 10년 차, 매사 조심스러운 성격으로 신달라 부장에게는 '악마의 변호인'으로 불린다.

차영하 과장
일명 '미스터 민'으로 불리며, 철저한 '평균 회귀론자'이다. 평소 말꼬리가 긴 것이 특징이어서 신 부장에게 늘 지적당하곤 하지만, 상대의 기분을 잘 맞춰주는 것이 장점이다.

안예슬 대리
연차가 낮고 먼저 나서서 말하는 것을 꺼리는 성격이지만, 평소 항상 백데이터를 준비하고 지시에 충실하다. 또한 배우려는 의지가 강하다.

김승리 주임
국내 최고의 금융공학대학원인 가이스트에서 박사 학위를 받은 수재로, '젊은 천재'이다. 역발상에 능하고 시장을 보는 시각, 자신감이 있다.

오만기

신난은행 외환채권부에 입사한 신입사원이다. 궁금한 것이 있으면 신 부장에게 바로바로 묻고 배움에 열의가 있다. 열정만큼 실력도 갖추고 있어, 앞으로의 성장이 기대되는 사원이다.

안면성 차장

신난은행 외환채권부에서 우리나라 국채와 미 국채를 운용하고 있다. 번뜩이는 아이디어로 어떤 상황에서도 돈을 벌 수 있는 재주가 있어 신달라 부장이 스카우트해왔다.

어벙철

신입사원 연수 후 개인퇴직연금부로 인사이동이 되었다. 열정적이지만 산만하다.

뉴욕지점 테드 장

해외채권부 주니어로 '유 노우'를 연발한다. 경제지표에 대해 궁금한 것이 있으면 차영하 과장에게 실시간으로 '화상회의'를 요청한다.

장대성 본부장

고래고래 소리를 지른다고 해서 '장 고래'라는 별명으로 불린다. 직원들과 논의를 통해 함께 일한다는 느낌을 주는 신 부장과는 다른 성격의 인물이다.

차례

'집단지성'과 '집단사고' 모두를 담고 있는 금융지표의 비밀

2023년 여름, 저는 4주간의 챗GPT 유료 스터디 모임에 가입했습니다. 예전에는 저 같은 문과생은 도저히 상상할 수도 없었던 온갖 기술들을 챗GPT를 통해서 배울 수 있다고 해서 '나도 언젠가는 코딩을 막힘없이 할 수 있겠지?' 하는 막연한 기대감에 온·오프라인 모임에 참가했습니다.

첫 모임에서 저의 막연한 기대는 '조금만 노력하면 나도 전문가가 될 수 있겠는데?'라는 자신감으로 바뀌었습니다. 대학생부터 교수, 작곡가, 스타트업 창업자 등 다양한 분야의 사람들이 시를 쓰는 방법, 마케팅 전략을 짜는 데 사용하는 방법, 논문 요약하는 방법 등 각자 챗GPT를 어떻게 사용하고 있는지 사례를 직접 발표하고 자신의 노하우를 아낌없이 주위 동료들과 공유하고 있었습니다. 아무것도 몰랐던 저도 '뭔가 해야겠다'라는 동기부여를 받게 되고, 그들의 다양한 방법들을 챗GPT를 열고 직접 적용해보니 원하는 바를 능숙하게 처리하는 데까지 그리 오래 걸리지 않았습니다. 다양한 사람들이 모여 그들의 노하우를 공유하고 이를 전수받는 동료들은 서로 칭찬을 아끼지 않는 모습, 이것이 아무런 이해관계 없이 모인 이 모임이 스스로 '스노볼'처럼 시간이 갈수록 그 모임이 커지면서도 그 밀도가 단단해지는 느낌입니다. 이것을 '집단지성'이라고 부릅니다.

반면 한 조직 안에서 특정한 결정을 내릴 때 가급적 만장일치의 결론을 내리려고 하는 '집단사고'라는 것도 있습니다. 즉 한 조직의 리더가 어떤 상황에서 자신의 주장을 강력하게 내놓을 때 아무리 뛰어난 조직 구성원이라도 가부 간의 결정이나 토론을 거치지 않고, 하나의 결론에 도달하기까지의 과정에서 거수기 역할을 하는 현상도 종종 봐왔습니다. 제2차 세계대전이나 베트남 전쟁 등 인류 역사에 돌이킬 수 없는 비극은 '우리의 결정이 최고의 결과이다'라고 생각하는 위험한 독단에 빠지게 되는 현상에 기인합니다.

금융지표는 '집단지성'과 '집단사고' 모두를 내포하고 있는 방향계입니다. 금융위기가 발생 2년 전인 2006년 초, 미 연방준비위원회(이하 '연준')에서 기준금리를 기존 1%에서 5.25%까지 인상한 후 중단한 상황이었습니다. 경기침체를 알려주는 10년과 3개월 미 국채 금리는 막 역전된 상황이었습니다. 과거의 경기침체 사례를 돌이켜봤을 때, 향후 위기가 찾아올 수 있으니 위험자산 투자를 자제하고 현금 보유량을 늘리라는 조언이 꽤 나왔던 시기였습니다.

그러나 1990년대 인터넷 발명, 닷컴 신화 등의 산업구조 변화, 그리고 중국의 부상과 맞물려 저물가, 고성장의 '골디락스'에 취한 이들은 절대 주가나 부동산 가격의 하락은 없을 것이라면서, 빚을 내고서라도 이들 자산을 매입하라는 신호를 보냅니다. 그사이 가구당 채무 및 가처분소득 대비 채무로 지출하는 비용은 늘어나고 있습니다.

[그림 A] 미 국채 10년 – 3개월 금리 스프레드 추이(1982년 1월~2006년 6월)

금리 역전 시기(원 표시) 이후 1~2년 이내 경기침체(음영 부분) 도래   (출처) FRED(세인트루이스 연은)

[그림 B] 미 주가 및 부동산 가격(2000년 1월 1일=100) 추이(2000년 1월~2006년 6월)

1. 주가 : S&P 500

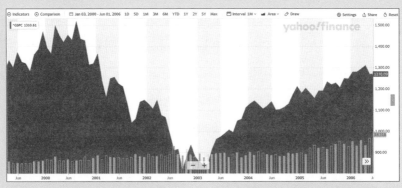

(출처) Yahoo! Finance

2. 부동산 가격 : S&P/Case-Shiller 20-City Composite Home Price Index

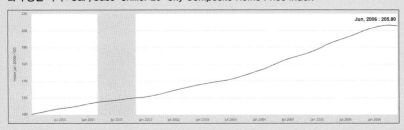

(출처) FRED (세인트루이스 연은)

[그림 C] 가구당 채무 규모 및 가처분소득 대비 채무 비중 추이(1999년 1분기~2023년 1분기)

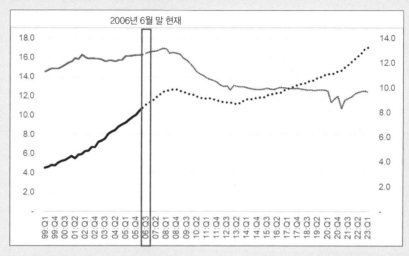

가구당 채무 규모 : 검은색 선(USD 조, 좌측 축)

(출처) New York Fed, FRED(세인트루이스 연은)

가처분소득 대비 채무 비중 : 주황색 선(%, 우측 축)

2006년 2분기 말 기준 : 채무 규모 10조 7,000억 달러(약 1경 3,700조 원), 가처분소득 대비 비중 12.7%

영원히 위험자산의 랠리가 지속할 것이라는 '집단사고'도, 그것의 종 말을 암시하는 '집단지성'도 모두 이 금융지표에 포함되어 있습니다. 국 민 경제 활동을 측정하기 위해 객관적인 시각으로 수집, 계산, 공표하는 경제지표와는 달리, 금융지표는 개개인의 투자 성향, 심리 상태 등을 반 영하는 주관적인 수치입니다. 이 금융지표는 우리가 직접 투자하는 대 상인 주식, 채권, 외환의 대표적인 지수부터 펀드매니저, 은행의 대출담 당자, 개인 등을 대상으로 한 서베이까지 광범위합니다.

사실 필자가 본 책의 집필을 시작할 때, 이미 출간한 두 권의 책에서처 럼 명확하게 정의되어 있는 소재(해외채권형 ETF, 경제지표)와는 전혀 다르게 자의적으로 해석하여 정의해야 했었기에 고민이 많았습니다. 그것은 이 책에서 서술한 금융지표에 대해, 독자마다 그들의 중요도에 따라 호불호가 분명하게 나뉠 것으로 우려하는 점입니다. 그러나 독자 여러분이 현명하게 필자의 의견을 취사선택할 것이라고 믿는 바, 제가 지난 20년간 현장에 있으면서 나름대로 중요하게 생각한 지표를 알리기로 결정했습니다.

이 책은 글로벌 경제 전반 및 해외채권, 나아가 주식 등 위험자산에 중대한 영향을 미치는 17개의 금융지표를 선별하여, 주인공인 신달라 부장을 중심으로 신난은행의 외화채권부 및 해외지점 직원들 간의 '에피소드' 형식으로 구성하였습니다. 각 금융지표를 선별한 기준 및 특징은 다음과 같습니다.

1. 독자들이 인터넷을 통해 직·간접적으로 쉽게 찾아볼 수 있는 지표를 우선 선택하기
2. 각 지표의 방법론, 계산 사례, 그리고 검색 방법을 친절하고 쉽게 기술하기
3 기존 도서에서 다루지 않은 지표 중심으로 기술하기

우리가 흔히 겪는 새로운 지식을 익히는 과정에서 새로운 개념을 보았을 때의 당혹감과 호기심의 교차 후 문답을 통해서 '유레카'를 외치는 순간을 독자 여러분이 이 책을 통해서 맛보기를 기대합니다.

주 캐릭터인 금융인 이외에 부 캐릭터인 '작가'의 길에 들어서게 해주신 지음미디어 임충진 대표님, 이미 30여 권의 책을 내신 유명작가이시

기도 한 김범준 작가님께 우선 감사의 말씀을 드립니다. 전편에 이어서 가족과 함께, 저의 세 번째 책이자 신 부장 시리즈의 중간 마침표를 찍는 기쁨을 같이하고 싶습니다.

미 상업은행 예금잔고
- 곳간이 비어갑니다

2023년 3월 17일(금)

차영하 과장은 미국의 대형 지역은행인 실리콘밸리 은행 파산 및 시그니처 은행 폐쇄 등으로 경기침체 및 금융위기 전조에 며칠째 잠을 못 이룹니다. 지난 1, 2월 호조를 보인 주가 및 국채 금리는 이러한 위기 속에 급락하고 있습니다.

'미스터 민(Mr. Mean)'이라는 별명처럼 그는 언젠가는 위험자산과 금리

[그림 1-1] S&P 500 및 미 10년 국채 금리 추이(2023년 1월 1일~2023년 3월 14일)

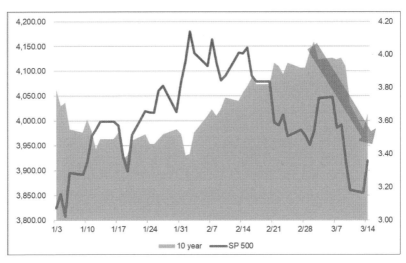

S&P 500 : 주황색 실선(좌측 축), 10년 국채 금리 : 회색 음영(우측 축, %)   (출처) FRED(세인트루이스 연은)

가 정상으로 돌아올 것이라는 믿음을 가지고 있지만, 이번에는 불길합니다.

'정상으로 돌아가기까지 상당한 고통이 따를 텐데, 어떻게 포트폴리오를 짜야 할까?'

"좋은 아침!"

신 부장이 출근합니다. 차 과장의 걱정 어린 얼굴과는 반대로 신 부장은 크게 개의치 않는 것 같습니다.

"부장니임~, 미국의 지역은행 문제가 자칫 경기침체로 이어지지 않을까 걱정이 됩니다아~. 이게 다 연준이 기준금리를 공격적으로 올린 후유증 아니겠습니까아~."

"지난주 경기지표는 높은 고용, 그리고 임금상승 하락 가능성에 대한 긍정적인 신호를 보냈던데. 그리고 지난 주말 재무부(U.S. Department of the Treasury)와 연준(Federal Reserve Board, 미 연방준비위원회)이 지역은행이 보유하고 있는 국채와 Agency MBS의 액면가 기준으로 최장 1년간 대출을 해주는 BTFP(Bank Term Funding Program)를 시행하기로 했잖아. 별문제 없을 거야."

신 부장은 오랜 운용 기간 중 이와 같은 사태를 적잖게 겪어왔습니다. 그리고 기간과 고통의 정도이지, 결국 어떻게 하든 문제가 해결될 것이라고 믿고 있습니다.

"근데 차 과장답지 않게 평균 회귀의 법칙이 이번 사태에 대해서는 적용이 안 되나 보지? 너무 걱정하지 마. 오히려 급격하게 떨어진 국채 금리가 다시 오를 수 있으니까, 이미 우리가 이것을 대비해서 보유하고 있었던 2-10년 구간 국채를 좀 팔도록 해."

그러나 차 과장의 걱정이 100% 해결된 것은 아닙니다.

"부장니~임~, 사실 고용지표 결과[1]는 이번 지역 은행 사태가 촉발되기 전인 2월 중에 조사한 결과입니다아~. 지역은행이 연쇄 부도가 나면 대량 해직이 발생할 것이고 고용지표는 언제든지 마이너스 성장으로 전환될 수 있습니다아~. 이것이 심각해지면 경기침체가 올 것이고, 저희가 보유 중인 적지 않은 크레디트 채권들의 가격이 급락할 것입니다. 이미 지난주 실리콘밸리 은행 파산설이 돌았던 시기에 크레디트 스프레드

[그림 1-2] 투자등급 및 하이일드 크레디트 스프레드 추이(2023년 1월 1일~2023년 3월 14일)

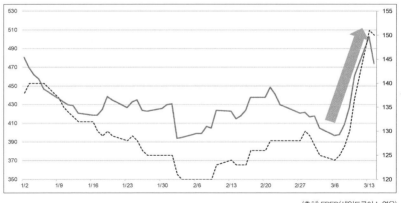

(출처) FRED(세인트루이스 연은)

투자등급 : ICE BofA US Corporate Option Adjusted Spread(우측 축, 검은색 점선, bp)
하이일드 : ICE BofA High Yield Option Adjusted Spread(좌측 축, 주황색 실선, bp)

---

1 2월 비농업 순고용자 수 31만 1,000명으로 예상치 22만 5,000명 대비 호조를 보였으며, 시간당 임금상승률은 전월 대비 0.2% 상승으로 예상치 0.3%를 하회함. 특히 주목할 점은 경제 활동 참여율이 62.5%로 예상치 62.4%를 상회하면서 임금상승의 주요 원인인 노동 공급 부족이 해소될 것이라는 기대감 확산

는 대폭 확대되었습니다아~."

차 과장이 말을 이어갑니다.

"제가 답답한 부분은 경기지표는 신규 실업급여 청구건수와 같이 매주 업데이트되는 것 빼고는 대체로 1개월에서 GDP같이 3개월 후행하기 때문에, 이러한 경기지표로는 당장의 위기를 예측할 수 있는 도구가 없다는 것입니다아~. 특히 미 지역은행은 사실 지구 반대편에 있는 저희가 감이 없는 것도 사실이구요~. 그래서 과연 지역은행의 위기를 측정할 수 있는 실시간 정보가 있었으면 좋겠습니다아~."

신 부장은 차 과장이 무엇을 고민하고 있는지 이해할 거 같습니다. 사실 2008년 금융위기 이후 주기적으로 연준에서 실시한 미국 금융기관에 대한 스트레스 테스트는 기존 총자산 규모 1,000억 달러(약 120조 원)에서 2,500억 달러(약 300조 원) 규모 이상 대형 은행을 대상으로 합니다. 따라서 기준 규모 미만인 지역 은행들은 스트레스 테스트를 통해서 이들의 위험을 미리 측정하기 어려운 측면이 강합니다.

"차 과장, 일단 말이야. 은행이 파산하는 과정을 간단한 로직으로 이해하면, 차 과장이 걱정하는 부분도 자연히 해소될 거 같은데. 그 예로 이번 실리콘밸리 은행의 파산 과정을 한번 살펴볼까? 잠깐만 기다려줘."

신 부장은 부장실로 잠시 들어갔다가 자료를 들고 차 과장 자리로 옵니다.

"이 자료(그림 1-3)는 실리콘밸리 은행이 지난달 말 발표한 2022년 실

[그림 1-3] 실리콘밸리 은행(Silicon Valley Bank) 대차대조표

(Dollars in millions, except par value and share data)	December 31, 2022	December 31, 2021
Assets		
① Cash and cash equivalents	$ 13,803	$ 14,586
Available-for-sale securities, at fair value (cost of $28,602 and $27,370, respectively, including $530 and $61 pledged as collateral, respectively)	26,069	27,221
Held-to-maturity securities, at amortized cost and net of allowance for credit losses of $6 and $7 (fair value of $76,169 and $97,227, respectively)	91,321	98,195
Non-marketable and other equity securities	2,664	2,543
Total investment securities	120,054	127,959
Loans, amortized cost	74,250	66,276
Allowance for credit losses: loans	(636)	(422)
Net loans	73,614	65,854
Premises and equipment, net of accumulated depreciation and amortization	394	270
Goodwill	375	375
Other intangible assets, net	136	160
Lease right-of-use assets	335	313
Accrued interest receivable and other assets	3,082	1,791
Total assets	$ 211,793	$ 211,308
Liabilities and total equity		
Liabilities: ②		
Noninterest-bearing demand deposits	$ 80,753	$ 125,851
Interest-bearing deposits	92,356	63,352
Total deposits	173,109	189,203
Short-term borrowings	13,565	71
Lease liabilities	413	388
Other liabilities	3,041	2,467
Long-term debt	5,370	2,570
Total liabilities	195,498	194,699
Commitments and contingencies (Note 21 and Note 26)		
SVBFG stockholders' equity:		
Preferred stock, $0.001 par value, 20,000,000 shares authorized; 383,500 and 383,500 shares issued and outstanding, respectively	3,646	3,646
Common stock, $0.001 par value, 150,000,000 shares authorized; 59,171,883 and 58,748,469 shares issued and outstanding, respectively	—	—
Additional paid-in capital	5,318	5,157
③ Retained earnings	8,951	7,442
Accumulated other comprehensive income (loss)	(1,911)	(9)
Total SVBFG stockholders' equity	16,004	16,236
Noncontrolling interests	291	373
Total equity	16,295	16,609
Total liabilities and total equity	$ 211,793	$ 211,308

(출처) SEC, 실리콘밸리 은행 홈페이지

적중 대차대조표 부분을 가져온 거야. ①을 보면 매도가능증권[2] 규모가 약 260억 달러(약 31조 원)인데 회사에 따르면 이것은 미 국채와 MBS로 구성되어 있다고 했지.

②를 보면, 총 예금 규모는 약 173억 달러(21조 원) 수준이고, ③이 핵심인데 2021년 말 평가손실(900만 달러) 대비 급격하게 늘어난 19억 달러(2조 2,000억 원)으로 늘어났어."

차 과장이 말을 이어받습니다.

---

2 미국의 회계기준은 국내의 IFRS가 아닌 기존 GAAP 방식을 따르고 있음. 이에 따르면 매도가능증권의 미실현손익(평가손익: unrealized profit/lose)은 손익계산서상 당기손익이 아닌, 대차대조표의 자본 항목에 반영됨

"맞습니다아~. 그래서 실리콘밸리 은행이 증자를 하겠다고 선언하니까 주가가 급락합니다아~."

"자, 이제부터 파산 경로의 시작이야. 사실 실리콘밸리 은행의 자산 규모(약 2,100억 달러)로 볼 때 평가손실 규모는 크기는 하지만 파산할 정도는 아니거든. 그런데 느닷없이 은행에서 신주를 발행, 증자한다고 하니까 예금주들이 불안해하는 거야. '얘들 진짜 곳간에 돈이 없는 거야?'

그리고 예금 이탈이 본격화하는 거지. 내가 사진 하나 보여줄게."

신 부장이 핸드폰을 꺼내서 사진 한 장을 보여줍니다.

"과거에는 내 돈을 뺄 때는 이렇게 줄 서서 뺐는데, 요즘 어떤 시대야? 모바일로 몇 번 터치하면 금융거래가 되는 시대잖아. 광클릭으로 예금 빼고, 결국 은행의 곳간이 다 털리는 상황이 되는 거지."

[그림 1-4] 대공황 당시 뱅크런

출처: 위키피디아

"맞습니다아~. 역시 부장님은 스토리텔링의 귀재이십니다아~. 결국 예금자들의 불안감[3]이 은행을 망하게 하고, 나아가서 대출 수요가 줄어들게 되어 결국 경기침체로 이어지는 것으로 이해가 됩니다아~."

"맞아, 여기서 차 과장이 궁금해하는 (비록 실시간 데이터는 아니지만) 매주 발표되는 지표가 하나 있어."

차 과장의 게슴츠레한 눈에서 갑자기 빛이 납니다.

"그게 무엇입니까아~."

"연준에서 매주 금요일, 국내 상업은행의 대출 및 예금 잔고 결과를 발표해. 여기서 주목할 점은 예금 잔고 자체뿐만 아니라 단기 자금시장을 구성하는 MMF[4]의 추이도 같이 살펴봐야 해.

상업은행, 특히 여기서 문제가 되는 중소형 은행의 예금 잔액이 감소한다는 것은 제2, 제3의 실리콘밸리 은행이 나올 수 있다는 점에서 우려스러운 부분이지.

매주 금요일, 그러니까 3월 17일에 수요일까지의 실리콘밸리 은행 부분이 반영되어서 발표될 테니까 그것을 보고, 예금 잔액이 감소하면서 MMF가 늘어난다면 '아, 지금 투자자들은 향후에 금융시장 변동성이 커진다고 생각해 위험자산 기피 현상이 커지겠구나'라는 추측을 기반으로, 우리도 포트폴리오 전략을 세우면 돼."

"그래서 부장니~임께서는 '아무 일도 없을 테니 금리가 충분히 떨어진 국채를 팔아라'고 말씀하셨군요~오. 역시 대단한 소머즈의 예지력을

---

3 미국의 예금자보호 상한은 개인별 총예금 기준 20만 달러(약 2억 4,000만 원)임. 이를 초과할 경우 보호받지 못한다.

4 MMF(Money Market Fund) : 단기 금융펀드라고도 하며, 주로 초단기 정부채에 투자하는 펀드를 의미하나, 우량 회사채 CP(Commercial Paper, 기업어음), ABCP(Asset Backed Commercial Paper, 자산유동화기업어음) 등 크레디트 상품에도 투자함

가지고 계십니다아~."

"또 시작한다, 이 녀석."

2023년 3월 20일(월)

출근하자마자 차 과장은 연준 홈페이지를 열고, 미 상업은행 대차대조표 결과를 눈으로 확인합니다.

'와, 진짜 예금 잔액이 확 줄어드는구나. 은행 이슈가 발생할 때마다 이 데이터를 확인하면 되겠네.'

신 부장이 출근합니다.

[그림 1-5] 미 상업은행 예금 추이(2022년 7월~2023년 3월)

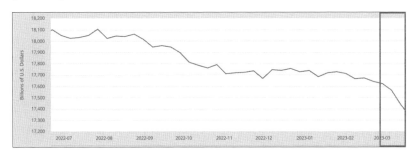

[그림 1-6] 미 중소 은행 예금 추이(2022년 7월~2023년 3월)

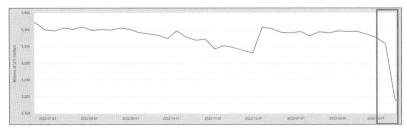

(출처) 미 연방준비위원회, FRED(세인트루이스 연은)

"부장니~임~, 역시 부장님 말씀대로 예금 잔액이 중소 은행 기준으로 전주 대비 약 1,300억 달러가 감소했습니다아~. 예금 인출이 빠르게 진행되는 거 같습니다아~."

"단기 자금의 이동을 보려면 MMF의 자금 흐름도 같이 볼 필요가 있어. 위기가 다가오면 은행 등 금융기관이 망할 수 있다는 불안감에 고객들의 자산이 초단기 만기의 안전자산으로 옮겨가는 경우가 대부분이거든. 혹시 몰라서 내가 지난 주말에 출력했으니까 봐봐."

[그림 1-7] MMF 추이(2023년 2월 15일~3월 15일)

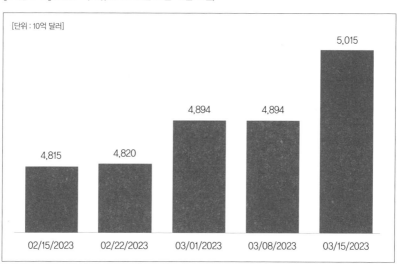

ICI에서 매주 수요일 잔액을 기준으로, 익일 발표함 　　　　　(출처) Investment Company Institute(ICI)

"부장니~임~, MMF는 반대로 약 1,200억 달러가 일주일 만에 증가하지 않았습니까? 이거야말로 진짜 위기를 감지한 투자자들이 미리 자산을 현금화한 것 아닙니까~아?"

신 부장이 대화를 이어나갑니다.

"정말 금융시장에 위기가 찾아온다는 징후가 있다면, 마지막 단계로 역레포[5] 잔액이 급증하는 모습을 보일 거야. 왜냐하면 MMF에서는 기업어음 등 크레디트 상품도 매입하는데, 진짜 위기가 오면 이러한 위험자산들을 모두 매각하고 미국 국채를 담보로 가질 수 있는 역레포 시장으로 몰릴 거거든. 그런데 현재까지는 그런 그림은 나타나지 않고 있어."

차 과장은 현재 미국 지역 은행의 위기를 판단할 수 있는 단기 자금지표 메커니즘을 완벽히 파악한 모습입니다.

"부장니~임~, 그러면 제가 확인차 정리해보겠습니다.

[그림 1-8] 1일물 역레포 시장 추이(2022년 7월~2023년 3월)

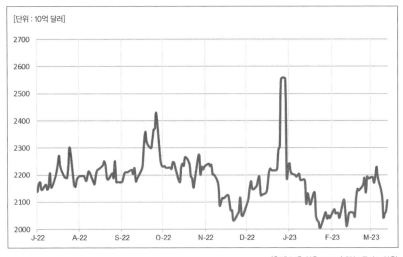

(출처) 뉴욕 연은, FRED(세인트루이스 연은)

---

5 연준에서 미 국채를 담보로 하여 단기자금(주로 1일물)을 차입하는 형태로 유동성을 흡수하는 프로그램임

1. 미 지역 은행의 위기는 뱅크런에 있다.

2. 뱅크런은 매주 수요일 기준으로 매주 금요일(오후 4시 15분)에 발표하는 연준의 '상업은행 예금잔고' 지표를 통해서 파악할 수 있다.[6]

3. 동시에 매주 수요일 기준으로 익일 발표하는 MMF 잔액 추이를 파악하여, 예금 잔액 감소와 더불어 MMF가 증가한다면, 금융위기 전조로 의심한다.

4. 여기에 MMF 자금이 안전자산인 익일물(1일물) 역레포 시장으로 몰려, 역레포 잔액이 증가한다면 금융위기에 따른 안전자산 선호현상이 심화될 것임을 예측한다. 참고로 역레포 잔액은 매일 확인 가능하다.

알려주셔서 정말로 감사합니다~아~. 저는 지금까지 단순히 크레디트 스프레드나 TED Spread[7]를 가지고 위기를 판단했었는데, 사실 위기가 벌어지는 메커니즘을 알려주는 지표는 모르고 있었습니다~아~. 이제 완벽히 이해했습니다~아~."

신 부장은 환하게 웃으며, 부장실로 들어갑니다. 들어갈 찰나,
"차 과장, 오늘 점심 쭈꾸미가 왜 이렇게 땡길까?"

---

6 FRED(https://fred.stlouisfed.org/series/DPSACBW027SBOG) 또는 미 연방준비위원회(연준) 홈페이지 (https://www.federalreserve.gov/releases/h8/current/default.htm)에서 확인 가능함

7 3개월 LIBOR와 3개월 T-Bill 간 차이를 말하나, LIBOR(London Interbank Offered Rate)가 2023년 6월 30일자로 폐지되면서 동 스프레드 역시 더 이상 제공되지 않음

참고 1. 미국 상업은행 대차대조표 검색 방법

1. 미 연방준비위원회 발표 자료(보고서 H.8.)

참고 사이트 | https://www.federalreserve.gov/releases/h8/default.htm

'Release Dates' 탭에서 발표일을 클릭하면, 해당 일 기준 상업은행 대차대조표 현황을 볼 수 있습니다.

[그림 1-9] 사이트 화면 : Release Date

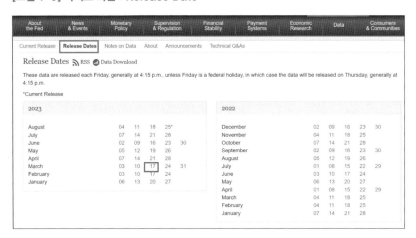

[그림 1-10] 사이트 화면 : 미 상업은행 전체 예금 내역

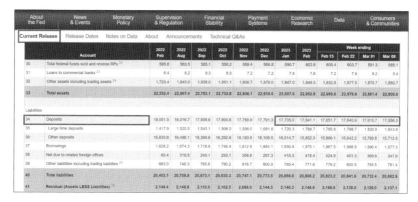

2. 세인트루이스 연방준비위원회

참고 사이트 | https://fred.stlouisfed.org/

검색란에 'us commercial bank deposit'을 넣고 검색하면 다음 화면이 나옵니다.

[그림 1-11] 사이트 : 검색 결과

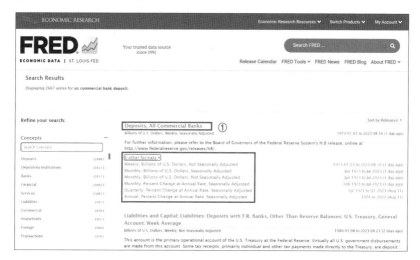

[그림 1-11] 맨 위 박스(①)를 클릭하면 미국 상업은행 예금 추이를 확인할 수 있습니다.

[그림 1-12] 미 상업은행 예금잔고 추이(2022년 8월~2023년 8월)

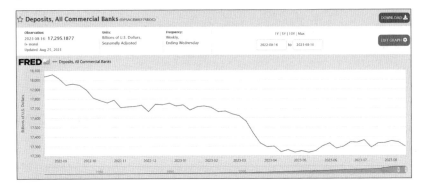

참고 2. MMF 잔고 검색 방법

참고 사이트 | https://www.ici.org/research/stats/mmf

ICI(Investment Company Institution)에서 매주 목요일에 발표하는 MMF 잔고를 확인

할 수 있습니다. 위의 참고 사이트를 통해서 다음과 같은 최신 뉴스, 그리고 추이를

나타내는 자료를 받아볼 수 있습니다.

[그림 1-13] MMF 최신 보도자료

Money Market Fund Assets

Washington, DC; August 24, 2023—Total money market fund assets[1] decreased by $1.09 billion to $5.57 trillion for the week ended Wednesday, August 23, the Investment Company Institute reported today. Among taxable money market funds, government funds[2] decreased by $5.24 billion and prime funds increased by $4.41 billion. Tax-exempt money market funds decreased by $265 million.

Assets of Money Market Funds
Billions of dollars

	8/23/2023	8/16/2023	$ Change*	8/9/2023
Government	4,581.13	4,586.37	-5.24	4,549.07
Retail	1,379.20	1,376.24	2.96	1,365.24
Institutional	3,201.93	3,210.13	-8.20	3,183.83
Prime	874.27	869.86	4.41	864.78
Retail	603.05	596.59	6.46	589.76
Institutional	271.22	273.27	-2.05	275.01
Tax-exempt	113.22	113.59	-0.26	116.28

참고 3. 역레포(Reverse Repo) 잔고 검색 방법

참고 사이트 | https://www.newyorkfed.org/markets/desk-operations/reverse-repo

연준에서 결정하는 기준금리, 양적완화 등의 주요 통화정책을 뉴욕연방준비은행(이하 '뉴욕연은'이라 한다)에서 집행하게 됩니다. 위의 뉴욕연은에서 제공하는 사이트를 통해서 일별 추이를 검색 및 다운로드받을 수 있습니다.

[그림 1-14] 역레포 잔고 추이(2003년 2월~2023년 10월)

원/달러 스와프 포인트
- 내 동생 유학자금을 든든하게

2023년 6월 30일(금)

"예슬아, 이번에 다면이가 허버트대학에 합격했단다."

전화기 너머로 들리는 어머니의 목소리가 살짝 떨립니다. 점심 직후 직원들과 커피 한잔 중이었던 안예슬 대리는 이 소식을 듣자마자 동공이 농구공만 해지면서 커피잔을 떨어뜨립니다. 물론 커피잔은 박살이 났죠.

"안 대리! 왜 그래, 갑자기? 무슨 안 좋은 일 있어?"
"아닙니다. 사실 좋은 소식이긴 합니다. 제 동생 안다면이 미국 최고의 명문 허버트대학교 한국사학과에 합격했다는군요."

옆에 있던 신 부장이 부러운 눈으로 안 대리를 쳐다봅니다.

"안 대리, 질투 나서 그런 거였어? 동생이 그렇게 잘됐으면 어머니께 덕담해주고 그래야지."

하나는 알아도 둘은 모르는 이야기입니다. 사실 허버트대학교는 미국을 넘어 세계 최고의 대학이긴 하지만, 4년 등록금을 생각하면 반포의 30평대 주택 구입비용만큼 들 것입니다. 부모님은 걱정하지 말라고는 하시지만, 오랫동안 외벌이에 최근 정년퇴직을 한 아버지의 경제력을 감안하면 그야말로 '언감생심'입니다. 일부는 안 대리가 결혼자금으로 모아둔 돈으로 동생 뒷바라지를 해야 할 상황입니다.

"그런데 부장님, 사실은 저희 집안 경제력이 그리 녹록지 않아서요. 제가 다행히 직장생활하면서 돈을 몇억 모아놨고, 혹여 동생이 유학 갈 것을 대비해서 일부는 달러로 바꿔놨습니다. 최근에 원/달러 환율도 올라갔고요."

그 말을 듣던 양면성 차장이 말을 받습니다. 그는 현재 우리나라와 미국채를 운용하고 있습니다.

"안 대리님, 그러면 셀앤바이 펀드에 가입해서 달러 자금을 좀 불려보세요."

양면성 차장은 신 부장이 오이디푸스 자산운용 재직 시절, 주니어 운용역으로 근무했던 경험을 가지고 있습니다. 번뜩이는 아이디어로 어떤 상황에서도 돈을 벌 수 있는 재주를 눈여겨 본 신 부장이, 그를 신난은행으로 스카우트해왔습니다.

"셀앤바이요? 죄송합니다만, 저는 처음 듣는 아이디어라서요. 그게 어떤 상품인지요?"

달러, 유로 등 해외 통화 표시 채권 운용에만 몰두해온 안 대리는 해외채권뿐만 아니라 원화채권 분야에서도 풍부한 업무 지식을 가지고 있는 양 차장의 셀앤바이라는 말이 생소하기만 합니다.

"그러면 우리 커피 다 마시고 회의실에서 잠시 이야기할까요? 제가 아는 범위에서는 설명해드리겠습니다."

1시 조금 넘은 시각, 양치 후 안 대리는 먼저 회의실로 들어갑니다. 곧이어 양 차장이 두툼한 리포트와 다이어리를 들고 들어옵니다.

"안 대리님, 아까 제가 말씀드린 셀앤바이라는 용어를 완벽하게 이해하기 위해서는 다음 몇 가지 용어를 먼저 알아야 합니다. 지금 제가 칠판에 적는 것들을 하나하나 설명해드리겠습니다."

양 차장이 칠판에 주요 용어를 적습니다.

- 환율
- 외환 스와프 (FX 스와프)
- 스와프 포인트

"우선 환율이 무엇인지는 아시죠?"
"네, 우리나라 화폐인 원화를 기준으로 상대방 국가의 화폐와 교환하는 비율을 의미하지 않습니까?"
'그런 것도 모른다고 생각하나?' 하는 약간 빈정 상한 투로 안 대리가 대답합니다.

"네, 그러면 환율에 내포되어 있는 두 가지 의미를 말씀해주실 수 있으신가요?"
"보통 원/달러 환율이 올라가면 우리나라 정부가 보유하고 있는 외환이 부족하다느니, 외국인이 빠져나간다느니 해서 위험 신호가 켜졌다는 뉴스는 본 적이 있습니다. 아! 그리고 우리나라가 수출 중심의 경제 구조를 가지고 있어서 환율이 상승할수록 수출이 잘된다는 이야기를 많이 들었습니다."

양면성 차장이 이름과 같이 양면적 웃음을 띤 채 말을 이어나갑니다.
"예, 어떻게 보면 안 대리가 대답을 잘해주셨습니다. 첫 번째 말씀하신 내용은 환율이 한 국가의 '경제력'을 나타내는 의미로 쓰이는 것이고요. 두 번째 대답은 환율이 일종의 국가 간 상대적인 '가격'의 의미로 사용한다고 볼 수 있습니다."

'경제력과 가격의 의미라? 거참, 신기한걸?'
시큰둥했던 안 대리의 굽었던 등이 점점 펴지고, 끼고 있던 팔짱도 자연스럽게 풀게 됩니다.
"이 두 가지 의미를 모두 설명할 수 있는 그래프(그림 2-1)가 하나 있습

[그림 2-1] 미국 달러 대비 튀르키예 리라화 가격 추이(2019년 6월~2023년 6월)

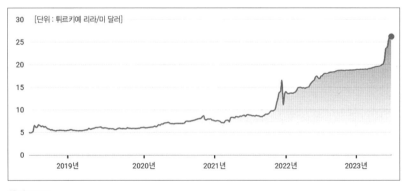

(출처) Google
https://www.google.com/finance/quote/USD-TRY?sa=X&ved=2ahUKEwi7krmpzO__AhXYr1YBHUFOAE0QmY0JegQlARAY&window=5Y

니다. 한번 보시지요."

양 차장이 그래프가 그려진 A4 한 장을 안 대리에게 건넵니다.

양 차장이 말을 이어갑니다.

"5년 전 1달러당 5리라였던 환율이 현재는 26리라 수준입니다. 즉 달러 가치가 5배 이상 올랐다고 표현할 수도 있고, 튀르키예 리라 가치가 5년 만에 5분의 1 토막 났다고도 할 수 있죠.

이유는 첫째, 튀르키예의 경제 상황이 너무나도 불안하다는 것입니다. 최근 에르도안 현 대통령이 3선 대통령에 취임하면서 종신 집권을 향한

[그림 2-2] 튀르키예 산업생산 및 산업 GDP 성장률(2006년 1월~2023년 1월)

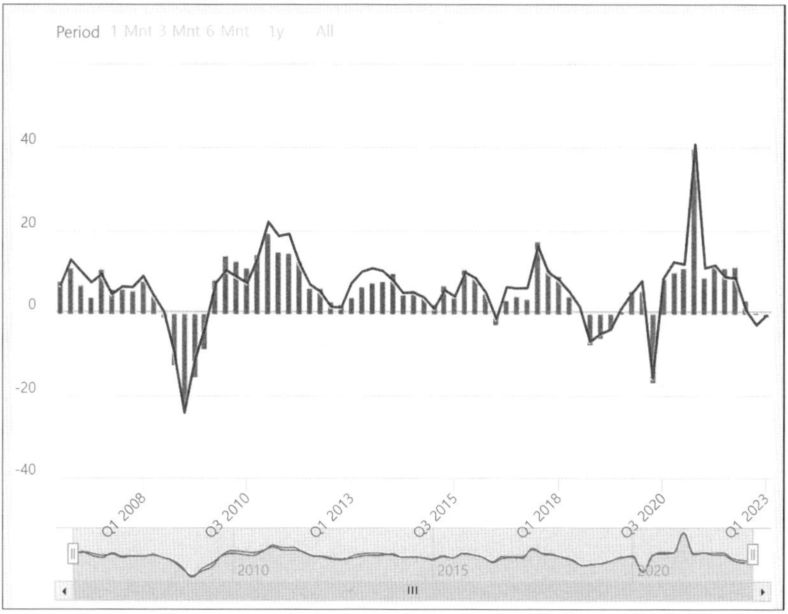

검은색 실선 : GDP 전년 대비 성장률, 주황색 막대 : 산업생산지표 전년 대비 성장률   (출처) 튀르키예 중앙은행

교두보를 마련했죠. 관광 수입이 주요 재정 수입원이었는데 팬데믹 충격으로 그 수입이 줄어들고, 이후 인플레이션 등으로 경제가 위축되면서 리라화 가치가 하락하게 된 것이죠. 이것이 바로 환율을 '경제력' 측면에서 설명한 것입니다.

한편 튀르키예는 지난 수년간 물가가 급등함에도 불구하고 기준금리를 오히려 내리는 기이한 통화정책을 실행합니다. 아마 마이너스 경제성장을 막기 위해 정부 및 민간지출을 계속 늘리면 명목GDP는 성장하는 모습을 보일 테니까, 정권 유지 차원에서 그러지 않았을까 싶은데요. 중요한 것은 이렇게 금리를 내리다 보니까 물가가 급등하고요. 상대국 대비 물가가 급등하면 자국 화폐 가치는 떨어지게 되죠?"

"맞습니다. 마치 1860년대 경복궁 중건 중에 돈이 모자라게 되자, 대원군이 당백전이라는 화폐를 융통시켜서 화폐 가치를 폭락하게 한 사례처럼 말이지요?"

양 차장이 칠판 쪽을 보다가 안 대리를 응시합니다.

"저는 미국에서 학교를 나와서 우리나라 역사에 좀 약합니다. 죄송합니다."

이어 말하기를,

"어쨌든 물가가 급등하여 자국 화폐 가치가 떨어지면, 미국 달러 기준으로 환율은 상승하게 됩니다. 이것은 환율의 상대'가격' 측면에서 이해한 것입니다."

안 대리는 환율에 대한 일종의 통찰력을 얻은 것 같은 기분입니다. 우리나라 주요 기업들이 환율이 높을 때, 즉 원화 가치가 달러 대비 떨어졌을 때 외국에서 잘 팔리는지(제품의 질은 나쁘지 않은데 가격이 싸니까), 그리고 왜 후진국들의 화폐가 국제 외환시장에서 통용되지 않는지(경제력이 약하니까 교환할 가치가 없어서) 이해하게 됩니다.

"해외채권을 운용할 때, 금리를 헤지하기 위해, 또는 특정한 포지션에 베팅하기 위해서 국채 선물을 사용하지요? 외환시장도 마찬가지로 선물을 사용하는데요. 여기서 선물환율[8]과 현물환율의 개념이 나옵니다. 이론적인 선물환율은 어떻게 나올까요?"

드디어 아는 문제가 나왔습니다. 안 대리는 이미 선물환율과 현물환율은 양국의 단기 금리에 의해서 결정된다는 점을 알고 있습니다.
"넵, 제가 칠판에 식을 적어도 되겠습니까?"
"물론입니다."

안 대리가 나와서 식을 적습니다.

$$F = S \times \left(\frac{1 + r \times \dfrac{n}{365}}{1 + R \times \dfrac{n}{365}} \right)$$

F : 선물환율, S : 현물환율, r : 국내(한국) 단기 금리, R : 해외(미국) 단기 금리

"훌륭하십니다. 역시 해외채권을 오래 하셔서 금리를 가지고 설명을 주셨습니다. 그런데 이렇게 선물환율이 형성되는 이유는 국내외 많은

---

8 거래소에서 거래되는 선물환율과 장외시장에서 거래하는 선도환율로 구분하나, 여기서는 구분하지 않고 선물환율로 통칭한다.

참여자가 환헤지, 또는 해당 통화 차입을 위한 수요가 상당하기 때문입니다. 여기서 우리는 외환 스와프 또는 FX 스와프라고 불리는, 일종의 파생거래를 하게 됩니다.

예를 들어보지요. 외국인들이 우리나라 주가 전망을 좋게 보고, 1년 정도 투자 기간을 정하고 코스피에 상장되어 있는 삼성전자 주식을 중심으로 매입하려고 합니다. 그들이 가지고 있는 돈은 미국 달러입니다. 한국 주식을 사려면, 원화로 환전 후에 투자해야 합니다.

그런데 그들은 약 1년 정도의 짧지 않은 기간 동안 원/달러의 움직임에 따른 손익 변동을 피하고 싶어 합니다. 이때 사전에 그들은 이런 거래를 할 수 있겠죠?

현재 : 달러 매도, 원화 매입(달러 셀앤바이 거래)

1년 후 : 달러 매입, 원화 매도

거래 시점에 형성된 현재 환율 및 1년 후의 선물환율을 적용하여 거래하게 됩니다. 이러한 거래를 외환 스와프라고 합니다.

외환 스와프는 단순히 상대방 통화에 대해서 변동성 위험을 제거하는 역할뿐만 아니라, 보유하고 있는 통화를 담보로 하여 필요한 통화를 차입하는 역할을 하기도 합니다."

안 대리는 채권운용역 입장에서 궁금한 점이 하나 생깁니다.

"차장님, 그러면 이 외환 스와프가 일종의 차입이라면, 돈을 쉽게 빌리느냐 그러지 못하느냐에 따라서 양국의 위험도를 측정할 수 있겠네요?"

양 차장이 역시 만면에 웃음을 띠고 대답합니다.

"네, 맞습니다. 그런데 기준을 명확하게 하기 위해서, 외환 (또는 FX) 시장의 경우에는 달러, 엔, 유로화 등 선진국 통화를 기준으로 합니다. 그리고 비교 열위에 있는 통화를 담보로 얼마나 이들 선진국 통화를 빌리기 쉬운지를 판단하시면 됩니다.

예를 들어 지난 2008년 금융위기, 그리고 2020년 초 팬데믹 당시에는 안전자산 선호현상으로 미 달러, 국채 등으로 쏠림 현상이 있었습니다. 달러에 대한 수요가 높다 보니 상대적으로 열위한 원화를 담보로 달러를 얻는 데에는 상당한 비용이 발생하게 됩니다. 어쩌면 구하기 불가능한 시장이 되기도 합니다.

대리님께서 적어주신 식을 볼까요?

$$F = S \times \left(\frac{1 + r \times \dfrac{n}{365}}{1 + R \times \dfrac{n}{365}} \right)$$

F : 선물환율, S : 현물환율, r : 국내(한국) 단기 금리, R : 해외(미국) 단기 금리

우리나라와 미국의 단기 금리를 비교하면, 아무래도 선진국의 단기 금리가 더 낮습니다. 단기 금리가 낮다는 것은 돈을 빌리는 장벽이 그만큼 낮다는 것이고, 아무래도 금융 자유화 및 발전 정도가 높은 선진국의 금리가 더 낮지요. 즉,

미국 단기 금리 〈 한국 단기 금리

그러면 $(1 + r \times n/365) \div (1 + R \times n/365) > 1$이 되고, 선물환율은 현물환율보다 높게 되는 것이 일반적입니다.

자, 이제 스와프 포인트라는 용어가 나옵니다. 스와프 포인트란 외환

스와프 포인트의 줄임말이기도 합니다. 식은 다음과 같습니다."

양 차장이 부지런히 칠판을 깨끗이 지우고 식을 적습니다.

스와프 포인트 = 선물환율 − 현물환율

안 대리는 금융시장 변동성이 커질 때마다 신 부상이 매번 '현재 원/달러 스와프 포인트가 어떻게 돼?'라는 질문을 들었던 터라, 이 개념에 대해서는 생소하지 않습니다.

"차장님, 그러면 일반적으로는 선물환율이 현물환율보다 높으니까 스와프 포인트는 플러스(+)가 나겠네요?"

"그렇습니다. 모든 스와프 포지션, 용어는 Base 통화(환율의 분모에 들어가는 통화)를 기준으로 정하게 됩니다. 먼저 포지션에 따른 용어를 정의하시지요.

만약 외환 스와프에서 초기에 달러를 차입하는 대신 원화를 매도하고, 정해진 만기에 반대 포지션을 취할 경우, 우리는 '(달러) 바이앤셀'이라고 합니다. 초기에 달러를 빌려서 내 주머니에 보관한다고 생각하면 이해하기 쉽습니다. 반면에 초기에 달러를 매도하고 원화를 차입하고 만기일에 반대 포지션을 취한다면 이를 '(달러) 셀앤바이'라고 부릅니다.

자, 대리님! 질문에 대한 답을 드리겠습니다. 스와프 포인트가 플러스라는 것은 앞으로 달러 가치가 떨어질 테니까, 내가 지금 시점에서 달러를 차입할 때 앞으로 떨어지는 분만큼을 이자수익으로 미리 받을 수 있다는 것이죠. 이때에는 차입을 했는데도 오히려 차입자인 원화 보유자가 이익을 보는 상황입니다. 스와프 포인트가 마이너스일 경우에는 그 반대이겠지요?"

안 대리는 잘하면 해외채권 포트폴리오의 위험지표로서 스와프 포인트를 사용할 수도 있겠다고 생각합니다. 그런데 스와프 포인트의 숫자 자체를 이해하기 어렵습니다.

"차장님, 스와프 포인트를 보면 60, 70 뭐 이렇게 표현되어 있어서 와 닿지 않습니다."
"사실 저도 이것을 이해하는 데 수년이 걸렸습니다. 자, 보시지요.
원/달러의 스와프 포인트 단위는 0.01원입니다. 예를 들어 현물환율이 달러당 1,317.6원, 6개월 후 선물환율이 1,302.7원이면, 스와프 포인트는 (1,302.7 - 1,317.6)×100=-1,490이 되는 것입니다."

안 대리는 인포맥스 모바일 앱을 통해서 스와프 포인트를 체크합니다. 지속적으로 마이너스를 보이고 있습니다. 어찌된 것일까요?

"차장님, 원/달러 스와프 포인트가 보시는 그래프의 박스 부분(그림 2-3)처럼 계속 마이너스입니다. 그 이유를 설명해주시겠어요?"
양 차장이 답변 대신 칠판에 뭔가를 적습니다.

1. 한국, 미국 금리 차이
2. 달러 유동성 부족 : 즉 달러 차입의 어려움

[그림 2-3] 원/달러 스와프 포인트(6개월 선물환율 – 현물환율) **추이**(2016년 8월~2023년 6월)

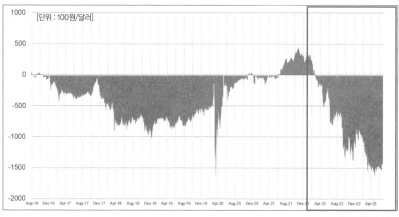

(출처) 연합인포맥스

"우선 대리님이 아까 적어주신 선물환율의 공식을 토대로 설명할 수 있습니다. 현재 미국의 기준금리는 5.25%, 한국의 기준금리는 3.50%입니다. 사실 이런 경우는 극히 드물거든요. 양국 간의 기준금리 흐름을 정리한 그래프를 제가 드릴게요."

양 차장이 뭔가를 뒤적이더니 그래프 1장을 안 대리에게 건넵니다(그림 2-4).

"네, 투자은행의 리서치를 봐도 미국이 이렇게까지 급격하게 기준금리를 인상한 적이 없었다고 멘트가 나오곤 했습니다."
"다시 안 대리님이 적어주신 식을 소환할까요?

$$F = S \times \left(\frac{1 + r \times \dfrac{n}{365}}{1 + R \times \dfrac{n}{365}} \right)$$

F : 선물환율, S : 현물환율, r : 국내(한국) 단기 금리, R : 해외(미국) 단기 금리

[그림 2-4] 한미 기준금리 추이(2000년 1월~2023년 6월)

[단위 : %]

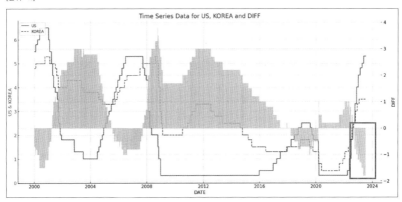

미국 기준금리 : 주황색 선, 한국 기준금리 : 회색 점선   (출처) Bloomberg

예를 들어 6개월 후 선물환율을 계산한다면, 현재 현물환율이 1,000
원/달러라고 가정하면요. 다음과 같은 이론적인 선물환율 값이 나올 겁
니다.

$$1,000 \times [(1+3.50\% \times 1/2) \div (1+5.25\% \times 1/2)] = 991.47$$

그러면 스와프 포인트는 (991.47 − 1,000)×100=-853 또는 -8.53원
이 나옵니다. 즉 현재 미국의 기준금리로 대표하는 단기 금리가 국내 금
리보다 높은 경우 이렇게 스와프 포인트가 마이너스가 나게 됩니다.

제가 운용하는 한국과 미국 국채 상대가치 전략에 따르면, 이것은 향
후 미국의 단기 금리를 한국의 단기 금리가 따라잡을 것으로 예상하기
때문에 저는 현재 이렇게 포지션을 잡고 있습니다.

미국 3개월 T-Bill 매수

한국 3개월 CD 스와프 페이

그런데 말입니다."

양 차장이 화제를 전환하자 안 대리가 침을 꿀꺽 삼킵니다.

"금리와 관계없이 스와프 포인트가 심한 마이너스를 보일 때가 있습니다. 대리님, [그림 2-3] 그래프에서 2020년 3월 당시 스와프 포인트를 보세요. 큰 마이너스를 보입니다.

당시 팬데믹으로 모든 투자자가 위험자산을 다 버리고 안전자산으로 몰리는 상황이 벌어집니다. 안전자산의 대표 상품 중 하나가 무엇입니까? 달러 아닙니까? 우선 달러를 확보하려고 혈안이 되겠죠? 즉 이때 자국 통화를 담보로 달러를 차입하려는 '전쟁'이 벌어집니다. 원/달러 스와프 시장에서는 다음과 같은 거래가 일어날 유인이 높아지는 거죠. 단, 1개월이라도 좋으니까 달러를 빌리려고요.

거래일 : 달러 매입(차입) & 원화 매도(담보 제공)

만기일 : 달러 매도(상환) & 원화 매입(담보 회수, 1개월 후)

우리가 앞서 이러한 형태의 외환 스와프를 '바이앤셀' 거래라고 했습니다. 그러면 달러를 차입하기 위해 우리는 차입비용을 지불해야 하는데 이것을 스와프 포인트로 판단하는 것입니다. 당시에는 1개월물 기준, 팬데믹 위기 절정이던 2020년 3월 -450에 이릅니다(2020년 3월 23일). 연초 -70 수준의 6배 이상 스와프 포인트가 떨어진 것이죠.

그런데 이렇게 스와프 포인트만 보여주면 과연 내가 달러를 빌릴 때 지불해야 하는 금리 수준(물론 플러스일 때는 달러를 빌리더라도 돈을 받습니다)은 어떻게 계산할까요?"

잠시 뜸을 들인 양 차장은 다시 칠판에 계산식을 적습니다.

차입비용(스와프 포인트 마이너스)＝[스와프 포인트] ÷ 현물환율 × (12 ÷ 만기 월 수) × 0.01

450 ÷ 1,262 × (12 ÷ 1) × 0.01 ＝ 4.3%

"당시 원화 3년 국채 금리가 1.165% 수준이었던 점을 감안하면, 달러를 빌리기 위해서 지불해야 하는 원화 환산 금리 수준이 매우 높은 거죠."

안 대리는 양 차장의 설명을 정리합니다.
"아, 그러면 이렇게 경제위기 등 비상 상황에서도 금리와 관계없이 스와프 포인트가 이렇게 심각한 마이너스를 보일 수 있는 것이군요. 내부의 주요 위기 지표로 쓸 수 있겠습니다.

그리고 지금처럼 외화 유동성 위기 상황은 아니지만 원/달러 스와프 포인트가 마이너스를 보이는 것은 양국 간의 금리 차이에 기인하는 것이라고 이해해도 되는 것이죠?"

확인 질문을 하다가 갑자기 안 대리가 유레카를 외칩니다.
"차장님이 점심 때 말씀하신 내용 완전히 이해했습니다. 지금 상황은 달러 유동성 위기 없이 단순히 양국 간의 금리 차로 발생하는 스와프 포인트 현상이라면, 제가 가지고 있는 달러를 다음과 같이 운용하면 높은 이자를 받을 수 있겠네요. 제 동생이 3개월 후에 학교에 들어가니까, '달러 셀앤바이[9]' 3개월물 외환 스와프를 시행하면 되겠습니다."

"하하, 역시 신 부장님께서 안 대리님 칭찬을 많이 하시는 이유를 알겠습니다. 이해력이 상당히 빠르시네요."

안 대리는 여기에 멈추지 않고 칠판에 본인의 예상 운용수익을 계산합니다.

$$|-655| \times 1{,}317{.}6 \times (12 \div 3) \times 0{.}01 = 1{.}99\%$$

(2023년 6월 29일자 종가 기준)

"단순히 외환 스와프만 해서는 수익률이 안 나오겠는데요?"

안 대리의 질문에 양 차장은 양면적인 웃음을 띠며 다음과 같이 말합니다.

"받은 원화를 가지고 뭔가를 운용하셔야죠. 3개월짜리 CD(Certification of Deposits, 양도성 예금증서)만 매입해도 3.75%(2023년 6월 29일 민간채권평가사 3사 평균)입니다. 그러면 5.74%(=CD 3개월물 금리+스와프 포인트 환산 금리, 즉 3.75%+1.99%) 운용 수익률이 나오는데요? 결코 작지 않은 숫자입니다, 하하."

---

9 거래일 : 달러 매도 & 원화 매입
　만기일 : 달러 매입 & 원화 매수

스와프 포인트 검색 방법

참고 사이트 | 서울외국환중개 홈페이지

(http ://www.smbs.biz/Exchange/FxSwap.jsp)

위 사이트를 검색하면, 원/달러 외환 스와프 표준만기(1, 3, 6, 12개월)를 설정할 수 있습니다. 그리고 보고자 하는 기간을 설정하면 다음 화면과 같은 그래프를 볼 수 있습니다.

[그림 2-5] 홈페이지 화면

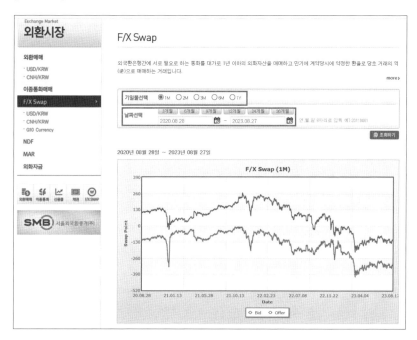

씨티그룹 서프라이즈 지수

- 경기 사이클을 파악하는 금융지표가 있다고?

2023년 7월 4일(화)

"승리야, 요즘 고생 많재? 그래도 우리 가이스트 출신에서 자본시장, 그것도 해외채권 매니저로 활동하는 사람은 니뿐인기라."

"뫄, 말도 마라. 우린 뫄 그라도 대학 때 퀀뜨에 바탕을 둔 열정, 이걸로 뫄 투자 결정을 했다 아이가. 그란데 지금 우리 부서에서는 어떤 결과가 발생하믄 왜 그것이 발생했는지를 무진장 판다 카이.

그런 훈련이 안 되어 있어 놔서 부장 앞에서 그러한 인과관계를 이야기할 때마다 죽을 쑨다 아이가."

김승리 주임은 미국 독립기념일 휴장을 맞아, 오랜만에 대학 동기인 오수리와 저녁을 함께합니다. 둘은 가이스트 내 퀀트 동아리 '수읽기'의 회장, 부회장 출신입니다. 둘 다 부산 출신 동향으로 대학 친구 중에서 가장 돈독한 우애를 자랑해왔습니다.

"근데 수리야. 난 요즘 알다가도 모르는 상황이데이. 니 느낌은 으뜬지 모르겠는데, 채권하는 내 입장에서는 당연히 연준이 이 정도 긴축을 하면 주가도 내려야 하고 채권의 위험성을 보여주는 크레디트 스프레드도 벌어져야 하는 거 아이가?"

"뫄 나야 퀀트 부서에 있으께, 뭐 이유 있겄나. 무조건 차트에서 이상 기운 발견하면 포지션 변화하는 거 아이가. 아직은 그런 느낌은 못 받았는데. 그런데….”

오수리는 소주 한잔을 원샷한 후 말을 이어나갑니다.

“연준에서 기준금리를 무려 11차례 연속으로 베이비 스텝(25bp 인상), 빅 스텝(50bp 인상), 그리고 자이언트 스텝(75bp 인상)까지 0.25%에서 5.25%로 올리고 앞으로 더 올리겠다 앙카나? 주가야 작년에 다 떨어지고 금년은 도리어 오르고 있는기야. 이게 흔히 이야기하는 베어마켓 랠리[10] 아닌가 생각도 드네.

[그림 3-1] 기준금리 및 S&P 500(2022년 1월 1일=100을 가정) **추이**(2022년 1월~2023년 7월)

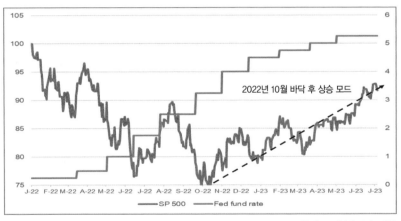

(출처) FRED(세인트루이스 연은)

기준금리(상한, %, 우측 축), S&P 500 : 2022년 1월 3일 100을 기준으로 한 Normalized Price(좌측 축)

---

10 약세장 속에서 일시적으로 주가가 상승하는 반등 장세를 말함. 주식 투자자들이 이 시기를 추세 전환으로 착각, 투자 비중을 늘리다가 큰 손실을 입을 수 있는 구간임

내도 박합수 교수님께서 강의하신 내용에서 연준이 기준금리를 공격적으로 올리믄 당연히 돈 빌리기도 어렵고 시중에 돈이 흡수되어서 경기 사이클이 위축된다 카는데, 이번에는 전혀 그런 게 안 보여. 그게 무서운 기라."

김승리 주임이 잔을 부딪치며 말을 받습니다.

"주가만 보면 작년 10월, 그리고 금년 3월 실리콘밸리 은행 파산을 겪고 바닥을 찍은 거처럼 보인다 카이. 그란데 사실 경기지표를 보믄, 뫄 고용지표야 팬데믹 이후에 지금까지 구인난 때문에 아직도 기업들이 충원하는 수요가 있다 치자. 근디 내가 뫄 보는 ISM 제조업 지수 같은 건 완전 침체 모드인기라. 근데도 위험자산 가격은 계속 강세이니까 물음표가 내 머릿속을 빙빙, 지금 술 먹어서 약간 빙빙 도는 거처럼 돈 다 아이가."

[그림 3-2] ISM 제조업 지수 추이[11]

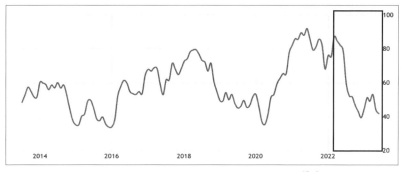

(출처) ISM, Trading Economics

---

11 ISM 제조업 지수가 50 이상이면 경기 확장, 50 미만이면 경기 수축을 나타냄. 자세한 내용은 《20년 차 신 부장의 경제지표 이야기》 'ISM 제조업/서비스업 보고서' 참고

"그라믄 지금 진짜 바닥 찍은 거 아이가?"

오수리는 눈을 부릅뜨며 말합니다. 그러나 동공은 이미 풀린 지 오래입니다.

"사나이 가는 길에 기죽지 마라. 없어도 자존심만 지키면…."

갑자기 김승리 주임이 젝스키스의 '사나이 가는 길'을 부르기 시작합니다.

"봐, 바닥이믄 으뜸고 천장이면 어쩔 끼야? 우리 이렇게 잘 살고 있는디 말이야. 그치 않냐? 오수리?"

"좋다, 칭구야. 그냥 오늘은 미국 장도 쉬니까 한 잔 쭈욱 땡기고 내일 고민하제이. 근디 승리 니한테는 신 부장이 있잖냐. 그렇게 니가 입이 마르도록 칭찬하는 그 마초 부장. 그 냥반한테 물어보거래이. 아주 찐으로 대답해 줄끼다."

2023년 7월 5일(수)

'아우 힘들어. 어제 얼마나 먹은 기야.'

김 주임은 전일 새벽까지 오수리와 과음으로 아직도 숙취에 시달리고 있습니다. 휴식베이스 약국에서 구입한 '간 건강 밸런스' 6알을 한 번에 삼킵니다. 약사 왈, 숙취에는 이 약만큼 회복력이 좋은 것이 없다고 했던 복약지도가 생각이 납니다.

신 부장이 출근합니다.

"굿모닝, 나 오늘 10시에 CD증권 세미나에서 패널로 참여하기로 해서 나가야 하니까 결재받을 거 있으면 지금 올려줘. 근데 김 주임, 어제 한 잔했는가? 얼굴에 다 쓰여 있네?"

원래 얼굴이 붉은 기가 많아서 아무리 술을 많이 먹어도 겉으로는 티가 잘 안 난다고 주위에서 그러던데 다 뻥이었나 봅니다.

"뫄 부장님, 어제 대학 동기와 술 한잔 했심더. 글로벌 금융시장에 대해 논하다 보니 대화가 길어지고 그 과정에서 술을 좀 마이 마셨심더."
"일과 끝났는데 무슨 업무 이야기를 해? 하하, 그래. 무슨 이야기를 나눴나?"
"사실 지는 좀 이해가 안 되는기라요. 중앙은행에서 저렇게 기준금리를 계속 올리고, 경기침체 시그널이라카는 장·단기 금리가 역전이 된 지가 오래되었습니다. 고용지표야 후행지표라카니 그렇다 쳐도 비교적 현재 경기를 잘 반영하는 ISM 제조업 같은 지표는 이미 침체를 나타내는

[그림 3-3] 투자등급 및 하이일드 크레디트 스프레드 현황(2018년 7월~2023년 7월)

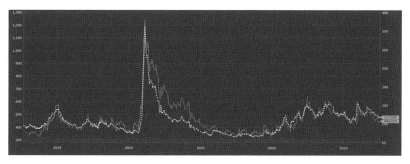

(출처) Citigroup, FTSE

투자등급 : 3~7년 만기 회사채 및 국채 Treasury 대비 스프레드(흰색 점선), 우축
하이일드 : 1~10년 만기 채권 OAS(Option Adjusted Spread, 옵션 제거 후 스프레드, 주황색 실선), 좌축

50 미만으로 떨어진 지 오래입니다.

그란디 주가는 금년에 랠리하고 크레디트 스프레드는 요지부동인기라요. 이걸 으뜳케 이해해야 할지 모르는기라요. 그래서 칭구하고 이야기를 나누는데, 결국 아무것도 이해하지 못하고 술만 먹었심더."

신 부장은 잠시 눈을 감고 생각하더니, 뭔가를 알았다는 듯한 표정으로 대답합니다.

"중앙은행이 무조건 긴축을 한다고 해서 경기가 수축하는 건 아니야. 현재 우리가 미국 3개월 국채와 10년 만기 국채 간 스프레드가 역전된 지 9개월 정도 흘렀지만, 금융지표와 실물경기는 엄연히 그 사이클이 다르기 때문에 경기침체가 온다고 100% 예견할 수도 없는 거지. 일단 코로나 팬데믹을 겪으면서 경제 구조 자체가 상당히 바뀌었잖아.

이제는 사람 없이 인공지능이 이를 대체하고 생산성을 높일 거라는 기대가 커지고 있어. 그래서 이번 긴축 사이클에서는 경기침체가 안 오

[그림 3-4] 1990년대 미국 기준금리 및 S&P 500 추이(1992년 1월~1996년 12월)

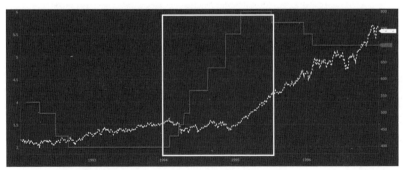

기준금리 : 주황색 실선(좌측 축)

S&P 500 : 흰색 점선(우측 축)

(출처) Citigroup

고 그야말로 경제가 연착륙할 수 있다는 거지.

가까운 사례로 지난 1990년대 중반 미국 경제를 보면, 실제 중앙은행은 기준금리를 지속적으로 인상해서 긴축 모드를 만들었지만 당시 인터넷 발명 등에 힘입어 미국 경제는 엄청난 호황을 누렸어."

신 부장은 물 한 모금 마십니다. 김 주임은 숙취에 좋다는 헛개수를 한 모금 합니다.

"부장님예, 사실 경제지표를 하나하나 뜯어보면 각기 다른 메시지를 내지 않습니꺼. 예를 들어 고용지표는 식을 줄 모르니 아직 미국 경제가 호황인 거 같지만, ISM 제조업 지표나 산업생산을 보면 이미 경기 둔화 사이클을 명확하게 보여주고 있지 않습니꺼?

그리고 경제지표가 저희처럼 글로벌 채권을 운용하는 사람들에게는 필수적으로 해석할 줄 알아야 하는 도구이지만서도, 나오는 시기가 빠르면 일주일, 늦으면 분기 후행하는 것들이니 현재 지가 서 있는 경기 사이클이 어디인지 이해하기 좀 헷갈립니더."

대학 때 퀀트 투자 동아리 회장 출신으로 김 주임은 뭔가 실시간으로 금융 상품에 반영되고, 숫자로 명확하게 설명할 수 있는 도구가 있으면 좋겠다는 생각입니다.

"김 주임, 사실 금융시장은 주요 경제지표 발표 시 '서프라이즈(Surprise)'가 발견되면 발표 후 수 분 안에 반영하는 모습을 보여왔어. 그런데 말이야."

신 부장은 갑자기 부장실로 들어가더니 자료철을 들고 돌아옵니다.

"이러한 긍정적인 혹은 부정적인 서프라이즈들이 쌓이면 시장에 미치는 파급력이 몇 분에 그치지 않고 상당 기간 오래 간다는 거고, 그것이 하나의 경기 사이클을 이루게 되는 거지. 이런 아이디어로 만든 인덱스가 씨티그룹 서프라이즈 지수(Citi Economic Surprise Index)라고 해. 이른바 '놀람지수'라고도 하지."

김 주임이 갑자기 집중 모드로 변합니다. 어제의 숙취는 다 날아가 버립니다.
"그라믄 부장님, 이 지표는 매일 나옵니꺼?"
"그렇지, 보통 당일 미국 장 개장 전에 전일 종가가 계산되어 나와. 매일 나오는 지표야."
"이 지표가 과거의 경제지표들을 모아서 만든 일별 업데이트되는 지표 아입니꺼. 어떻게 매일 만들 수가 있지요? 경기지표 발표가 없을 때는 지표 움직임이 없을 꺼 아입니꺼?"

김 주임의 말은 경기지표들이 매일매일 나오는 것이 아닌데도 일별 업데이트되는 지표로 유지하는 것이 의미가 있느냐는 질문입니다.

"이 지표의 전제조건이 있지. 경기지표를 거의 매일 발표하는 선진국에 의미가 있다는 거지. 예를 들어 미국의 경기지표를 보면 이렇게 매일 발표하는걸?"
신 부장이 표를 건넵니다(표 3-1).

[표 3-1] 2023년 1월 중 미 주요 경제지표 발표 내역(미국 시간 기준)[12]

주차	일자	요일	카테고리	경제지표명	주기	예상	실제	전기
1	2	월						
	3	화						
	4	수	성장	ISM 제조업	월	48.5	48.4	48.4
			물가	ISM Price Paid	월	42.9	39.4	43.0
	5	목	고용	실업급여 청구건수	주	225K	204K	225K
	6	금	고용	비농업 순고용자 수	월	205K	223K	263K
			고용	실업률	월	3.7%	3.5%	3.7%
			고용	고용 참여율	월	62.2%	62.3%	62.1%
			물가	시간당 평균임금 상승(전월비)	월	0.4%	0.3%	0.6%
			물가	시간당 평균임금 상승(전년비)	월	3.7%	3.5%	3.7%
			성장	ISM 서비스업	월	55.0	49.6	56.5
2	9	월						
	10	화						
	11	수						
	12	목	물가	CPI(전월 대비)	월	−0.1%	−0.1%	0.1%
			물가	Core CPI(전월 대비)	월	0.3%	0.3%	0.2%
			물가	CPI(전년 대비)	월	6.5%	6.5%	7.1%
			물가	Core CPI(전년 대비)	월	5.7%	5.7%	6.0%
			고용	실업급여 청구건수	주	215K	205K	204K
	13	금	물가	미시간대학 소비자심리지수	월	60.7	64.6	59.7
			물가	미시간대학 1년 기대인플레	월	4.3%	4.0%	4.4%
			물가	미시간대학 5년 기대인플레	월	2.9%	3.0%	2.9%
3	16	월						
	17	화						
	18	수	물가	소매판매(자동차 제외)	월	−0.5%	−1.1%	−0.2%
			물가	소매판매(자동차, 가스 제외)	월	0.0%	−0.7%	−0.2%
			물가	PPI(전월 대비)	월	−0.1%	−0.5%	0.3%
			물가	Core PPI(전월 대비)	월	0.1%	0.1%	0.4%
			물가	PPI(전년 대비)	월	6.8%	6.2%	7.4%
			물가	Core PPI(전년 대비)	월	5.6%	5.5%	6.2%
			고용/성장	베이지북	월			
	19	목	고용	실업급여 청구건수	주	214K	190K	205K
			성장	주택 착공건수(전월 대비)	월	−4.8%	−1.4%	−0.5%
			성장	건축 허가건수(전월 대비)	월	1.0%	−1.6%	−11.2%
	20	금	성장	기존주택 판매건수(전월 대비)	월	−3.4%	−1.5%	−7.7%

---

12 《20년 차 신 부장의 채권투자 이야기》 참조

4	23	월	성장	경기선행지표(전월 대비)	월	−0.7%	−0.8%	−1.0%
	24	화	성장	S&P Global PMI 제조업	월	46.0	46.9	46.2
			성장	S&P Global PMI 서비스업	월	45.0	46.8	44.7
	25	수						
	26	목	성장	2022년 4분기 GDP(전분기 대비)	분기	2.6%	2.9%	3.2%
			물가	2022년 4분기 GDP Price	분기	3.2%	3.5%	4.4%
	27	금	물가	개인소비	월	−0.2%	−0.2%	0.1%
			물가	개인소득	월	0.2%	0.2%	0.4%
			물가	PCE Deflator(전월 대비)	월	0.0%	0.1%	0.1%
			물가	Core PCE(전월 대비)	월	0.3%	0.3%	0.2%
			물가	PCE Deflator(전년 대비)	월	5.0%	5.0%	5.5%
			물가	Core PCE(전년 대비)	월	4.4%	4.4%	4.7%
5	30	월						
	31	화	물가	Employment Cost Index	분기	1.1%	1.0%	1.2%

김 주임이 고개를 끄덕이면서 "이 정도 발표면 충분히 의미 있는 일별 자료를 만들 수 있겠습니다"라고 대답합니다.

신부장이 설명을 이어나갑니다.

"이 지수[13]를 계산할 때 고려해야 할 중요한 요인 2개가 있는데, 그것은 경제지표 간의 금융시장에 미치는 영향도와 동일한 경제지표의 최근 발표치와 과거 발표치 간 가중치야.

예를 들면, 미국의 소비자물가지수, 즉 CPI와 도매물가지수를 비교하면 금융시장에 영향도가 높은 CPI의 비중이 더 높겠지? 그리고 6월 CPI의 비중이 4월의 그것보다 더 높다는 거지."

---

[13]

$$Index_t = \sum_{i=1}^{I} w_i \times \frac{\ln(n)}{\ln(N)} \times \frac{surprise_{i,t}}{\sigma_{i,t}}$$

w_i : 경제지표가 시장에 미치는 영향도 비중
n : t 시점으로부터 경제지표가 발표된 시점 차이
N : 90 Calendar days 기준
$\sigma_{i,t}$: 경제지표 i의 t 시점까지의 표준편차
$surprise_{i,t}$: t 시점에서 경제지표 i의 서프라이즈 (= 실제치 − 예상치)

"부장님예, 하믄 이제 와 미국의 지표가 그리 달리는지 보고 싶습니더."

신 부장이 휴대폰에 저장한 그래프 하나를 보여줍니다(그림 3-6).

"우리가 아까 보여준 공식에서 Surprise 변수가 0보다 크다면 어떻게 해석해야 할까?"

"뫄 그야 경기지표가 시장 예상치보다 잘 나왔으니까 당연히 경기가 좋다고 해석해야 하지 않겠습니꺼."

"맞아, 그래서 이 '놀람지수'는 0을 기준으로 (+)면 경기가 좋은 상황이라서 위험자산이 상승할 수 있는 여건인 거고, (-)가 지속되면 반대로 경기가 별로 안 좋으니 위험자산 비중을 줄이는 게 좋겠지.

그래프(그림 3-5 참조) 맨 우측 흰색 상자를 보면, 미국과 G10의 그래프 방향이 반대로 가 있지? 미국이 G10 국가보다 경제 상황을 더 낙관적으로 보고 있는 증거이기도 해."

[그림 3-5] 씨티그룹 서프라이즈 지수 추이 : 미국 및 G10(2018년 7월~2023년 7월)

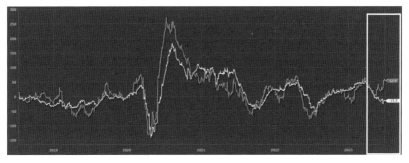

미국 : 주황색 실선, G10 : 흰색 실선 　　　　　　　(출처) Citigroup

G10 : 미국, 영국, 독일, 프랑스, 이탈리아, 일본, 캐나다, 네덜란드, 벨기에, 스웨덴

김 주임은 이제야 왜 S&P 500이 랠리를 지속하는지 알 것 같습니다.

"꽈 제 머릿속에 있던 뿌얀 안개들이 쫙 사라지는 느낌을 받습니더, 부장님. 기준을 0으로 봤을 때 실제 선진국 지표인 G10의 '놀람지수'는 꽈 그 밑이니까 전체 경기지표가 경기둔화를 나타내는 데 반해, 미국은 계속 쭉쭉 올라가고 있지 않습니꺼? 어제 제 친구와 이야기하면서 풀리지 않았던 숙제가 확 풀렸심더."

신 부장이 말을 이어갑니다.

"이 '놀람지수'는 채권 금리의 선행지표로도 쓰임새가 있어. 다음 내가 보여주는 그래프를 보면, 점선 박스 부분에서 '놀람지수'의 추세 전환 후 약 1~2개월 후 미 국채 금리가 비슷한 모양새로 움직임을 알 수 있지.

그래서 앞으로는 통화정책, 경제지표, 금융상품을 별개로 보기보다는 이러한 '놀람지수'처럼 최장 3개월 이전 경제지표의 비중까지 반영함으로써 일종의 경기 사이클을 반영하는, 그럼에도 불구하고 일별 업데이

[그림 3-6] 씨티그룹 서프라이즈 지수 vs 미 국채 금리(7~10년 평균) 추이(2013년 7월 ~2023년 7월)

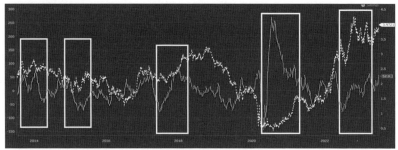

Citi Economic Surprise Index(미국) : 주황색 실선(좌측 축)

미 국채 : FTSE US Treasury 7~10 year Index(흰색 점선, 우측 축)

(출처) Citigroup

트가 되는 지표를 해석할 줄 알아야 해. 특히 주식, 채권, FX(외환)을 운용하는 매니저들에게는 말이야."

"명심하겠심더."

씨티그룹 서프라이즈 지수 검색 방법

참고 사이트 1. https://en.macromicro.me/charts/45866/global-citi-surprise-index

구글에 'Citi Surprise Index' 혹은 'Citi Economic Surprise Index'라고 타이핑 후 검색하면, 위 사이트로 연결이 됩니다.

[그림 3-7] 사이트 화면

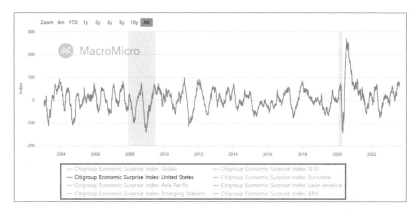

Global, 미국 등을 포함 총 8개 지역군에 대한 지수(Index)를 보여주며, 위 그림에서 박스 부분의 각 항목을 클릭하면 그래프가 비활성화됩니다.

참고 사이트 2. https://www.yardeni.com/pub/citigroup.pdf

야데니 리서치에서 매주 금요일 영업시간 종료 후 기준으로 익일에 발간하는 주간 리포트로, 야데니 리서치 홈페이지에서 검색, 또는 구글에 'Citi Surprise Index' 혹은

'Citi Economic Surprise Index'라고 타이핑 후 검색하면, 바로 보고서를 볼 수 있습니다. 본 보고서는 미국 인덱스로 구성되어 있으며, 미 10년 국채와의 비교, 주요국 통화로 환산했을 때 인덱스 현황을 볼 수 있습니다.

[그림 3-8] 야데니 리서치 보고서 화면(2023년 8월 26일 현재)

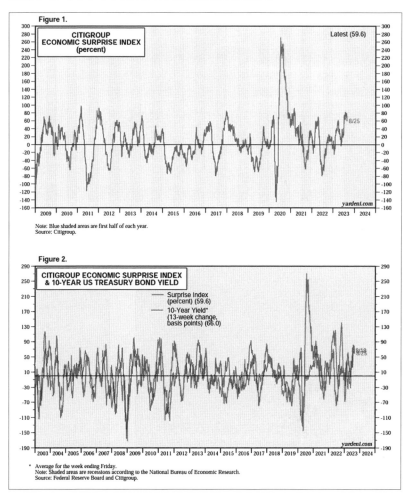

10년-3개월 국채 금리 스프레드

- 경기침체는 이걸로 측정하십시오

2023년 7월 5일(수)

"어? 어벙철 씨 아닌가요?"

"안녕하십니까, 부장님."

CD그룹에서 주최하는 '2023년 글로벌 채권시장 전망' 세미나장입니다. 신입사원 연수 후 개인퇴직연금부로 인사이동이 난 어벙철 씨를 우연히 만나게 됩니다.

"여긴 어쩐 일로?"

"네, 저희 팀장님께서 올해는 채권의 해라며, 오늘 세미나 내용 잘 듣고 요약, 발표를 하라고 지시하셨습니다."

2022년 1월 (회상 장면)

신 부장은 어벙철 씨 팀의 이기심 팀장을 잘 알고 있습니다. 1년 반 전인 지난 2022년 1월, 신 부장이 사내 게시판에 쓴 2022년 전망 요약자료, '이제 채권시장의 파티는 끝났다'라는 글을 보고 이기심 팀장이 전화를 했습니다.

"아니, 신 부장님, 금리가 올라간다고요? 말이 됩니까? 시중에 돈이 얼마나 많이 풀렸는데요? 금리 안 올라갑니다. 올해 저희 팀에서는 이미 10

년 미 국채 금리가 1% 아래로 떨어질 거라고 판단하고, TLT ETF[14]를 집중적으로 개인들에게 팔라고 했습니다. 아무리 금리가 올라가 봐야 얼마나 가겠습니까? 당장 저 글을 내려주세요. 판매에 악영향 줍니다."

기가 찰 노릇입니다. 동네 자장면 값이 5,000원에서 7,000원, 삼선짜장면이 10,000원이 넘고 있습니다. 인플레이션 상승 속도가 점점 가팔라지면서 연준에서도 드디어 양적완화를 종료하고 기준금리를 올리려고 하고 있었습니다.

FOMC 성명서 중(2021년 12월)

The Committee seeks to achieve maximum employment and inflation at the rate of 2 percent over the longer run. In support of these goals, the Committee decided to keep the target range for the federal funds rate at 0 to 1/4 percent. With inflation having exceeded 2 percent for some time, the Committee expects it will be appropriate to maintain this target range until labor market conditions have reached levels consistent with the Committee's assessments of maximum employment. In light of inflation developments and the further improvement in the labor market, the Committee decided to reduce the monthly pace of its net asset purchases by $20 billion for Treasury securities and $10 billion for agency mortgage-backed securities. Beginning in January, the Committee will increase its holdings of Treasury securities by at least $40 billion per month and of agency mortgage?backed securities by at least $20 billion per month. The Committee judges that similar reductions in the pace of net asset purchases will likely be appropriate each month, but it

---

14 iShares 20+ Year Treasury Bond ETF이며, 전작 《20년 차 신 부장의 채권투자 이야기》 '장기물 안전자산으로 대피하라 TLT US 편(p. 335)' 참조

is prepared to adjust the pace of purchases if warranted by changes in the economic outlook. The Federal Reserve's ongoing purchases and holdings of securities will continue to foster smooth market functioning and accommodative financial conditions, thereby supporting the flow of credit to households and businesses.

위원회는 장기적으로 최대 고용과 2%의 인플레이션을 달성하기 위해 노력하고 있습니다. 이러한 목표를 지원하기 위해 위원회는 연방기금금리 범위를 0~0.25%로 유지하기로 결정했습니다. 인플레이션이 2%를 상회한 상황에서 위원회는 노동시장 상황이 위원회의 최대 고용치에 부합하는 수준에 도달할 때까지, 현 기준금리 범위를 유지하는 것이 적절할 것으로 예상합니다. 인플레이션 동향과 노동시장의 추가적인 개선을 고려하여 위원회는 국채 증권에 대한 월간 매입 규모를 200억 달러, 정부기관 발행 MBS 월간 매입 규모를 100억 달러로 줄이기로 결정했습니다. 1월부터 위원회는 국채 증권의 보유 규모를 월 최소 400억 달러씩, 정부기관 발행 MBS의 보유 규모를 월 최소 200억 달러씩 증가시킬 것입니다. 위원회는 월별 순자산 매입 속도와 유사한 감소가 적절할 것으로 판단하나, 경제 전망의 변화에 따라 매입 속도를 조정할 준비가 되어 있습니다. 연방준비제도는 계속해서 증권의 구매와 보유를 통해 원활한 시장 기능과 수용적인 재정 조건을 유지하여 가계와 기업에 대한 신용 흐름을 지원할 것으로 판단합니다.

"팀장님, 지금 전 세계 인플레이션 상승 속도가 빠릅니다. 연준에서는 지난 FOMC(2021년 12월)에서 테이퍼링(Tapering)[15]을 결정했고요. 곧 금리를 인상한다는 시그널입니다. 장기 국채 매입은 매우 위험한 결정입니다."

직책은 팀장이지만, 승진이 늦어 신 부장보다 두 살 많은 이 팀장은 흥분한 목소리로 되받아칩니다.

---

15 연준이 매월 매입하는 국채 및 MBS(모기지담보부증권)의 총액을 일정 부분씩 줄여나가면서 점진적으로 매입을 중단하게 되는 통화정책 수단

"이보세요, 신 부장. 자칭 채권 전문가라더만 아무것도 모르시는구먼. 한번 봅시다. 누가 맞는지 말이오."

신 부장이 뭐라 말하려고 하는데, '뚜뚜뚜' 소리뿐입니다. 이 팀장이 일방적으로 전화를 끊은 것입니다.

'이런 변사또 영의정 되는 소리하고 있네. 물건 팔아먹으려고 무리수 두면 어떻게 되는지 한번 보자고.'

다시 세미나장 복도입니다.

"어병철 씨, 이기심 팀장은 잘 계시고요? 작년 초에 전화 한 번 하고 연락을 못 했네요."

"아, 저도 이기심 팀장님은 들리는 이야기만 들었습니다. 작년에 팔았던 상품들이 다 죽을 쒀서 고객들에게 욕 바가지로 드시고, 금년 초 인사이동으로 자리를 옮기셨습니다."

"그러면 부서장으로 승진하셔서 옮기셨나요?"

"아니요, 전라남도 해남지점 땅끝마을 출장소장으로, 사실상 좌천되셨습니다. 채권 손실이 생각보다 훨씬 컸다고 들었습니다."

아, 은행이라는 곳이 비교적 안정적으로 자리보전할 수 있을 거라고 생각했는데, 이기심 팀장 사례를 듣고 나니 계약직 신 부장은 모골이 송연함을 느낍니다.

"그러면 지금 팀장님 성함은?"

"현재 팀장님은 공부장 팀장님이십니다. 공부를 정말 좋아하셔서 항상 팀원들에게 리서치와 발표를 요구하십니다."

이렇게 말하는 어병철 씨는 신입사원 연수 때나 퇴직연금 직원 세미나 때와는 다른, 매우 어두운 얼굴을 하고 있습니다.

"그런데 어병철 씨, 공 팀장님이 말씀하시는 '올해는 채권의 해'라는 근거는 뭔가요?"

"네, 팀장님께서는 올해 분명히 경기침체가 올 가능성이 매우 커서 안전자산 선호현상이 높아지게 될 것이고, 그러면 금리가 하락할 것이라고 말씀하셨습니다."

어병철 씨는 뭔가 기억하고 있는 듯한, 그러나 정확한 내용은 모르는 알 듯 말 듯한 얼굴입니다.

"그러면 어병철 씨, 공 팀장님께서 경기침체가 올 것이라는 이유를 말씀하셨나요?"

"그게 미스터리입니다. 제가 얼핏 들은 거 같은데 그 이유를 모르겠습니다."

실제 금년 국내 개인투자자들의 국내·외 채권형 상품에 대한 투자가 급격히 늘어나고 있습니다. 1년이 넘는 기간 동안 중앙은행의 지속적인 기준금리 인상, 그로 인한 경기지표의 부진, 더 이상 기준금리 인상은 없을 것이라는 기대감 속에 개인투자자들은 다음과 같은 기대감을 갖고 있을 것입니다.

1. 높은 이자 수익 기대
2. 기준금리 인상 중단, 경기침체 우려로 금리 하락에 따른 자본 차익 실현

어병철 씨가 말을 이어갑니다.

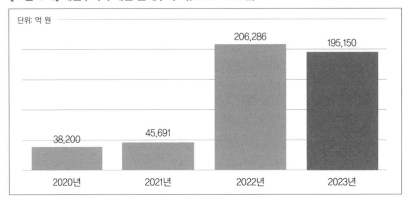

[그림 4-1] 개인투자자 채권 순매수 추이(2020~ 2023년)

단위: 억 원

206,286
195,150
38,200
45,691

2020년   2021년   2022년   2023년

2023년은 6월 28일 기준

[그림 4-2] 개인투자자 채권 종류별 순매수 현황(2023년 1월 1일~2023년 6월 28일)

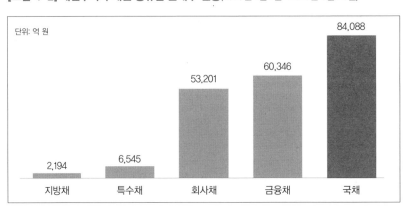

단위: 억 원

84,088
60,346
53,201
2,194
6,545

지방채   특수채   회사채   금융채   국채

"부장님, 제가 신입사원 연수, 그리고 이어서 들은 직무 연수를 통해서 부장님께서 말씀하신 채권의 원리에 대해서 빼곡히 석었습니다. 그래서 그 자료를 찾아봤는데, 경기침체와 관련한 내용은 딱히 적은 게 없어서요. 공 팀장님께서 사실 저에게 이번 세미나를 듣고 오라고 하신 미션은 채권시장에서 경기침체의 징조가 되는 신호가 무엇인지입니다. 그런데 오늘 세미나에서도 장·단기 커브가 역전된 것으로 향후 경기침체의 가능성을 높인다고 하지 않습니까?"

역시 기대(?)를 저버리지 않습니다. 연수 때 보았던 그의 모습은 열정적이나 산만한 이미지였습니다.

"병철 씨, 사실 장·단기 금리 역전 현상이 경기침체의 시그널임을 입증하는 논문이 많습니다. CD그룹에서 이야기한 내용이 대체로 맞습니다."

어안이 벙벙한 표정으로 어병철 씨가 신 부장을 빤히 쳐다봅니다.

"옆에 조용한 커피숍에 가서 커피 한잔 마시면서 내가 부가 설명을 해드리죠. 대신 커피는 어병철 씨가 사는 거예요."

"물론입니다, 부장님."

인근 카페 '롬바드'로 자리를 옮긴 후, 신 부장이 질문합니다.

"어병철 씨, 제가 강의한 내용을 잘 적으셨다고 하니까 한 가지만 물어봅시다. 경기 사이클이 일반적으로 움직이는 과정을 말해줄 수 있나요?"

어병철 씨, 트레이드 마크인 어안이 벙벙한 표정을 짓습니다.

"제가 직무 연수 중 경기 사이클에 대한 강의 중 보여드린 슬라이드 프린트한 내용을 보여드리지요."

신 부장이 가방에서 파일철을 꺼낸 후 안에서 표로 정리한 종이 한 장을 테이블에 올려놓습니다.

[표 4-1] 경기 사이클별 채권 요소별 현상[16]

구분	회복	확장	확장 후기	침체 초기	침체 후기	Tail Risk
금리	하락	상승	상승	정점	하락	하락
스프레드	축소	보합	확대	확대	확대	확대
장·단기	확대	확대	축소	축소	확대	확대

"여기서 장·단기 금리 스프레드는 경기확장 후기 이후, 중앙은행이 경기과열 진정 등의 목적으로 기준금리를 올릴 것이라는 신호를 줄 때부터 그 간격이 줄어들게 됩니다. 그리고 기준금리를 지속적으로 올리면서 장·단기 금리 스프레드는 역전이 되는 것이고요. 실제 침체가 나타나게 되면 단기 금리가 먼저 하락하게 되면서 장·단기 금리가 정상화되는 과정을 보이게 되는 것이지요."

어병철 씨가 갑자기 뭔가 생각났는지 말을 합니다.

"부장님, 제가 오늘 세미나에서 두 가지 종류의 장·단기 금리 커브를 예시로 들었지 않습니까? 국채 2-10년, 그리고 국채 3개월 - 10년 말이죠. 어떤 지표를 쓰는 것이 좋을까요?"

신 부장이 반문합니다.

"어병철 씨, 우리가 3개월 후, 2년 후, 그리고 10년 후 본인의 미래를 예측해봅시다. 어느 시점을 예측한 내용이 맞을 확률이 높을까요?"

"그야 3개월 후 제가 무엇을 하고 있을지 예측하기가 가장 쉽겠죠? 2년 후만 돼도 지금 여자친구와 과연 결혼할지, 제가 어느 부서로 발령이

---

16 《20년 차 신 부장의 채권투자 이야기》, Part 3. 미 연준이 중시하는 경기지표 및 경기 사이클에 따른 채권가격 참조(p.187)

날지 모르니까요. 10년 후 제 미래요? 어휴, 저는 지금 현재 채권 매니저가 되고 싶은데 10년 후에는 기업금융 파트에서 기업에게 대출해줄 사람이 될지, 대학원에 진학해서 석·박사를 딸지 등등을 전혀 예상하지 못하겠는걸요?"

어벙철 씨가 웃으면서 대답합니다.

"맞습니다. 장기 금리, 단기 금리의 기준을 정하는 것은 우리가 미래를 예측해서 맞힐 확률 측면에서 봐야 하는 거죠. 즉 단기 금리는 내가 가장 예측하기 쉬운 시점, 그리고 장기 금리는 반대로 미래를 예측하기 매우 어렵거나 불가능한 시점을 기준으로 정하면 됩니다.

아, 물론 해당 만기 국채의 유동성이 매우 풍부하다는 전제로 말씀드립니다. 그렇게 보면 단기 금리의 기준은 미 국채 3개월 T-Bill을 기준으로 하며, 장기 금리의 기준은 미 국채 10년물을 삼는 것이 직관적으로 타당한 것이죠."

어벙철 씨는 한 가지 의문이 듭니다. 왜 세미나에서는 장·단기 금리 차이 기준을 말할 때 2년 국채 금리 – 10년 국채 금리 간 차이가 매우 중요하다고 했는지 말입니다.

"부장님, 그런데 세미나에서 실제 시장 참여자들은 미 국채 2년물과 10년물의 금리 커브 차이를 일반적으로 장·단기 금리 역전 현상이라고 말한다고 합니다. 왜 그럴까요?"

"실제 단기 금리를 기준으로 삼고 있는 2년물 국채는 연준의 기준금리 움직임에 가장 민감하게 움직이는 단기물임은 사실입니다. 그리고 매월 국채 입찰을 통해서 단기물의 공급, 수요 흐름을 알 수 있다는 점에서 매우 편한 지표임은 사실입니다.

그런데 사실 2년 후 미래도 우리가 정확히 짚을 수 없는 것 아니겠어요? 우리가 2019년 여름에 불과 6개월 후 코로나로 인해서 전 세계가 마비될 줄 알았나요?"

신 부장은 역시 파일철에서 2장짜리 논문 요약집을 올려놓습니다.

"이것은 연준에서 발간한 일드 커브에 대한 보고서 중 2 - 10년 금리 차이에 대한 설명을 발췌한 것입니다.

[그림 4-3] 2-10년 커브에 대한 연준 논문 발췌[17]

①
Perhaps the more interesting insight from this analysis was, unlike for the 2-10 yield spread, there is an obvious interpretation for why the near-term forward spread has predictive power. This spread closely mirrors—and can be interpreted as—a measure of market participants' expectations for the trajectory of Federal Reserve interest rate policy over the coming year and a half. Indeed, it is very similar to the "market-implied path (of the expected Fed policy rate)" drawn from federal funds futures rates, which is widely monitored by investors and Fed watchers. When investors (perhaps appropriately) fear an economic slowdown or especially a downturn within the next year or so, they likewise tend to expect the Federal Reserve to begin lowering its target policy rate in the not-too-distant future. This generates a low, sometimes even negative, value of the near term forward spread. Although the 2-10 spread is influenced by these dynamics as well, that measure is also buffeted by other significant factors such as risk premiums on long-term bonds.

②
Ultimately, we argue there is no need to fear the 2-10 spread, or any other spread measure for that matter. At best, the predictive power of term spreads is a case of "reverse causality." That is, term spreads predict recessions because they impound pessimistic—often accurately pessimistic—expectations that market participants have already formed about the economy, and thus an expected cessation in monetary policy tightening.[4] Thus, term spreads could have little or no economic impact in and of themselves. Nevertheless, as FDR might have pointed out, it can only make things worse if investors not only fear the prospect of a recession, but at the same time, are spooked by that fear itself, which is mirrored in inverted term spreads.

(출처) Eric C. Engstrom and Steven A. Sharpe.,2022, (Don't Fear) The Yield Curve, Reprise
(https://www.federalreserve.gov/econres/notes/feds-notes/dont-fear-the-yield-curve-reprise-20220325.html)

---

17 《20년 차 신 부장의 경제지표 이야기》, '뉴욕 연은 경기침체 확률 보고서'편 참조

여기서는 3개월 T-Bill을 단기 금리 기준으로 삼고, 10년 국채 금리와의 장·단기 금리 차이를 측정하는 것이 2-10년 커브보다 예측력이 있다고 설명합니다(① 참고).

부연 설명으로 2-10년 커브는 경기침체를 예측한다기보다는, 오히려 시장참여자들이 경기침체가 오는 것을 굳게 믿고 2-10년 커브에 그들의 기대를 반영한다는 역인과관계(Reverse Casuality)의 오류를 범하고 있다고 말합니다(② 참고)."

어병철 씨는 조금씩 이해된다는 표정으로 대답합니다.

"아, 부장님께서 말씀하신 미래 예측에 대한 비유, 즉 당장의 미래는 예측 가능하나 먼 미래를 내다보기는 힘들다. 그래서 가장 예측하기 쉬운 3개월 후 만기를 단기 금리 기준으로 삼고, 먼 미래인 10년을 장기 금리 기준으로 삼는다? 아주 신박하고 기억하기 쉬운 논리입니다. 그런데 말입니다."

어병철 씨의 의문은 계속됩니다.

"그러면 부장님, 장·단기 금리가 역전이 되면 도대체 언제쯤 경기침체가 온다는 말인가요?"

"좋은 질문입니다. 우선 3개월 T-Bill과 10년 국채 간 금리 차이 흐름을 볼까요? 이 지표는 당연히 매일, 그리고 실시간으로 확인이 가능합니다. 일별 데이터를 보려면 세인트루이스 연은 경제지표 홈페이지(FRED, https://fred.stlouisfed.org/series/T10Y3M)에서 쉽게 확인할 수 있습니다."

신 부장이 그래프를 캡처한 사진을 보여줍니다(그림 4-4).

"지난 2022년 3월부터 연준이 기준금리를 지속적으로 올린 결과, 10

[그림 4-4] 10년 미 국채 금리 - 3개월 T-Bill 차이 추이(2018년 7월~2023년 7월)

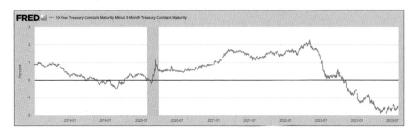

월 장·단기 금리 차이가 역전되었습니다. 일반적으로 이 커브가 역전되면 빠르면 6개월 후, 늦어도 24개월 이내에 경기침체가 올 수 있다고 합니다.[18] 지난 2008년 금융위기 당시 장·단기 금리 커브인 3개월 T-Bill과 10년 미 국채 금리 간 스프레드 역전 후 경기침체 선언까지 약 11개월 정도 걸렸지요. 그러면 작년 10월에 커브가 역전되었으니까 이론상으로는 올해 9월 정도에는 경기침체 신호가 보이는 게 맞겠죠?"

어벙철 씨가 반문합니다.

"그런데 지금 경기침체의 징후가 거의 없지 않습니까? 그래프상이라면 역전 정도가 역대급인데요. 고용지표도 좋고 물가도 계속 안 떨어지고 말이지요."

신 부장이 대답합니다.

"좋은 질문이에요. 팬데믹 이후에 여전히 충분한 숫자의 노동자들이

---

18 출처 : Forbes
https://www.forbes.com/sites/anthonytellez/2023/03/08/what-to-know-about-the-yield-curve-and-why-it-may-predict-a-recession/?sh=2ac59535653c

돌아오지 않습니다. 그리고 금년에는 AI 산업이 생산력을 높여줌으로써 경제 성장의 원동력이 될 것이라는 기대가 많지요. 즉 경제 구조가 변하고 있어요. 그래서 예전처럼 금리 커브가 역전되면 무조건 경기침체가 온다는 공식이 성립하지 않을 수 있어요. 그리고 금리 커브 역전 자체가 경기침체의 정도를 가늠할 수는 없고요."

신 부장이 '롬바드'에서 자신이 가장 좋아하는 커피 '챔피언 리미티드'를 마시며 대화를 이어나갑니다.

"그런데 우리 두 가지를 염두에 둡시다. 첫째, 방금 3개월 후, 2년 후, 10년 후 미래를 예측한 이야기로 돌아가봅시다. 단, 여기에 시장금리를 적용해보자고요. 우리 3개월보다는 2년이, 2년보다는 10년 후 미래를 예측하기 어렵다고 했습니다. 이것을 시장금리에 적용해보면 우리가 요구하는 수익률이 예측하기 쉬울수록 높을까요, 아니면 어려울수록 높을까요?"

어벙철 씨 머리가 바쁘게 돌아가는 것을 신 부장은 그의 표정을 통해 알 수 있습니다. 처음에는 코끝을 매만지다가 미간을 찡그리고 나중에 머리를 박박 긁는 모습을 연출합니다.

'아, 얘 또 가격과 금리와의 관계를 까먹었구나.'

이윽고 어벙철 씨가 대답합니다.

"예, 먼 미래일수록 당연히 요구하는 수익률이 높아집니다. 그래야지 틀릴 가능성은 크지만, 그 미래를 맞추기 위한 보상으로 충분하지 않겠습니까?"

"맞습니다. 우리의 미래를 미 국채 만기로 바꾸어 생각해보면, 만기 2년보다는 5년, 5년보다는 10년 금리가 더 높아야 하는 것이 맞죠. 그런데 지금은 어떻습니까? 기준금리(5.25%)가 2년물 금리보다 높고, 2년물 금리는 10년물 금리보다 높은 상황이 지속하고 있습니다.

[그림 4-5] 미 국채 금리 Term Structure[19](2023년 6월 30일 현재)

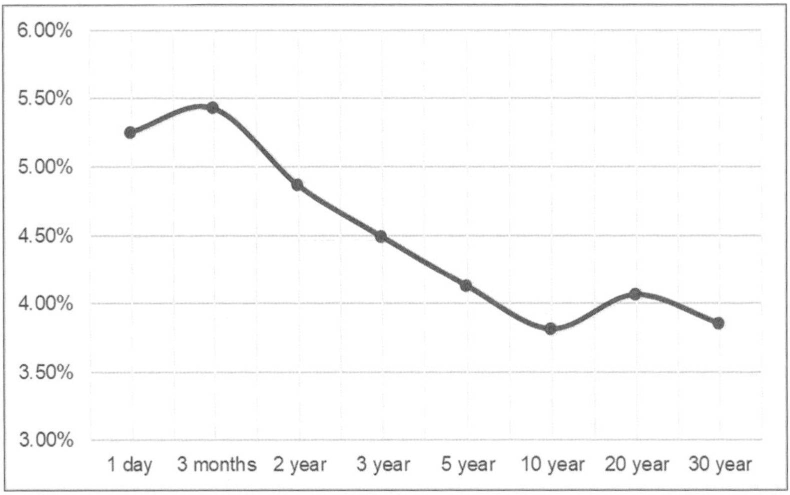

(출처) FRED(세인트루이스 연은)

이러한 상태는 매우 비정상적입니다. 먼 미래인 30년물이 2년물보다 그 보상 정도를 측정하는 시장금리 수준이 낮습니다. 이러한 시장 상황이 지속하면 어떤 현상이 나타날까요?"

신 부장의 물음에 어병철 씨는 잘 모르겠다는 얼굴입니다. 아무래도

---

19 채권 만기별 수익률의 분포를 하나의 실선으로 나타낸 구조로, 이자율 기간 구조라고도 함

가까운 미래에 본인이 과연 결혼할 수 있을 것인지 스스로 확인하려는 생각에 몰두한 얼굴입니다.

"경기침체라는 말은 시중에 돈이 돌지 않아서 기꺼이 투자하고자 하는 수요가 부족하다는 의미입니다. 즉 가까운 미래의 시장금리가 더 높은 상황에서는 다음과 같은 상황이 예상됩니다."

1. 단기 차입 & 장기 대출 구조의 금융기관은 장·단기 금리 역전으로 대출을 기피함
2. 단기 금리가 높음으로써 개인들의 투자 니즈가 단기 금융상품으로 쏠림. 즉 미래 지출을 위한 현재 시점에서의 저축이 늘어나게 되고 이는 단기 유동성 흡수로 이어짐
3. 따라서 시중에 유동성이 부족하게 되어 기업의 설비투자 및 개인 소비 감소 등으로 인플레이션 하락, 경제 활동 수축이 불가피함
4. 기업 도산 등의 경제위기 단계로 접어들 수 있음

어벙철 씨가 이제 이해된 듯한 얼굴로 대답을 합니다.

"부장님, 결국 경기침체는 장·단기 수익률 역전으로 말씀하신 내용의 순서대로 경기침체가 올 수 있는 것이고, 경기침체가 오면 인플레이션 우려는 사라지니까 앞으로 연준 등 중앙은행에서 금리를 내릴 기대감이 커지게 되고, 그러면 우리가 바라는 가까운 미래보다 먼 미래의 요구 수익률이 높아지는 정상화된 커브를 볼 수 있겠군요?"

신 부장은 그제야 웃음 띤 얼굴로 대답합니다.

"맞습니다. 그래서 실제로 경기침체가 오는 단계에서는 단기 금리가 급격히 하락하여, 장기 금리의 하락 폭보다 훨씬 크게 되어 커브가 정상화되는 과정을 거칩니다.

장·단기 금리가 역전된 후 이것이 정상화되는 과정에서의 경제 상황을 잘 보시기 바랍니다. 이번 3월 실리콘밸리 은행 파산 이후 2년물 금리가 급락하여 장·단기 금리 스프레드 역전 정도가 상당히 정상화되었음을 보았을 겁니다. 이제 이해되셨나요?"

어병철 씨도 만족스러운 얼굴로 대답합니다.

"넵, 덕분에 미래 예측 이론(?)을 토대로 장·단기 금리 역전이 왜 경기침체의 시그널이 되는지를 잘 이해했습니다. 감사합니다."

"나도 덕분에 차 잘 마셨어. 내가 좋아하는 커피 종류인데 값이 좀 나가. 고생했어."

2023년 7월 6일(목)

다음 날 어병철 씨가 세미나 내용을 요약하고 공부만 팀장에게 보고하러 갑니다.

"그래, 어병철 씨, 어제 세미나 잘 듣고 왔어? 도대체 경기침체가 오는 거래?"

"팀장님, 혹시 팀장님 아드님께서는 10년 후에 뭘 할 것인지 미래를 예측하실 수 있습니까? 10년보다는 2년 후 무엇을 하실지 예측되십니까?"

어병철 씨 질문에 공부만 팀장은 공부 잘하는 사람 특유의 초롱초롱

한 눈을 뜨며 말합니다.

"아, 우리 아들 이제 대학교 4학년인데 약대 다니거든. 그래서 2년 후에는 약사가 되어 있을 거고 10년 후에도 약사로 일하고 있을 거야. 그리고 약국 한다고 이미 자리 알아보고 있어. 그냥 약사로 살 거야. 그게 지금 경기침체하고 무슨 상관이야?"

장·단기 국채 스프레드(10년-3개월 국채) 검색 방법

참고 사이트 | https://fred.stlouisfed.org/(세인트루이스 연방준비위원회)

검색란에 '10year Treasury'을 넣고 검색하면 다음 화면이 나옵니다.

[그림 4-6] 검색 후 화면

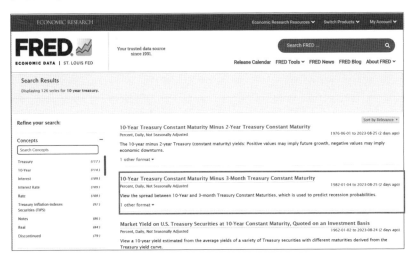

박스 친 부분을 클릭한 후, 기간을 조정하면 원하는 그래프를 볼 수 있습니다.

[그림 4-7] 10년 - 3개월 국채 스프레드 추이(2018년 7월~2023년 7월)

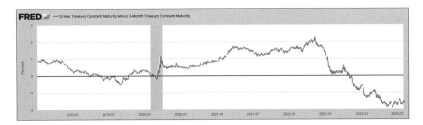

Fed Watch
– 연준은 금리를 얼마나 올릴까요?

2023년 7월 14일(금)

아침 7시, 평소처럼 차영하 과장이 평소 좋아하는 커피인 '빅 마우스' 아메리카노 빅 사이즈를 들고 출근합니다. 업무용 컴퓨터를 부팅하고 사내 메신저를 로그인하자, 누군가 채팅창으로 말을 겁니다.

'하이, 차 과장님! 뉴욕지점 테드 장입니다.'

'아침부터 이 친구가 또 말을 걸지? 여름 휴가 계획 짜야 하는데.'
차 과장은 왠지 귀찮은 마음이 듭니다.
'예, 안녕하세요?'

바로 '테드 님이 입력 중입니다'라는 메시지가 나오면서,
'단도직입적으로 묻겠습니다. 이제 기준금리는 다 올린 겁니까? 이 뉴스 보고 저는, 유노우, 확신이 들던데요?'

'연준의 매파 불러드, (세인트루이스 연방준비위원회 총재직) 사임 후 인디애나의 비즈니스 스쿨 학장이 되다!'
—로이터

2021년 하반기부터 지금까지 줄기차게 긴축 통화정책을 연준 위원들 중 가장 강력하게 주장해온 불러드 총재가 갑자기 사임하게 된 소식은 미 채권시장에는 '이제 긴축은 끝났구나' 하는 희망을 갖기에 충분했습니다.

'네, 분명히 이 뉴스는 호재입니다. 여기에 지난 수요일, 목요일 미 물가지표가 예상보다 하회하면서 앞으로 연준이 더 이상 통화정책을 긴축 모드로 가져가기 힘들 것이라는 기대가 높아지고 있습니다. 물가는 확실히 하락 모드로 가고 있고요.'

테드가 무언가 입력한다는 메시지가 뜹니다. 아직 완전히 의문이 풀린 것은 아닙니다.

'과장님, 그렇다고 해도 아직 물가가 연준이 목표로 한 2%에 근접한 것은 아니지 않습니까? 그래서 연준위원들이 목표 인플레이션율에 도달할 때까지 계속 기준금리를 올려야 한다고 말하고 있습니다.

[그림 5-1] 근원 소비자물가(Core CPI) **추이**(전년 대비, 2022년 7월~2023년 6월-기준월)

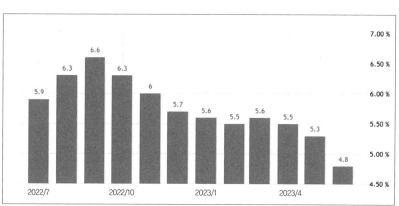

(출처) Trading Economics, 미 노동부

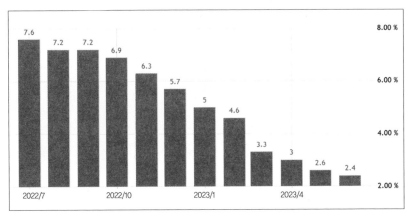

[그림 5-2] 근원 생산자물가(Core PPI) 추이(전년 대비, 2022년 7월~2023년 6월 기준월)

(출처) Trading Economics, 미 노동부

실제 여기 뉴욕에 계신다면 TV 모니터에는 Breaking News(속보)로 닐 카시카리(미니애폴리스 연방준비위원회 총재)가 현재 인플레이션 수준은 너무 높다, 금리를 좀 더 올려야 한다라는 자막으로 도배되고 있음을 볼 수 있을 것입니다. 유노우?'

차 과장이 답변을 막 쓰려고 하는 찰나, 신 부장이 출근합니다.

"차 과장, 일찍 출근했네. 아침부터 바빠 보여. 전날 PPI 지표 빼고는 특이사항 없었잖아."

"아 예에. 부장니~임~, 미국 테드 장이 아침부터 질문을 해서 여기에 답을 달고 있었습니다~아~."

이때 테드 장의 메시지가 도착합니다.

'과장님, 그래서 제가 알고 싶은 것은, 유노우? 실제 경제지표 발표, 헤드라인 뉴스, 연준위원들의 통화정책 관련 코멘트 모두를 반영하여 실시간으로 시장에서 통화정책을 예측하는 파이낸셜 인디케이터(Financial Indicator, 금융지표), 유노우? 아시는 거 있음 좀 말씀해주세요.'

같이 보고 있던 신 부장이 한마디 합니다.

"테드 얘는 미국에 있으면서, 한 번만 구글링하면 찾을 수 있는 지표도 알지를 못하네. 차 과장은 잘 알잖아, 그치?"

차 과장, 비록 알고 있지만 신 부장 앞에서는 그 대답의 '공(功)'을 당신께 드려야 합니다.

"아, 부장니~임~, 갑자기 생각하려니까 자세히 모르겠습니다아~. 부장니~임께서 어떤 지표인지 말씀을 주시면, 열심히 적어서 알려주도록 하겠습니다아~."

신 부장, 너털웃음을 지으며,

"그러면 테드하고 화상회의 창 만들어서 이야기 나눠 보자고. 나도 방에 들어가서 준비할게."

"네에~, 알겠습니다아~."

'테드 매니저님, 저희 부장님께서 직접 말씀해주시겠다고, 화상 회의 방을 만들라고 하십니다. 곧 뵙겠습니다.'

'리얼리? 신 부장님께서 직접요? 와러 원더풀 이벤트(What a wonderful event)! 좋습니다.'

차 과장이 화상 회의방을 열자, 신 부장이 먼저 입장합니다. 뒤이어 테드가 입장합니다.

"테드, 굿 이브닝, 미국은 지금 저녁이겠네요. 퇴근 안 하시고 뭐 그런 고급 질문을 하십니까, 하하."

"안녕하십니까, 부장님! 이렇게 직접 가르쳐주시러 화상회의까지 해주시고, 감사합니다. 아이 어프리쉐이트 유어 빅 헬프, 썰(I appreciate your big help, sir)!"

신 부장은 바로 말을 이어갑니다.

"테드가 궁금해하는 것이 미 연준의 통화정책을 실시간으로 예측하는 지표가 있다면 그게 무엇인지 알려달라고 하는 거지요?"

"유어 라이트(You are right), 맞습니다. 아직 경험이 적어서 요즘처럼 물가는 하락하고, 경제성장률이나 고용지표는 좋게 나오고, 그래서 연준위원들은 매파적으로 (기준금리를 계속 올려야 한다고) 주장하는 것들을 종합해서 해석할 수 있는 능력이 부족합니다."

신 부장은 링크 하나를 보냅니다.

https://www.cmegroup.com/markets/interest-rates/cme-fedwatch-tool.html

"이 사이트를 열어보세요. 보시면 7월 FOMC(2023년 7월 25~26일 예정)에서 연준이 얼마나 기준금리를 올릴 것인지를 보여주는 예상 확률이 나옵니다."

테드는 마치 눈알 빠질 거 같이 크게 뜨면서 말합니다.

"와우, 오 마이 갓(Wow, oh my god)! 시장에도 이런 금융지표가 있다니,

놀라울 뿐입니다. 와러 서프라이즈(What a surprise)!"

신 부장이 말을 이어나갑니다.

"우선 이 지표부터 해석해봅시다. 지금 기준금리는 5~5.25%죠. 그런데 다음 FOMC에서 기준금리를 25bp 인상할 확률은 막대그래프에 나온 것처럼 현재 시점에서 약 93%입니다.

[그림 5-3] 기준금리 인상 확률(2023년 7월 14일 현재)

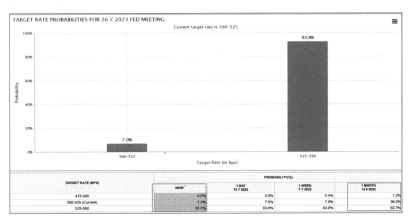

(출처) CME Group

그래프 아래 표 우측 박스를 보시면 1개월 전, 즉 지난달 14일이 공교롭게도 FOMC였는데 당시에는 기준금리를 5~5.25%로 동결했었죠? 이때 시점에서 7월 FOMC 기준금리를 예상했을 때, 동결(5~5.25%)이 36.5%, 인상이 62.3%였어요. 1개월 전보다 지금 시점에서 2주 후 FOMC에서 기준금리를 25bp 인상할 확률이 시장에서는 높게 보고 있는 것입니다. 유노우?"

테드는 감탄의 표정을 지울 수가 없습니다. 어떻게 통화정책까지 예측할 수 있는 지표를 만들 수 있었는지 궁금함을 넘어 감탄하지 않을 수 없습니다.

"부장님, 그러면 도대체 시장에서는 의사결정을 하는 연준위원들도 아니면서 이것을 예측할 수 있단 말입니까? 어떤 방법이 있나요?"

"사실 CME에 상장되어 있는 30일물 연방기금금리 선물 가격(이하 '선물')을 기초로 이 확률을 계산하게 됩니다. 이 선물 가격은 뉴욕 연은이, 연준의 기준금리 범위를 유지하기 위하여 조정하는 '유효연방기금금리(Effective Fed Fund Rate, EFFR)'를 기초자산으로 합니다. 예를 들어 2022년 9월물 선물(ZQU2)의 가격[20]은 9월 EFFR의 시장 평균가격의 기댓값을 반영하지요.

계산 방법은 이진확률모형(Binary Probability Tree)을 기본으로 합니다. 즉 다음번에 25bp×k배(k≥1)로 인상(또는 인하)할 것인가, 아니면 동결할 것인가를 기본 시나리오로 계산을 하게 되지요. 선물 가격은 CME 개장 중에는 실시간으로 움직이므로, 주로 미국 영업시간에 의미 있게 움직이고요. 그 기준금리 인상, 인하 혹은 동결 확률은 실시간으로 변하게 되는 것이죠."

노트에 필기하면서 집중하던 차 과장이 마이크를 켭니다.

"부장니~임~, 현재 시장에서 예측은 7월에 금리 인상을 하는 것으로 인상 주기가 끝날 것이라는 의견이 지배적입니다. 반면에 지난 6월

20 ZQU2 선물티커 읽는 방법
  ZQ : 30일물 연방기금금리 선물

U : Month	1월	2월	3월	4월	5월	6월	7월	8월	9월	10월	11월	12월
2 : 연도 (2022년)	F	G	H	J	K	M	N	Q	U	V	X	Z

FOMC에서 발표한 점도표(Dot Plot)[21]에서는 금년 2회 인상 후 내년 4회 인하를 예상[22]하고 있습니다."

신 부장이 앞서 말한 링크를 클릭한 후 왼쪽 'Probabilities' Tab을 클릭합니다(그림 5-5).

"현재 시장에서는 11월 FOMC에서 1회 추가로 인상(확률 53.1%)한 후, 12월에 바로 인하 모드(확률 49.0%)로 돌아서고 2024년부터 기준금리를

[그림 5-4] 점도표(2023년 6월 14일 기준)

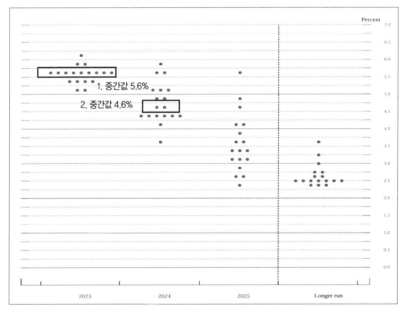

(출처) 미 연방준비위원회

---

21 매 분기 말 FOMC(3, 6, 9, 12월)에 연준이사(의장 포함 7명) 및 지역 연은 총재(12명)이 향후 3개년 및 장기 기준금리 의견을 종합하여 그래프 형식으로 발표하며, 중간값(Median)을 기준으로 향후 기준금리를 예측함

22 0.475%(=점도표 중간값-현재(2023년 7월 14일) 기준금리 범위 중간값(5.125%))≈0.50% : 25bp(=0.25%)씩 2회 인상

-1.0%(= 2024년 점도표 중간값 - 2023년 점도표 중간값) : 25bp씩 4회 인하

[그림 5-5] 기준금리 확률분포(2023년 7월 14일 현재)

Target Rate
Current
Compare
Probabilities
Historical
Historical
Downloads
Prior Hikes
Dot Plot
Chart
Table
Tools
CVOL

FED FUND FUTURES												
ZQN3	ZQQ3	ZQU3	ZQV3	ZQX3	ZQZ3	ZQF4	ZQG4	ZQH4	ZQJ4	ZQK4	ZQM4	ZQN4
94.8875	94.7000	94.6800	94.6700	94.6350	94.6350	94.7100	94.8450	94.8250	94.9350	95.1300	95.2650	95.3550

MEETING PROBABILITIES														
MEETING DATE	250-275	275-300	300-325	325-350	350-375	375-400	400-425	425-450	450-475	475-500	500-525	525-550	550-575	575-600
2023-07-26						0.0%	0.0%	0.0%	0.0%	0.0%	7.0%	93.0%	0.0%	0.0%
2023-09-20	0.0%	0.0%	0.0%	0.0%	0.0%	0.0%	0.0%	0.0%	0.0%	0.0%	6.2%	82.7%	11.2%	0.0%
2023-11-01	0.0%	0.0%	0.0%	0.0%	0.0%	0.0%	0.0%	0.0%	0.0%	0.0%	2.5%	37.8%	53.1%	6.5%
2023-12-13	0.0%	0.0%	0.0%	0.0%	0.0%	0.0%	0.0%	0.0%	0.0%	1.9%	28.2%	48.0%	19.2%	1.8%
2024-01-31	0.0%	0.0%	0.0%	0.0%	0.0%	0.0%	0.0%	0.0%	1.0%	16.6%	39.6%	32.3%	9.5%	0.8%
2024-03-20	0.0%	0.0%	0.0%	0.0%	0.0%	0.0%	0.0%	0.4%	6.6%	24.9%	37.1%	24.1%	6.3%	0.5%
2024-05-01	0.0%	0.0%	0.0%	0.0%	0.0%	0.0%	1.0%	8.4%	26.1%	35.8%	22.4%	5.8%	0.5%	0.0%
2024-06-19	0.0%	0.0%	0.0%	0.0%	0.0%	0.6%	5.1%	18.2%	31.5%	28.4%	13.2%	2.8%	0.2%	0.0%
2024-07-31	0.0%	0.0%	0.0%	0.0%	0.5%	4.5%	16.5%	29.7%	28.8%	15.2%	4.2%	0.5%	0.0%	0.0%
2024-09-25	0.0%	0.0%	0.3%	2.7%	11.2%	23.9%	29.2%	21.2%	9.0%	2.2%	0.3%	0.0%	0.0%	0.0%
2024-11-08	0.0%	0.2%	2.3%	9.6%	21.5%	28.2%	22.7%	11.3%	3.4%	0.6%	0.1%	0.0%	0.0%	0.0%
2024-12-18	0.1%	1.4%	6.3%	16.1%	25.2%	25.2%	16.5%	7.0%	1.9%	0.3%	0.0%	0.0%	0.0%	0.0%

(출처) CME Group

인하할 것이라고 예측하고 있네. 물론 예측의 기준이 되는 연방기금금리 선물 가격이 경제지표 및 헤드라인 뉴스에 민감한 상품이기 때문에 언제든지 변동될 수 있지.

시장에서 예측하는 방향은 다음과 같아.”

1. 근원(Core) 물가가 2% 이하로 떨어지기까지는 시간이 걸리겠지만, 적어도 물가 둔화는 충분하므로 기준금리를 1회 인상하는 수준에서 종료하는 것이 타당하다. 기준금리는 전년 대비 근원물가 수준(5월 말 기준 Core PCE 4.6%) 이상일 경우 동결하면서 물가 추이를 관측하는 것이 일반적이다.
2. 물가를 둔화시키는 반대 급부인 경기침체 가능성이 작다. 이는 고용지표 및 성장률 호조를 통해서 알 수 있다.

차 과장이 말을 이어받습니다.

“역시 부장님께서는 앞을 내다보시는 혜안이 대단하십니다아~. 결국 물가는 떨어질 것이고 경기침체가 오든, 연착륙으로 새로운 ‘골디락스’

가 오든, 채권 금리는 하락할 수 있는 환경이 조성되는 것 같습니다아~."

"이렇게 기준금리를 예측할 수 있는 도구가 있다는 것이 신기할 따름입니다. 파월의장과 연준위원들의 속마음은 시장의 데이터를 통해서 알 수가 있군요. 뎃츠 베리 그레이트(That's very great)! 저희 지점장님께 이제 국채 매수 시기라고 말씀드리고 퇴근 전에 미 국채를 크리티컬 바이(Critical Buy)하겠습니다. 땡큐 베리 모치, 썰(Thank you very much, sir)!"

"그래도 아직은 물가가 연준의 목표치에 온 것이 아닙니다. 그리고 아무리 이 Fed Watch 지표가 실시간으로 향후 기준금리 방향을 보여주는 장점이 있지만, 이 또한 변동성이 심하다는 것을 당부하고 싶어요. 이게 꼭 정답은 아닙니다. 참고만 하십시오."

신 부장이 당부의 말로 마무리합니다.

2023년 7월 15일(토)

차 과장은 대학 동기들과의 명랑골프를 위해서 새벽 3시 30분에 기상합니다. 그런데 텔레그램에 장문의 영어와 한글이 섞인 문자가 와 있습니다.

'러시아 애들이 내 계정을 해킹했나?'

차 과장은 의심하면서 문자를 열어봅니다. 테드였습니다.

'차 과장님, Got damn(젠장)! I bought 30 million dollars' 10 year Treasury, but rates moved up to 5~7bp(3,000만 달러어치 10년물 미 국채 샀는데, 오늘만 5~7bp 금리 올랐어). I must be condemned by my boss as painful as possible(분명히 보스(지점장)한테 최대의 고통치로 혼날 거야), you

[그림 5-6] 미 2년, 10년 일중 금리(2023년 7월 14일)

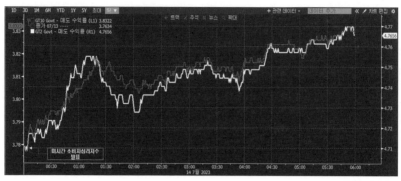

(출처) Bloomberg

know(유노우)?'

차 과장이 국채 금리 추이와 경제지표를 살펴봅니다.

'오 마이 갓, 금리가 튀었구나. 아이고 미시간 소비자 심리지수가 예상보다 잘 나와서 금리가 튀었네. 아직 기준금리 인상 중단을 속단하기 어렵겠어.'

미시간 소비자 심리지수[23] : 실제 77.5, 예상 70.4, 전월 69.0

[쿠키 뉴스][24]

화상 회의가 종료되자, 차 과장이 신 부장에게 다가갑니다.

"부장니~임~, 실제 어떻게 계산이 되는지 한번 보여주시면 이해하기

---

23 자세한 내용은 《20년 차 신 부장의 경제지표》 '기대인플레이션 : 미시간대학 기대인플레이션, 뉴욕 연온 기대인플레이션' 참조

24 연방기금금리 인상 확률을 계산하는 과정을 소개한 것으로, 굳이 읽지 않으셔도 이번 장을 이해하는 데 전혀 지장이 없습니다. 기준금리 예측 확률을 어떻게 계산하는지 궁금한 분들이라면 읽어보시기바랍니다.

편할 거 같습니다아~."

"테드 있을 때 물어보지, 왜 지금 와서?"

"테드가 아직 계산을 이해할 경험이 부족하지 않겠습니까~아. 그는 기준금리 수준과 방향을 예측하는 Fed Watch라는 존재만 알아도 만족할 겁니다~아~."

"하긴 그렇긴 하지. 이 식을 이해하는 게 그리 녹록지는 않지."

신 부장이 계산식이 들어 있는 파일[25]을 하나 건넵니다.

$$P(\text{Hike or Down}) = [\text{EFFR}(\text{end of month}) - \text{EFFR}(\text{start of month})] \div 25 \text{ basis points}$$
$$P(\text{No Hike}) = 1 - P(\text{Hike or Down})$$

"아까 이야기한 이산확률모형은 바로 이 두 개의 식을 나눠서 계산하는 거지. 오늘 7월 14일 자, 7월 FOMC(2023년 7월 26일) 기준금리 예상

[그림 5-7] 기준금리 예상 확률(2023년 7월, 9월)

FED FUND FUTURES												
ZQN3	ZQQ3	ZQU3	ZQV3	ZQX3	ZQZ3	ZQF4	ZQG4	ZQH4	ZQJ4	ZQK4	ZQM4	ZQN4
94.8875	94.7000	94.6800	94.6700	94.6350	94.6350	94.7100	94.8450	94.8250	94.9350	95.1300	95.2650	95.3550

MEETING PROBABILITIES														
MEETING DATE	250-275	275-300	300-325	325-350	350-375	375-400	400-425	425-450	450-475	475-500	500-525	525-550	550-575	575-600
2023-07-26						0.0%	0.0%	0.0%	0.0%	0.0%	7.0%	93.0%	0.0%	0.0%
2023-09-20	0.0%	0.0%	0.0%	0.0%	0.0%	0.0%	0.0%	0.0%	0.0%	0.0%	6.2%	82.7%	11.2%	0.0%

(출처) CME Group

---

25 계산 과정은 https://www.cmegroup.com/articles/2023/understanding-the-cme-group-fedwatch-tool-methodology.html 참조

확률을 계산해보자고. 우선 앞으로 사용할 식의 변수를 좀 설명할게."

신 부장은 빈 종이 한 장을 가져와서 볼펜으로 적어 내려갑니다.

N : 차기 FOMC 회의 해당 월 기준, 월초부터 FOMC 직전일까지 일 수(=25)

M : 차기 FOMC 회의 해당 월 기준, FOMC 개최일부터 월말까지의 일 수(=6)

T : 차기 FOMC 개최 월

ZQN3(2023년 7월물 연방기금금리 선물가격) : 94.8875

ZQQ3(2023년 8월물 연방기금금리 선물가격) : 94.7000

선물의 내재 평균금리(Implied Average Rate, EFFR(Avg))=100 − 선물 가격

EFFR(Start)

1) 차기 월에 FOMC 회의가 없을 경우 : $[EFFR(Avg)_T - \{(M/(M+N)) \times EFFR(End)_T\}]$
$\div (N/(M+N))$

2) 전월에 FOMC 회의가 없을 경우 : $EFFR(Avg)_{T-1} = EFFR(End)_{T-2}$

EFFR(End)$_T$

1) 차기 월에 FOMC 회의가 없을 경우 : $EFFR(Avg)_{T+1} = EFFR(Start)_{T+2}$

2) 전월에 FOMC 회의가 없을 경우 : $[EFFR(Avg)_T - \{(N/(M+N)) \times EFFR(Start)_T\}] \div$
$(M/(M+N))$

식만 봐도 복잡해집니다. 과연 오늘 안에 계산을 할 수 있을까요?

"자, 그러면 하나하나 계산해보자고.

현재 시점인 2023년 7월 14일 기준, 지난달에는 FOMC가 있었고 다

음 8월에는 FOMC가 없지.

(Step 1) 7월 내재 평균금리 계산

$100 - 94.8875 = 5.1125\%$

(Step 2) 8월 내재 평균금리 계산

$100 - 94.70 = 5.30\%$

(Step 3) EFFR(End)$_{July}$ 계산

2023년 8월 기준, 8월에 FOMC가 없으므로, EFFR(End)$_{July}$ = EFFR(Avg)$_{August}$

= EFFR(start)$_{Sep}$

EFFR(End)$_{July}$ = 5.30%

(Step 4) EFFR(Start)$_{July}$ 계산

익월(8월)에 FOMC가 없기 때문에, 다음과 같이 계산할 수 있다.

EFFR(Start)$_{July}$ = $(5.1125 - 6/31 \times 5.30) \div (25/31) = 5.0675\%$

(Step 5) 금리 인상 계산 : Step 3, 4를 기반으로 다음과 같은 계산이 가능하다.

P(Hike or Down) = $(5.30 - 5.0675) \div 0.25 = 0.93$

P가 (+)이면 Hike(금리 인상), (−)이면 Down(금리 인하)

다 끝났어."

차 과장은 안경을 벗고 눈을 비빕니다. 눈이 금방 빨갛게 변합니다.

"아, 그러면 보니까 여기 나온 대로 이번 7월에 인상 가능성이 93%, 나머지 7%는 금리 동결 가능성이네요오~. 식이 어렵기는 하지만, 일단 공식을 외우면 쉽게 풀리겠습니다아~.

제가 그러면 9월 FOMC(2023년 9월 20일 예정) 기준금리 확률을 계산해 보겠습니다아~."

"8월 및 9월, 그리고 10월 선물 가격을 가지고 계산해봐."

8월 선물 가격(ZQQ3) : 94.70

9월 선물 가격(ZQU3) : 94.68

10월 선물 가격(ZQV3) : 94.67

N=19, M=11

(Step 1) 8월에 FOMC가 없으므로, EFFR(Start)$_{Sep}$=5.30% from EFFR(End)$_{July}$=EFFR(Avg)$_{August}$=EFFR(Start)$_{Sep}$

(Step 2) EFFR(End)$_{Sep}$ = EFFR(Start)$_{Oct}$ = EFFR(Avg)$_{Oct}$ = 5.33% ⇨ 10월에는 FOMC 없음

(Step 3) 기준금리 인상(인하) 확률=(5.33−5.30)÷0.25=12%

(Step 4) 기준금리 동결 확률=1−12%=88%

차 과장은 여전히 의문이 남습니다.

"9월 기준금리 25bp 인상 확률이 12%인데, 표에서는 인상 확률이 11.2%입니다. 어떻게 나온 걸까요?"

신 부장은 웃으면서 대답합니다.

"현재 기준금리 기준, 9월까지 25bp 인상할 확률은 어떻게 될까? 참고로 매 FOMC마다 기준금리를 결정하는 것은 각각 독립된 의사결정이니, 연속으로 인상할 확률은 다음과 같지 않겠어?"

(7월 25bp 인상 & 9월 동결) + (7월 동결 & 9월 인상) = 93% × 88% + 7% × 12% = 82.7%

"마찬가지로 7월에 25bp 인상한 후에 9월에 다시 25bp를 인상할 가능성, 그리고 연속해서 동결할 확률은 이렇게 구할 수 있겠지?"

(7월 25bp 인상 & 9월 25bp 인상) = 93% × 12% = 11.2%
(7월 & 9월 금리동결) = 7% × 88% = 6.2%

차 과장은 여전히 머릿속이 복잡하지만, 반복하면 익숙해질 것 같습니다.
"아직은 100% 이해는 안 되지만, 최선을 다해서 익혀보겠습니다아~."
신 부장이 덧붙입니다.
"어차피 CME 홈페이지에서 매일 고시되는데 굳이 계산까지? 하하!
어떻게 계산이 되는지 로직만 이해하면 된단다."

Fed Watch를 통해서 기준금리 인상 폭 및 확률 검색 방법

참고 사이트 | https://www.cmegroup.com/markets/interest-rates/

cme-fedwatch-tool.html

구글에서 'FED WATCH'를 넣고 검색하면 다음 화면으로 넘어갑니다. 붉은색 박스 안의 제목을 클릭하면, 바로 CME Group에서 제공하는 기준금리(연방기금금리) 인상 폭, 확률을 볼 수 있습니다.

[그림 5-8] 구글 검색화면

[그림 5-9] Fed Watch Tool 화면 (예)

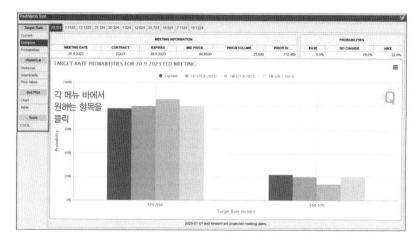

CNN 공포와 탐욕지수
- 투자자들의 투기심리가 극에 달해 있습니다

2023년 7월 17일(월)

차 과장은 지난 금요일 테드의 투자 손실 때문에 마음 한편에 짐이 됩니다. 여기에 미국 상장기업의 2023년 2분기 실적을 알리는 JP모건 실적 발표를 통해, 시장에서는 경기 연착륙 주장이 강하게 나오고 있습니다. 여기에 FOMO(Fear of Missing Out, 유행에 뒤처지는 것에 대한 공포심리) 현상으로 뒤늦게 주식시장에 '참전'하는 사람들이 늘어나고 있습니다.

'10년과 3개월 국채 간 스프레드가 역전된 지가 벌써 9개월이 다 되어가는데, 경기 침체의 징후는커녕 주가는 랠리하고 채권 스프레드는 축소하는 위험자산 선호현상이 강해지고 있다? 이건 아니지.'

철저한 평균 회귀론자인 그는 이를 받아들일 수 없습니다. 이미 비쌀 대로 비싸진 주가 및 크레디트 스프레드, 그리고 아직은 금리 상승 여지가 남아 있는 미 국채를 감안할 때 섣불리 투자해서는 안 된다고 생각하고 있습니다.

이때 신 부장이 본부장 주재 회의를 마치고 들어옵니다. 얼굴이 붉게 상기된 채로 들고 있던 다이어리를 비어 있는 책상 위로 던집니다.

[그림 6-1] JP Morgan 2023년 2분기 실적 발표 요약

FINANCE

JPMorgan Chase beats analysts' estimates on higher rates, better-than-expected bond trading

PUBLISHED FRI, JUL 14 2023·12:01 AM EDT | UPDATED FRI, JUL 14 2023·10:15 AM EDT

 Hugh Son
@HUGH_SON

SHARE f 𝕏 in ✉

KEY POINTS
* JPMorgan Chase reported better-than-expected second-quarter results Friday.
* The bank posted strong results even excluding the impact of its First Republic acquisition, which boosted per-share earnings by 38 cents.
* Revenue rose 34% as JPMorgan took advantage of higher rates and solid loan growth.

(출처) https://www.cnbc.com/2023/07/14/jpmorgan-chase-jpm-earnings-2q-2023.html

JP모건 체이스, 높은 금리와 예상보다 우수한 채권 거래로 애널리스트 예측치 상회

주요 요점
• JP모건 체이스, 예상 보다 나은 2분기 실적 발표
• 2분기 중 인수한 퍼스트리퍼블릭 은행 인수 영향(주당 38센트 EPS 상향 효과)을 제외하더라도 견조한 실적 보고
• 높은 금리와 견조한 대출 증가로 매출이 34% 증가

"에이, 월요일부터 짜증나게 만드네."

작년 초부터 다혈질 성격을 죽이기 위해서 약사인 사모님이 직접 조제하신 '착해지는 약'을 복용하셨다고 말한 후, 신 부장은 가장 화가 나 있는 상황입니다. 차 과장이 조심스럽게 말을 합니다.

"부장니~임~, 어쩐 일로 이렇게 화가 많이 나 계십니까아~?"

같이 회의에 참석했던 두동강 차장이 귓속말로 말합니다.

"부장님, 지금 장고래 때문에 엄청 열 받아 계셔."

신 부장이 전자담배를 만지작거리면서 "만약 상사가 모든 업무를 과정이 아닌 결과를 가지고만 판단하면 그 조직이 제대로 굴러갈까?"라고 씩씩대며 말합니다.

차 과장은 어리둥절하며 대답합니다.

"물론 결과도 중요하지만, 그 결과를 내기 위해서 어떤 노력을 했는지 살피는 것도 고참의 덕목이라고 생각합니다."

"두 차장도 잘 알겠지만, 내가 분명히 3월에 실리콘밸리 은행이 파산한 후 퍼스트리퍼블릭 은행 등 미 지역은행들이 흔들릴 때, 주가가 어느정도 조정을 받았으니 전환사채 ETF인 CWB[26]를 사자고 했어. 그것도 한 5,000만 달러를."

"아, 저 기억납니다아~. 그때 장 본부장님께서 저희 부서와 회식 자리를 가졌을 때, 부장님께서 적극적으로 의견을 말씀하지 않으셨습니까아~. 그런데 장 본부장님께서 이렇게 말씀하지 않으셨습니까~아~."

차 과장은 당시 즐겁게 술을 먹고 있던 장 본부장이 신 부장의 말에 정색하며 꾸짖듯이 말한 것이 생각납니다.

'신 부장은 너무 성급한 게 탈이야. 이제 나이도 50이 넘었는데 모든 상황을 살펴보고 침착하게 판단해야지? 퍼스트리퍼블릭 은행? 이것도 결국 실리콘밸리 은행처럼 파산될 가능성이 커. 연준이나 미 재무부가

---

26 달러 표시 공모 전환사채 : 채권과 주식의 성격을 동시에 가지고 있는 하이브리드형 채무증권으로 구성된 ETF(《20년 차 신 부장의 채권투자 이야기》 Part 4, 06 채권형인데 주식 상승에 따른 추가 이익이 가능하다고? 'CWB US 참조', p.364)

2008년처럼 리먼브라더스 꼴로 만들 가능성이 크단 말이야.'

"그런데 부장님께서도 술잔 놓으시고 여기에 강하게 반박하셨지 않습니까아~."

'본부장님, 안전자산 선호현상에 맞는 미 국채, 금 및 달러 ETF를 총 포트폴리오의 30%를 이미 구성해놨습니다. 5,000만 달러의 위험자산을 사는 것은 충분한 안전자산 포지션이 있기 때문입니다.'

"그 말과 함께 장 본부장이 갑자기 재킷 입고 회식 파하지 않습니까아~?"

"그랬지, 그랬던 사람이 오늘 회의에 '이렇게 주식시장이 랠리하고 크레디트 스프레드가 축소된 것을 구경만 했냐?'고 나를 엄청 타박하더라."

차 과장은 3월 회식 당시 신 부장이 자신의 주장을 뒷받침할 지표를 하나 소개한 것을 갑자기 생각해냅니다.

"부장니~임께서 그때 보여주신 지표가 하나 있었는데, 갑자기 생각하려니까 잊었습니다. 무슨 방송국에서 만든 특이한 지표였는데 말이죠."

신 부장이 정색하며 반문합니다.

"아니, 미스터 민께서 이 지표야말로 자신처럼 평균회귀를 믿는 투자자들에게 적격인 거라고, 가족에게 소개할 거라고 말한 거 기억 안 나?"

두 차장이 부연합니다.

"차 과장, CNN에서 만든 'Fear and Greed Index', 즉 공포와 탐욕지수(이하 '탐욕지수')잖아?"

맞습니다. 이제야 생각이 납니다. 장 본부장이 그깟 해외 방송국에서 만든 지표를 어디 한 기관에 투자하는 데 사용하느냐며 열을 냈던 그 지표입니다.

"부장니~임~, 현재 주식 및 크레디트 채권시장을 생각하면 너무 가격이 많이 올랐다고 생각합니다아~(그림 6-2 참조). 그런데 이걸 뒷받침해줄 수 있는 뭔가가 없어서 답답했던 터였습니다아~. 화를 잠시 가라앉히시고 이 지표에 대해서 자세히 설명해주시겠습니까아~."

[그림 6-2] S&P 500 및 BBB 등급 채권 스프레드 추이(2023년 1월~2023년 7월)

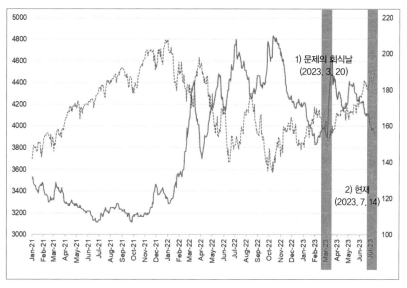

BBB등급 채권 스프레드 : ICE BofA BBB OAS(주황색 실선, 우측 측, bp)
S&P 500 : 회색 점선(좌측 축)

(출처) FRED(세인트루이스 연은)

신 부장이 물 한 모금 먹고 차 과장 옆에 앉습니다.

"좋아, 이 지표로 우선 현재 시장 상황을 설명을 하지. 구글 검색창을 열고, 'CNN Fear & Greed Index' 치고 들어가면 해당 사이트가 안내되어 있을 거야. 그걸 클릭해서 들어가 볼래?"

신 부장이 하라는 대로 사이트에 들어갑니다. 그러자 한눈에 선명한 대시보드가 눈에 띕니다.

[그림 6-3] 탐욕지수 대시보드(2023년 7월 17일 현재)

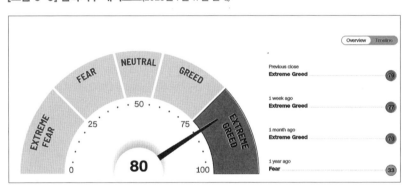

(출처) CNN (https://edition.cnn.com/markets/fear-and-greed?utm_source=business_ribbon)

"이 지표는 0~100까지 점수로 현재 시장 상황을 다음과 같이 정의하는 거야.

1. 극단적 공포(Extreme Fear) : 0~25

2. 공포(Fear) : 25~45

3. 중립(Neutral) : 45~55

4. 탐욕(Greed) : 55~75

5. 극단적 탐욕(Extreme Greed) : 75~ 00

　지금 이 지표에 따르면 시장은 극단적 탐욕 단계에 접어든 상황이지. 이럴 때 나타나는 현상은 다음과 같아서 절대 투자하면 안 되는 구간이란 말이야.

1. FOMO 현상

2. 주가 및 채권 가격(크레디트 스프레드)이 매우 비싼 상황

3. 이 상태가 영원히 갈 것이라는 허황된 믿음

　이런 상황에서 장 본부장은 1과 3 상태에 있다고 봐야 하는 것 아닌가?"

　평균 회귀론자로서 충분히 공감되는 설명입니다. 다만 왜 80이라는 숫자가 나왔는지 궁금합니다.

　"부장니~임~ 말씀, 평균으로 언젠가 돌아온다는 저의 믿음과 200% 부합합니다. 그런데 이 지표는 어떤 요소들이 결합되어 계산이 되는지 궁금합니다아~."

　"이 지표는 7개 요소로 구성되어 있어. 지금 접속한 사이트에서도 설명하고 있는데 스크롤 쭉 내려봐. 더~더~더~ 그만!"

　사이트에 다음과 같은 설명이 나옵니다.

[그림 6-4] 탐욕지수 계산 방법

How is Fear & Greed Calculated?

The Fear & Greed index is a compilation of seven different indicators that measure some aspect of stock market behavior. They are market momentum, stock price strength, stock price breadth, put and call options, junk bond demand, market volatility, and safe haven demand. The index tracks how much these individual indicators deviate from their averages compared to how much they normally diverge. The index gives each indicator equal weighting in calculating a score from 0 to 100, with 100 representing maximum greediness and 0 signaling maximum fear.

(출처) CNN (https://edition.cnn.com/markets/fear-and-greed?utm_source=business_ribbon)

⇨ 공포와 탐욕지수(Fear & Greed Index)는 주식시장의 여러 가지 움직임을 측정하는 7가지 지표의 조합입니다. 이 지표들은 시장 모멘텀, 주가 강도, 주가의 폭, 풋/콜 옵션 비율, 하이일드 채권 수요, 시장 변동성 및 안전자산 수요를 측정합니다. 이 지수는 개별 지표들이 일반적으로 얼마나 벗어났는지, 그리고 평균과 비교하여 얼마나 일탈하는지를 추적합니다. 지수는 0부터 100까지의 점수로 표시되며, 각 지표는 동일한 가중치를 갖는다. 100은 극도의 탐욕을 나타내고, 0은 극도의 공포를 나타냅니다.

신 부장이 설명을 이어 나갑니다.

"지금 현재 장 본부장은 왜 투자 안 하냐고 타박하지만, 내가 주장하는 '왜 투자하면 안 되는가'에 대해서 7가지 요소로 분석해서 설명을 하고 있어(그림 6-5)."

[그림 6-5] 7가지 요소 분석 (2023년 7월 14일 기준)

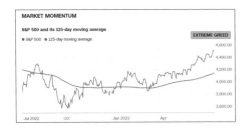

[시장 모멘텀]

S&P 500 및 125일 이동평균선

S&P 500 〉125일 이동 평균선 : 시장을 긍정적으로 보는 신호

S&P 500 〈125일 이동 평균선 : 시장을 조심스럽게 보는 신호이다. 공포와 탐욕지수는 모멘텀의 감소를 공포의 신호로, 증가를 탐욕의 신호로 사용한다.

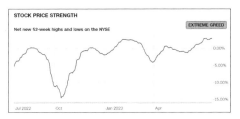

[주가 강도]

뉴욕증권거래소(52주 최고가 경신 주식 수 - 최저가 경신 주식 수)

52주 최고가를 기록한 종목 수가 최저가를 기록한 종목 수보다 훨씬 많을 때, 이는 상승적인 신호로 간주되며 탐욕을 나타낸다.

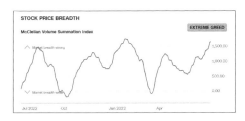

[주가의 폭]

McClellan 합산 지수

McClellan Oscillator=단기-장기

ADI=(상승 종목 수-하락 종목 수)

단기=(ADI×0.1)+ avg(ADI(1), period)

장기=(ADI×0.05)+ avg(ADI(1), period1)

McClellan 합산지수=Sum(McClellan Oscillator)

낮은 수치(심지어 음수일 경우)는 공포의 신호인 공포지표이다. 공포와 탐욕지수는 거래량의 감소를 공포의 신호로 사용한다.

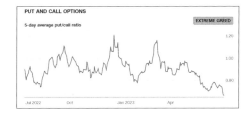

[풋, 콜 옵션]

5일 평균 풋/콜 비율

동 비율이 1을 넘으면, 시장은 약세(Bearish)로 판단하며, 탐욕지수에서는 '공포'의 신호가 될 수 있다.

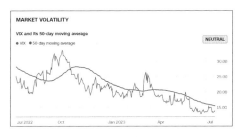

[시장 변동성]

VIX와 50일 이동평균

VIX는 일반적으로 상승 시장에서는 낮아지고, 약세장에서는 높아진다. 공포와 탐욕지수는 시장 변동성의 증가를 공포의 신호로 사용한다.

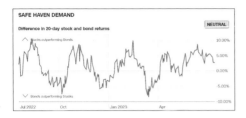

[안전자산 수요]

20 거래일(주식–채권 수익률)

안전 자산 수요는 최근 20거래일 동안 국채 채권과 주식 수익률의 차이를 보여준다. 투자자들이 불안할 때 채권의 성과가 더 좋아진다. 공포와 탐욕지수는 안전자산 수요의 증가를 공포의 신호로 사용한다.

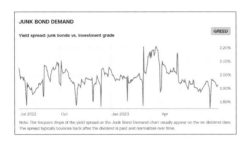

[하이일드 채권 수요]

투자등급 – 하이일드 스프레드

하이일드 채권 수익률과 안전한 정부 채권 수익률 사이의 차이(스프레드)가 작아지면, 이는 투자자들이 더 많은 위험을 감수하고 있다는 신호이다. 반면, 스프레드가 확대되면 이는 투자자들이 더욱 주의를 기울이고 있다는 것을 나타낸다. 공포와 탐욕지수는 하이일드 채권 수요를 탐욕의 신호로 사용한다.

(출처) CNN (https://edition.cnn.com/markets/fear–and–greed?utm_source=business_ribbon)

차 과장은 고개를 끄덕이며 대답합니다.

"네에~, 7개 요소를 보니 인플레이션 때문에 금리가 급등, 가격이 하락한 안전자산 수요와 시장 변동성 요인을 제외한 5개 요소가 극단적 탐욕 또는 탐욕 단계에 있군요. 그래서 부장님께서 그토록 지금은 투자하면 안 된다고 하신 말씀, 명심하겠습니다아~."

그리고 차 과장답게 한마디 덧붙입니다.

"그리고 그 무서운 장 본부장님 앞에서 논리적으로 의견을 피력하신 부장님의 용기, 그리고 혜안에 항상 박수를 치지 않을 수 없습니다아~. 아, 그런네…."

차 과장이 의문이 하나 더 남는 거 같습니다.

"3월 회식 때는 왜 투자를 해야 한다고 말씀하셨는지요오~."

신 부장이 대답합니다.

"당시에 이 지표로 보면 반대였지. 다시 대시보드로 올라가서, 우측 상단 'Timeline'을 클릭해 보시겠소?"

차 과장이 클릭하자 시계열 그래프가 하나 나옵니다(그림 6-6).

"당시에는 탐욕지수가 25까지 하락한 상황이었지. 차 과장이나 두 차장 잘 알겠지만, 당시에 미 연준과 재무부에서 BTFP(Bank Term Funding Program, 지역은행 보유 국채 및 MBS를 담보로 잡고[27] 연준이 최장 1년 만기로 대출해주는 프로그램. 지역은행들의 추가 파산을 막는 결정적인 역할을 함) 등 지역은행 구제방안을 내놓고 JP모건 등 대형은행들도 거기에 동참하는 모습을 보

[그림 6-6] 탐욕지수 추이(2022년 7월~2023년 7월)

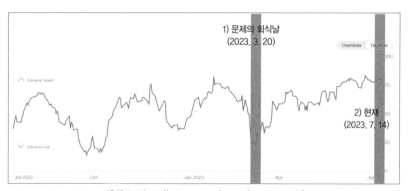

(출처) CNN (https://edition.cnn.com/markets/fear-and-greed?utm_source=business_ribbon)

---

27 담보가액 : 액면가, 반면 Repo 등 일반적인 차입 프로그램은 담보의 시가를 기준으로 한다.

였지. 과거 금융위기나 팬데믹 사례로 봤을 때 이러한 긴급 유동성 지원은 시장 안정에 큰 도움을 주거든. 거기에 착안해서 시장이 단기간 회복될 것으로 봤고 장 본부장에게 건의한 것인데…."

갑자기 신 부장은 충혈된 눈과 함께 말을 잇지 못합니다.

"부장니~임~, 왜 그러십니까~아~?"

"부장님, 그래도 저희 다 그 자리에 있었고 부장님께서 용기 있게 말씀하신 거 다 보았습니다. 사실상 당시 전환사채에 투자하신 거나 다름없습니다. 너무 낙담하지 마십시오."

두 차장의 위로에도 그는 말을 잇지 못하다가 심하게 눈을 비빕니다.

"아 씨, 눈에 벌레 들어갔다. 야, 안약 있는 사람?"

CNN 공포와 탐욕지수 검색 방법

참고 사이트 | https://edition.cnn.com/markets/fear-and-greed

위의 사이트에 직접 접속 또는 구글을 통해 검색(키워드 : 'CNN Fear and Greed')하면 다음 화면이 나옵니다. 동 화면은 크게 3개 화면으로 구성됩니다.

1. Overview

2. Timeline

3. 세부항목

[그림 6-7] 사이트 화면(2023년 8월 28일 기준)

1. Overview

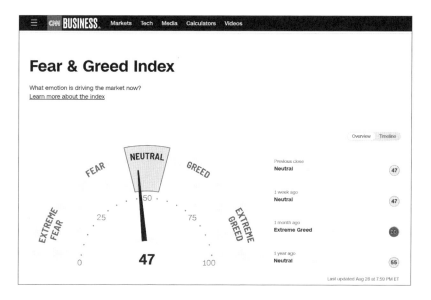

2. Timeline

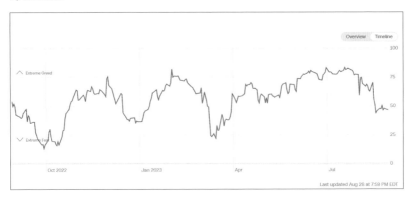

3. 세부항목(예)

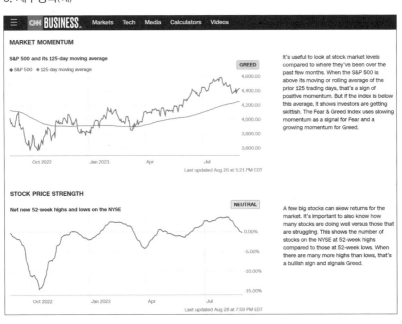

5년 후 5년 인플레이션 선도금리
- 기대인플레이션의 숨은 1인치

2023년 7월 18일(화)

지난 4월, 김승리 주임과 함께 미국 10년 TIPS(Treasury Inflation-Protected Securities, 미국 물가연동채권)를 매입[28]한 오만기 씨는 웬만한 인플레이션 지수는 완벽히 익힌 느낌입니다.

그런데 미국을 중심으로 주요 국가들의 인플레이션은 작년 상반기를 고점으로 점차 하락하는 모습을 보이고 있습니다. 앞으로 인플레이션이 하락하더라도 금리가 같이 하락할 것이기 때문에 TIPS 역시 하락할 것이고, 상승하더라도 인플레이션 속도가 금리 속도보다 가팔라질 것이라고 판단하기 때문에 추가로 매입하는 것을 고려하고 있습니다.

신 부장은 항상 강조하는 금리 해부의 정석을 강조하곤 합니다.

명목금리 = 실질금리 + 인플레이션
⇨ 실질금리(물가연동채권의 수익률) = 명목금리 − 인플레이션

오만기 씨는 일전에 김승리 주임이 주로 보던 '10년 기대인플레이션', 즉 'Breakdown' 지표를 보면서 공식을 다음과 같이 바꿔보기도 합니다.

---

28 《20년 차 신 부장의 경제지표 이야기》 Part 3 04. 소비자물가 : PCE, CPI 참조

인플레이션 = 명목금리 – 실질금리 ≈ 미 국채 금리 – 미 물가연동채권 수익률

점심을 마치고 신 부장이 커피를 들고 들어옵니다. 어제 장 본부장 때문에 마음 상한 것은 많이 누그러진 거 같습니다.

"부장님, 식사하셨습니까?"

"어, 오만기 씨. 오늘 어벙철 씨하고 저녁 먹기로 했다며? 어제 점심을 같이 했는데 어벙철 씨가 3개월 만에 동기 모임한다고 그러대. 그러면서 나한테 법인카드로 '스폰' 좀 서라고 하던데?"

신 부장이 씩 웃으면서 이야기합니다.

"아니, 그런 버르장머리 없는 친구가. 감히 부장님께 그런 막말을 하다니요. 동기를 대신해서 사과드립니다."

"아냐, 난 그런 어벙철 씨의 당돌함이 마음에 들어. 이해력이 좀 떨어지고 고집 센 게 흠이긴 해도 말이야, 하하하."

"사실은 말입니다. 제 계정에 물가연동채권을 조금 더 담고 싶습니다만."

오만기 씨가 조심스럽게 보고합니다. 사실 웃고는 있지만, 신 부장의 심기가 어제 내내 안 좋았기 때문에 다혈질인 그가 언제 버럭 할지 모르는 상황이기 때문입니다.

"그런데 지금 물가가 하락하고 있는 단계에서 왜 투자를 하려고 하는 것이지?"

에너지, 중고차, 항공료 등 항목 전반에서 하락 압력을 받고 있는 상황

에서, 물가는 더 이상 시장 참여자들의 관심사항이 아닙니다. 연준의 기준금리 인상 중단의 마지막 퍼즐인 고용시장 둔화세를 확인하는 것이 그들의 관심입니다.

"아, 물가보다 금리가 더 빨리 떨어질 수 있다는 생각이 들기 때문입니다. 그렇다고 지금 물가가 앞으로 계속 하락할 것이라고 단정하기도 어렵기 때문에, 제 생각과 반대로 물가가 오르게 되더라도 손실 폭은 제한됩니다."

그렇습니다. 사실 물가가 하락하고 있는 것처럼 보이는 것은 사실 작년 이맘 때 물가가 워낙 많이 올라서 전년 대비 물가 상승률의 기저효과[29]가 있기 때문입니다. 물가가 다시 상승할 가능성은 충분합니다.

"그런데 오만기 씨, 자기 4월에 투자한 TIPS는 1% 넘게 하락했던데? 왜 그럴까?"

신 부장의 뼈 때리는 말에 오만기 씨는 대답하지 못합니다.

신 부장은 말을 이어갑니다.

"지금 미국의 실질금리 추이를 봤나? 물가는 하락하지만 실질금리는 상승하고 있어. 실질금리가 상승한다는 것은 명목금리가 물가만큼 떨어지지 않고 있지.

---

[29] 특정 시점에서의 경제 상황을 평가할 때, 기준으로 삼는 시점에 따라 주어진 경제 상황을 달리 해석하는 현상. 즉 2022년 인플레이션율이 워낙 높았기 때문에 2023년의 전년 동기 대비 인플레이션 증가율은 상대적으로 낮을 수밖에 없으며, 이것이 물가가 둔화되고 있다고 착각하게 할 수 있음

[그림 7-1] 미 물가연동채권 10년물 가격 및 수익률 흐름(2023년 1월~2023년 7월)

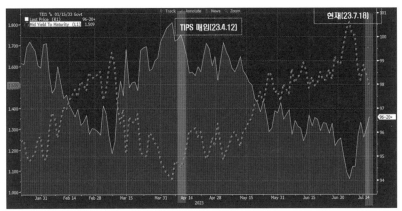

종목 : TII 1.125 01/15/2033(ISIN : US91282CGK18)   (출처) Bloomberg

물론 오만기 씨가 지난 주(2023년 7월 14일) 미시간대학 소비자심리지수가 강하게 나온 것, 그리고 하반기부터는 기저효과가 사라져서 인플

[그림 7-2] 미 10년 실질금리 및 기대인플레이션 현황

[단위 : %]

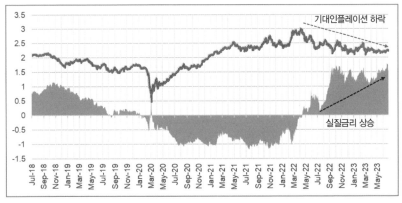

10년 Breakeven(기대인플레이션) : 주황색 실선   (출처) FRED(세인트루이스 연은)

실질금리(≒10년 국채 금리 – 10년 Breakdown) : 회색 음영

레이션이 상승할 수 있고, 이에 TIPS가 다시 강세를 보일 수 있다는 아이디어는 상당히 좋은데…."

신 부장은 한 템포 쉬고 말을 이어갑니다.

"우리가 기대인플레이션도 만기별 커브를 그릴 수 있는데, 내가 준비한 그림이 있으니까 보여줄게."

신 부장은 부장실에 들어가서 그래프가 그려져 있는 출력본을 가져다줍니다(그림 7-3).

"2021년(점선)에는 2년 후 기대인플레이션과 같이 단기 전망은 낮았었지. 그런데 러시아, 우크라이나 전쟁이 나고 코로나 팬데믹의 후유증으로 공급망이 마비되어 단기 기대인플레이션이 2022년 급등을 했지(점선 ⇨ 주황색 선). 그리고 다시 단기 기대인플레이션이 낮아지고 있는 추세야 (주황색 선 ⇨ 실선).

그런데 장기 기대인플레이션은 비교적 안정세를 유지하고 있지? (예를

[그림 7-3] 기대인플레이션 만기별 수익률곡선 (2021, 2022, 2023년 : 매년 6월 30일 기준)

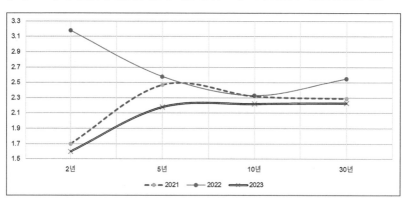

(출처) FRED(세인트루이스 연은)

들어 10년 기대인플레이션은 2.22% 근처를 유지하고 있음) 결국 작년에 인플레이션이 급등했던 것은 단기의 경우이고, 장기는 단기 인플레이션 급등에 의해 전염될 수 있는 부분을 연준이 기준금리를 빨리, 그리고 높은 수준으로 올렸기 때문에 막을 수 있었다고도 평가를 받고 있어.

그래서 결론은…."

"네, 부장님."

"현재 시점에서는 물가연동채권 투자는 전망이 밝지 않다는 거지. 지금 오만기 씨하고 김 주임이 같이 매수했던 저 10년 물가연동채권도 지금 가격이 좀 올라왔을 때 빨리 매각하는 게 좋지 않을까 싶어."[30]

"네, 부장님."

오만기 씨는 풀이 죽었습니다. 쉽게 끓어오른 열정, 쉽게 꺼집니다.

"오만기 씨, 여기에 인플레이션과 관련한 금융상품 가격지표 하나 가르쳐줄게. 사실 내가 채권 트레이딩할 때, 10년 국채 금리와 이 가격지표를 같이 보고, 그 방향성이 반대로 움직일 때 트레이딩 기회를 가졌었거든.

그 지표는 바로 5년 후 5년 인플레이션 선도금리(5-Year, 5-Year Forward Inflation Expectation Rate) 또는 5y5y 인플레이션 스와프라는 상품이야. 이것은 지금으로부터 5년 후 5년 기대인플레이션을 의미하는데 실제 금

---

[30] 필자가 생각하는 물가연동채권 적정 투자 시기(실질금리 하락 시기)는 다음과 같다.
1. 기준금리 인상 속도가 느린 가운데 경기확장이 절정에 이를 때
2. 기대인플레이션의 장·단기 곡선이 우상향하는 모습을 보일 때
3. 기준금리 인하 시기 : 명목금리 채권보다 가격 상승 속도는 더디지만, 금융위기 이후 선진국이 겪는 디플레이션 국면이라면, (향후 물가 상승을 기대할 수 있으므로) 물가연동채권 가격 상승을 기대해볼 만함

융시장 참여자들이 인플레이션을 헤지하기 위해서 많이 쓰는 금융상품이고 매우 유동성이 좋은 시장이기도 해. 오만기 씨가 수학에 일가견이 있으니까, 내가 모자란 수학 지식으로 이걸 식으로 표현해보지.

$$\text{5y5y inflation swap} = (1 + {}_iE_{10})^{10} \div (1 + {}_iE_5)^5$$

${}_iE_t$: t년 Breakeven(기대인플레이션)

실제 연준 등 중앙은행에서 이 지표를 향후 인플레이션 방향의 척도로 삼는 중요한 지표지. 내가 예전에 기사 스크랩한 게 있으니까 이걸 보면서 시기별로 인플레이션과 관련한 현상을 해석해보는 시간을 가져보자고(그림 7-4).

[그림 7-4] 기대인플레이션 관련 기사(2021년 5월 21일)

May 21, 2021 - 3:32:00

FOMC Is Watching 5Y5Y Inflation Swaps Vs 5Y Breakevens

A key theme in recent Fed communication over the past couple of weeks has been the importance of inflation expectations. Namely, that FOMC members are unconcerned with near-term inflation pressures (as seen in the April CPI report) as longer-term market-based metrics suggest that inflation expectations remain well-anchored.

- Specifically, Vice Chair Clarida last week, and St Louis Fed Pres Bullard (**in an MNI interview**) this week pointed to 5Y5Y inflation forwards trading below 5-Yr TIPS implied breakevens as a sign that a rise and potential 'overshoot' of the Fed's 2.0% average target is possible over the coming 5 years, but it's not expected to spiral over the subsequent 5 years (see chart below).
- It would usually be the case that 5Y5Ys would be trading higher vs 5Y B/Es. But the spread's been trading below 0% sustainably since February, the first time in the series history (back to 2004).
- **Bullard's other criteria is the level of breakevens,** as he told MNI the 5Y B/E would have to be "considerably higher than it is today", pointing to >2.75% B/Es (equating to 2.45% PCE prices, which is his desired degree of overshoot). 5Y TIPS breakevens are last trading 2.63%, with 5Y5Y Fwds at 2.49%. So there is room to go yet on both the spread and the breakeven before Bullard's criteria for what he called getting "more active in trying to reassure markets" about inflation anchoring.

(출처) MNI (https://marketnews.com/fomc–is–watching–5y5y–inflation–swaps–vs–5y–breakevens)

⇨ FOMC, 5y5y 인플레이션 스와프 금리와 5년 Breakeven을 비교하며 주목하다.

최근 몇 주 동안 Fed의 의사소통상 중요한 의제는 기대인플레이션의 중요성이다. 즉 연준위원들은 (2021년 4월 CPI 보고서(전년동기 대비 4.4%, 전월 대비 0.7%)에서 나온) 단기 인플레이션 압력에 대해서 개의치 않는다. 그 근거로는 기대인플레이션이 (연준의 목표 범위 수준에서) 잘 유지되고 있기 때문이다.

특히, 클라리다 부의장과 세인트루이스 불러드 총재(MNI 인터뷰에서)는 이번 주 5년 기대인플레이션이 5년 TIPS에 내재된 Breakeven(5년 명목금리－5년 TIPS, 필자 주)보다 아래에 있다는 점을 지적하며, 향후 5년 후 인플레이션이 상승하여 연준의 평균 2% 목표치를 잠재적으로 '오버슈트(상회)'할 수 있으나, 이후 5년 후에는 연속해서 상승(Spiral)할 것으로 예상하지 않는다는 점을 언급한다.

보통 5y5y 인플레이션이 5년 Breakeven보다 높은 수준에서 형성된다. 그러나 지난 2월부터 둘 간의 스프레드는 0% 이하에서 거래되고 있다. 이는 2004년 이후 처음 있는 일이다.

불러드가 주목하는 다른 지표는 Breakeven 금리 수준이다. 그는 인터뷰에서 5년 Breakeven이 2.75% 보다 높아야 한다(그의 원하는 오버슈트의 정도인 2.45% PCE 가격에 해당)라고 밝혔듯이, 현재 수준보다 5년 Breakeven이 상당히 높아야 함을 희망하고 있다. 현재 5년 TIPS Breakeven은 2.63%, 5y5y 포워드(인플레이션 스와프)는 2.49%이다. 따라서 두 지표 간 스프레드, 그리고 Breakeven 모두 상승할 여력이 있다. 그는 이를 '인플레이션 목표치 범위에서 고정하는 것과 관련하여 시장을 재차 확신시키려 하는 데 더욱 적극적으로 노력하기'라고 불렀다.

여기에 따라 두 개의 그래프를 볼 건데, 우선 이제 곧 학계로 돌아가는 불러드[31]의 기준에서 5y5y 인플레이션 스와프과 5년 Breakeven 간 비교를 해보자고(그림 7-5)."

---

31 최근(2023년 7월 13일) 세인트루이스 연은 총재직을 사임하고 퍼듀대학교 경영대학원장으로 자리를 옮기기로 함

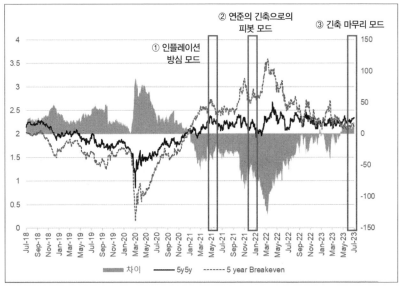

[그림 7-5] 5y5y 인플레이션 스와프 vs 5년 Breakeven(2018년 7월~2023년 7월)

5y5y & 5년 Breakeven : %, 좌측 축

(출처) FRED(세인트루이스 연은)

차이(5년 Breakeven - 5y5y) : bp(0.01%), 우측 축

"그런데 앞의 기사와는 달리 인플레이션은 계속 쭉쭉 올라갔지 않습니까?"

오만기 씨가 다소 이해가 되지 않는 듯한 얼굴로 질문합니다.

"2021년 당시에는 아무리 돈을 풀어도 그동안 인플레이션이 안 오르니까, 평균 인플레이션 목표제[32]라고 해서 연준의 목표치를 좀 상회하더라도 당시 기준금리인 제로금리 수준을 유지하겠다고 한 배경이 있어. 오만기 씨가 당시에는 대학생이었으니까 와 닿는 내용은 아닐 거야. 그래서 기사에 나온 것처럼 PCE 기준으로 2.45% 레벨이 나와도 연준의

---

32 《20년 차 신 부장의 경제지표 이야기》 Part 3 04. 소비물가 : PCE, CPI 참조

목표치에 잘 고정(Anchored)되어 있다고 판단하는 거야(① 인플레이션 방심 모드). 그런데 둘 간의 역전현상이 지속되고, 5년 Breakeven 금리가 불러드가 기대한 2.75%보다 훨씬 높은 3%를 돌파하니까 연준에 비상이 걸린 거지.

'이런 젠장, 어차피 5y5y 인플레이션 금리가 Breakeven 금리보다는 높게 형성되어 왔으니까 기대인플레이션이 같이 올라가 버리면, 우리의 인플레이션 목표인 장기 2% 범위 유지가 완전히 깨져버리는 거잖아' 하고 2021년 12월에 사실상 긴축 통화정책 선언을 하고 이듬해 3월부터 기준금리를 11회 연속 올리게 된 거지(0.25 ⇨ 5.25% : ② 연준의 긴축으로의 피봇 모드).

연준이 긴축 통화정책을 신속하게(Nimble), 그리고 간단명료한 메시지(Simple)로 시행하면서 물가가 잡히기 시작하고, 5y5y 인플레이션 금리도 2~2.5% 범위에서 비교적 안정적으로 유지하니까 이제 시장에서는 '기준금리를 이번 7월에 한 번 더 올리고 안 올리겠지?' 하는 안심 모드가 작동해서 주가도 오르고 채권 금리도 다시 아래로 내려가는 현상을 보이는 거야(③ 긴축 마무리 모드)."

이렇게 시기별로 연준의 통화정책 변화를 들으니, 오만기 씨는 훨씬 이해가 빨라집니다. 예의 수학 천재로서 정성적인 부분보다는 논리적인 흐름을 중요하게 생각하는 그이기에, 신 부장의 설명이 더 명확하게 들립니다.

"아, 이제야 이해가 됩니다. 5년 기대인플레이션을 나타내는 5년 Breakeven보다는 5년 후에 바라보는 또 다른 5년 후의 기대인플레이

션(5y5y)가 사실 더 높아야 하는데, 지난 2년 동안 그 반대 현상이 나오니까 연준에서는,

1. 처음에는 당연히 기대인플레이션 수준으로 떨어지겠지 하고 기준금리 인상 없다 하다가

2. 나중에는 '어라? 계속 인플레이션이 상승하고 (현재 시점에서의) 기대인플레이션이 상승하네? 이러면 5년 후 기대인플레이션까지 올라서 우리가 통화정책으로 인플레이션을 통제하지 못하고 시장의 신뢰를 저버리는 거 아녀? 빨리 올리자' 라고 결정을 하고,

3. 현재는 '연준, 우리가 그래도 긴축 통화정책을 빠르게 시행해서 현재 시점의 기대인플레이션, 그리고 5년 후의 기대인플레이션 둘 다 안정적으로 잡았네. 둘 간의 스프레드도 정상으로 돌아오고 말이야. 이제 어느 정도 잡았으니까 긴축의 정도를 늦춰볼까?'

라고 생각할 거라고 시장에서 기대한다는 말씀이지요?"
"유아 앱솔루틀리 커렉트(You are absolutely correct)!"

신 부장이 다음 그래프를 보여줍니다(그림 7-6).
"자, 이제 10년 금리 수준과 5y5y 인플레이션 스와프의 방향성에 주목해서 보자고."
신 부장이 말을 이어갑니다.
"5y5y 인플레이션 스와프을 통해서 우리는 두 가지 중요한 Tip을 얻을 수 있어.

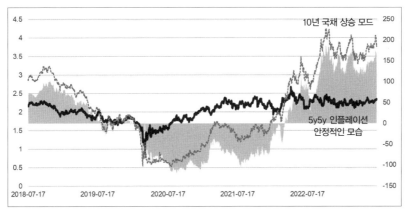

[그림 7-6] 10년 국채 금리 vs 5y5y 인플레이션 스와프 추이(2018년 7월~2023년 7월)

10년 국채 : 주황색 점선(좌측 축, %)

5y5y 인플레이션 금리 : 검은색 실선(좌측 축, %)

10년 국채 - y5y 인플레이션 금리 : 회색 음영(우측 축, bp)

(출처) FRED(세인트루이스 연은)

1. 연준이 목표로 하고 있는 근원 PCE 2%과 비교해서, 연준이 기대하고 있는 바와 같이 안정적으로 2% 내외에서 유지하고 있는 지 모니터링하는 수단

2. 국채 10년과 비교, 그 차이 정도 및 두 지표의 방향을 살펴보고, (+)의 정도가 크고 방향이 같지 않을 때(국채 10년 상승 & 5y5y 인플레이션 스와프 금리 정체 또는 하락)에는 물가보다는 명목금리에 베팅할 필요가 있음

현재 상황은 5y5y 인플레이션 지표는 10년 Breakeven과 같이 안정적인 수준을 유지하고 있는 데 반해, 국채 금리는 널뛰기를 하면서 상승 압력을 받고 있다고 해야 하나?"

오만기 씨는 이제야 신 부장의 말뜻을 알겠습니다. 단순히 물가가 하락한다고 해도 명목금리가 물가 하락 이상으로 떨어진다는 생각은 금물이라는 점을 알게 되었습니다. 이렇게 명목금리가 물가 하락 속도보다 느릴 때, 실질금리가 상승하고 물가연동채권은 손실을 보게 되는 것입니다.

"부장님, 감사합니다. 설명을 들으면서 단순히 인플레이션 수준이 높다고 물가연동채권에 접근하는 것이 아니라, 항상 명목금리와 인플레이션 수준 차이, 그리고 둘의 추이 방향성을 유심히 봐야 한다는 것, 오늘에야 제대로 알게 되었습니다."

이때 김승리 주임이 사무실로 들어옵니다. 오만기 씨가 김 주임을 쏘아보며 말합니다.
"주임님, 어제 사라고 말씀하신 10년 물가연동채권 3,000만 달러 어치는 취소하는 것이 낫겠습니다."
"와? 저래 물가 수준이 아직 높은데? 작년에 무진장 오른 거 때문에 물가가 둔화해 보이지만, 이제 다시 오를 낀데?"

오만기 씨의 머릿속이 다시 하얘집니다.

5y5y 인플레이션 스와프 금리 검색 방법

참고 사이트 | https://fred.stlouisfed.org/(세인트루이스 연방준비위원회)

검색란에 'inflation expectation'을 넣고 검색하면 다음 화면이 나옵니다.

[그림 7-7] 검색 후 화면

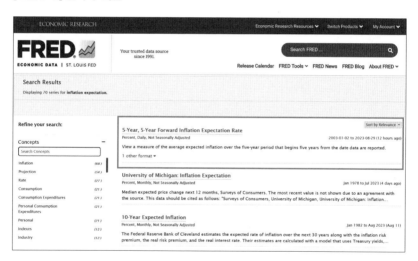

붉은색 박스를 클릭한 후, 기간을 조정하면 원하는 그래프를 볼 수 있습니다.

[그림 7-8] 5year, 5year Inflation Expectation(5y5y inflation swap) **rate**(2018년 7월~2023년 7월)

크레디트 스프레드, 그리고 (하이일드-투자등급) 스프레드

- 채권의 본질

2023년 7월 21일(금)

'이런 정반대 내용의 기사가 나올 수 있지? 어떤 내용이 맞는지 모르겠네.'

아침 오만기 씨는 같은 신문의 다른 기사를 보면서, 크레디트 채권 투자의 방향을 어떻게 잡아야 할지 모르겠습니다.

외화채권부의 향후 채권투자는 안전자산인 국채의 듀레이션(실질만기)은 길게 가져가는, 금리 하락에 베팅을 맞춘 전략과 함께 크레디트 채권은 보유 비중을 최대한 축소하는 데 초점이 맞춰져 있습니다. 즉 금리는

[그림 8-1] 보도자료 : 긍정적 뉴스(2023년 7월 20일)

> ### "美 증시 '핫 서머랠리'…"야성적 충동 살아났다"
>
> 3대 지수 15개월 만에 '최고'
> 미국 뉴욕증시의 3대 지수가 일제히 15개월 만에 최고치를 경신했다. 인플레이션 둔화로 미국 중앙은행(Fed)의 긴축이 조기에 종료될 것이란 기대가 커지는 가운데 대형 은행들까지 잇달아 '깜짝 실적'을 발표하자 주식시장이 뜨겁게 달아오르고 있다. 투자자들의 '야성적 충동'이 살아났다는 분석까지 나오고 있다. (이하 "생략")

(출처) 한국경제신문

하락하고 크레디트 스프레드는 확대될 것이라는 신 부장의 의견이 대부분 반영이 되어 있습니다.

그런데 주식시장을 대표로 한 위험자산의 끝없는 랠리에 크레디트 채권에 자칫 늦게 들어가면 그나마 이익을 얻을 수 있는 크레디트 스프레드 축소 폭조차 얻을 수 없기에, 그는 초조해집니다.

'이 기사에는 중앙은행의 금리 인상이 곧 종료될 것이고, 2분기 은행 실적도 좋으니 위험자산에 대한 투자자 수요가 몰리고 있다고 하고….'

'이 기사의 내용은 부실자산이 쌓여가는 데도 미국 통화정책의 긴축

[그림 8-2] 보도자료: 부정적 뉴스(2023년 7월 20일)

> ## 글로벌기업 부실자산 5900억弗… '大파산의 시대' 오나 '빚잔치 청구서'날아든다
>
> 세계 기업들의 부실 자산이 5900억달러(약 747조원)를 넘어서면서 디폴트(채무불이행) 우려가 커지고 있다. 초저금리 시대에 기업들이 늘린 부채가 각국 중앙은행의 긴축 기조와 맞물리며 부메랑으로 되돌아오고 있다는 분석이다. (중략)
> 문제는 세계 중앙은행들이 이런 위험을 인지하면서도 기준금리를 높이고 있다는 것이다. 인플레이션에 대처하기 위해 중앙은행이 긴축 정책을 펼치면 기업의 신용 경색 확률이 올라가고 재무구조가 취약한 기업의 디폴트 위험도 커진다. 기업 디폴트 사례가 늘어나면 은행은 대출을 더 제한해 기업의 재무 부담이 가중된다. 게다가 유럽연합(EU)과 중국 등 주요국의 경제가 둔화하는 점도 문제다. 만약 미국이 기준금리 인상을 이어가고 중국 경제 둔화가 지속된다면 글로벌 금융위기 이후 가장 광범위한 '디폴트 사이클'로 이어질 수 있다고 블룸버그는 분석했다.

(출처) 한국경제신문

이 지속되고 있고 중국 경제둔화 등으로 디폴트 위험이 높아져 가니, 크레디트 상품이 안 좋아질 것이라고 하고…. 어디에 장단을 맞춰야 할지 모르겠네.'

차영하 과장이 출근합니다.

"오만기 씨 일찍 나오셨네요."

"안녕하십니까, 과장님."

"신문에 줄을 그어 가면서 읽으시네요. 진짜 좋은 습관이십니다."

"과장님, 사실 요즘 경기 사이클이 어디에 와 있는지 하루하루 헷갈립니다. 연준, ECB 등 중앙은행이 기준금리를 계속 올려서 장·단기 금리

[그림 8-3] 보도자료(2023년 7월 19일)

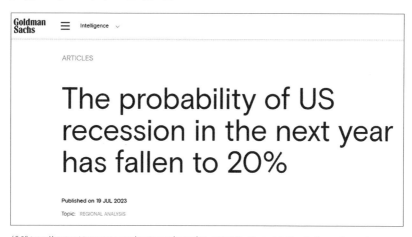

(출처) https://www.goldmansachs.com/intelligence/pages/the-probability-of-us-recession-in-the-next-year-has-fallen-to-20-percent.html

⇨ "골드만삭스 경기침체 확률 20%로 낮추다!"

스프레드가 역전된 지 오래되었지 않습니까? 신 부장님 왈, 커브 역전은 경기침체를 가리킨다고 말씀하시면서 크레디트 채권 투자는 당분간 하지 말라고 하셨지 않습니까?"

"그랬지요."

"그런데 요즘 주가는 소위 날아다니고요. 경기침체 없이 연착륙할 것이라는 투자은행들의 전망이 지배적이더라고요."

차 과장이 웃으면서 말합니다.

"만기 씨, 부장님도 오늘 본점 회의 있으시다고 좀 늦으실 거 같은데, 시간 되시면 밑에 '콩커피'에서 커피 마시면서 이야기할까요?"

"네, 좋습니다."

출근 시간 때마다 테이아웃 주문으로 부산한 콩커피. 그래서 미리 앱으로 주문해놓고 엘리베이터를 타고 내려가는 게 현명합니다. 차 과장은 아메리카노 레귤러 두 잔을 주문 후에 천천히 내려갑니다. 엘리베이터 안에는 차 과장과 오만기 씨 둘뿐입니다.

"만기 씨, 사실 저도 며칠 전에 똑같은 고민을 한 적이 있었어요. 아시다시피 저는 과하게 올라가거나 떨어지면 항상 제자리를 찾을 것이라고 믿는 '평균회귀론자'예요. 그런데 지금 시장 상황은 그런 게 안 보인다는 거죠. 도저히 앞이 안 보이니 신 부장님께….."

'땡, 1층입니다.'

말하는 사이 엘리베이터가 1층에 도착합니다. 바로 옆 콩커피로 들어

가자 오만기 씨가

"과장님, 항상 점심이건 커피 사주셨는데 제가 오늘은 한잔 사도록 하겠습니다."

"하하, 앱으로 이미 시켜놨어요."

테이크아웃 커피를 각각 가지고 구석 빈자리에 마주보고 앉습니다.

"아까 엘리베이터에서 못한 이야기를 마저 하면…."

차 과장이 말을 이어 나갑니다.

"신 부장님께 조언을 구했지요. 어떤 지표들을 보면 현재 상황을 이해하는 데 도움이 되는지 말이지요."

"그래서 뭐라 말씀하시던가요?"

차 과장이 커피 한 모금을 한 후 말을 이어나갑니다.

"CNN 공포와 탐욕지수(Fear/Greed Index)를 가르쳐 주시면서 이 지표를 통해서 투자자들이 두려움에 빠져 있는지(Fear), 아니면 위험자산을 못 사서 안달 난 승냥이같이, 탐욕의 상태인지(Greed) 파악하는 것이 중

[그림 8-4] CNN 공포와 탐욕지수 대시보드(2023년 7월 21일 현재)

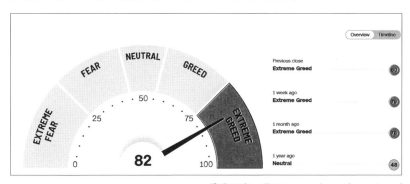

(출처) CNN(https://edition.cnn.com/markets/fear-and-greed)

요하다고 말씀하셨죠. 지금 상황을 한번 보세요."

인덱스는 지난 월요일(22023년 7월 17일자) 80보다 2포인트 오른 82입니다. 인플레이션도 정점을 지나 하락하고 있고, 그러면 중앙은행은 기준금리를 더 이상 올리지 않을 테니까 주식, 크레디트 채권 등 위험자산 수요는 늘어나는 것이 당연합니다.

"과장님, 주위 환경은 이미 위험자산 선호현상을 바뀌고 있습니다. 우리도 안전자산 사는 것을 중단하고 회사채를 적극적으로 매입해야 하지 않겠습니까?"

오만기 씨는 사실 금년 2월 외화채권부로 전입한 후에 크레디트 채권을 매입한 적이 없습니다. 이제 시장 환경이 무르익었으니 경험상 한 개 종목이라도 사고 싶은 마음이 굴뚝 같습니다.

"그런데 만기 씨, 경기침체가 온다, 연착륙이 온다 이런 논쟁을 하기 전에 우선 우리는 적정한 가격의 종목을 매입해서 나중에 수익을 얻든, 이자수익으로 만족하든 하는 외화채권부예요. 워런 버핏이 이런 말씀을 하셨잖아요.

어떤 자산에 투자하는 이유가 최근 가격이 상승하기 때문이어서는 안 된다.

해당 종목이 충분히 저평가되어 있을 때 매입해야 합니다."

"그런데 과장님, 제가 신문 스크랩을 하나 했는데요. 최근에 크레디트 채권 가격이 많이 저렴해졌다고 과감하게 매수하라는 기사 말이지요."

[그림 8-5] 보도자료 중(2023년 5월 2일)

"매력적인 수익률에 낮아진 리스크
왜 지금 하이일드채권인가"

윌 스미스 얼라이언스번스틴
미국 하이일드채권부문 이사 인터뷰

"하이일드채권의 리스크는 분명 이전보다 높아졌습니다. 그러나 수익률은
이런 위험을 감수할 수 있는 정도로 충분히 높습니다."

(출처) 머니투데이, https://news.mt.co.kr/mtview.php?no=2023050212202623878

오만기 씨가 핸드폰에 저장되어 있는 신문 스크랩을 보여주면서 말합
니다.

흔히 하이일드 채권[33]은 채권 중에서도 리스크가 높은 투자 상품으로 평가받
는다. 그러나 스미스 이사는 하이일드 채권은 주식과 비교했을 때는 위험도
가 훨씬 낮다고 강조했다. 그는 '하이일드 채권은 채권보다는 주식과 유사한
상품'이라며 '주식보다 변동성은 낮지만 주식과 비슷한 수준의 수익률을 기
대할 수 있다'고 말했다.
그러면서 투자자들을 향해 주식에 투자한 자금을 채권으로 옮기고, 바벨
전략을 통해 투자 리스크를 최소화해야 한다고 조언했다. 채권 바벨 전략
은 국고채와 하이일드 채권에 분산투자해 포트폴리오의 균형을 맞추는 것
을 말한다.

---

[33] 세계 3대 신용등급 평가기관인 S&P, Moody's, Fitch 중 최저 등급 기준으로 BBB-(무디스 기준 Baa3)
이상 등급을 '투자등급', 그 미만을 받은 등급을 '하이일드' 또는 '정크'라고 함

스미스 이사는 '안정성이 높은 국채는 경기침체에 대비해 꾸준히 플러스 수익률을 낼 수 있고, 하이일드 채권은 주식보다 더 높은 수익률을 기대할 수 있다'며 '이처럼 채권 포트폴리오를 구성할 때는 각기 다른 성격의 상품에 분산투자해 서로 다른 자산군에서 생기는 손실을 상쇄할 수 있다'고 설명했다. 그러면서 '역사적으로 지금과 같은 수준의 채권 수익률을 기대할 수 있던 시기는 거의 없었다'며 '단기적으로 시장 변동성이 나타날 수 있지만 지금처럼 금리가 높을 때 채권 투자에 나선다면 투자자들은 분명 몇 년 뒤 굉장히 만족해하고 있을 것'이라고 강조했다.

출처 : https://news.mt.co.kr/mtview.php?no=2023050212202623878

차 과장은 미소와 함께 A4 용지에 공식을 쓰면서 이야기 합니다.

"이 신문기사에서 언급하는 내용은 채권 수익률을 말하는 것입니다. 금리가 많이 올라간 것은 하이일드 채권뿐만 아니라 국채 금리도 많이 올라간 것이지요. 만기 씨, 신입사원 연수 때 신 부장님이 강사로 가신 걸로 알고 있는데 혹시 이 공식 당연히 배웠으리라 생각합니다."

채권 금리(수익률) = 안전자산 (국채) 금리 + 크레디트 스프레드

"네, 배웠습니다. 채권 매니저로서 제1번으로 숙지해야 할 공식이라고 배웠습니다."

"그러면 회사채 가격이 적정한 가격인지 판단하기 위해서는 크레디트 스프레드 수준을 보고 판단한다는 점도 만기 씨는 알고 계시겠네요?"

"네, 그렇습니다."

"좋습니다. 그러면 지금 하이일드 채권의 수익률과 스프레드 수준 추이를 한번 볼까요?"

차 과장이 핸드폰으로 'FRED' 앱을 열고 두 개의 그래프를 보여줍니다.

[그림 8-6] 하이일드 채권 수익률(2013년 7월~2023년 7월)

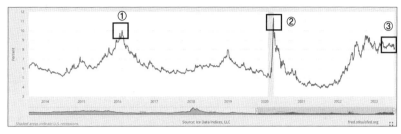

수익률 : ICE BofA US High Yield Index Effective Yield

"우선 지난 10년 동안 하이일드 수익률이 높게 오른 건 3번 있었는데, 다음 시기였어요.

1. 도이치방크 AT1(하위 후순위채) 이자 미지급 우려 커지면서 하이일드 등급의 금융기관 AT1 가격 급락(2016년 2월, ① 참조)
2. Covid-19 팬데믹(2022년 2~3월, ② 참조)
3. 현재 – 2022년 초부터 인플레이션 급등에 따른 연준의 긴축 통화정책(2022년 3월~현재, ③ 참조)

사건만 보면 대략 알 수 있습니다만, 다음 그래프를 보면서 그 이유를 찾아보시죠.

다음 스프레드 그래프(그림 8-7)를 보시면, 앞서 일어난 두 번의 수익률 상승 시기는 전적으로 크레디트 스프레드 확대에 기인함을 알 수 있지요(①, ② 참조)? 반면, 지금 크레디트 스프레드 수준은 지난 10년 이래 가장 낮은 수준임을 알 수 있지요(③ 참조)? 현재 수익률이 상승한 이유

[그림 8-7] 하이일드 스프레드(하이일드 수익률-국채 수익률) 추이

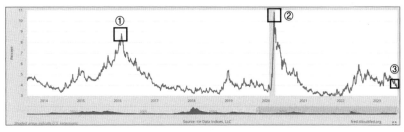

수익률 : ICE BofA US High Yield Index Option Adjusted Spread(OAS-채권의 옵션(조기상환(Call)
및 상환요구(Put) 옵션)을 제거한 후의 스프레드)

는 전적으로 국채 금리가 많이 올랐기 때문입니다."

이제야 오만기 씨는 신 부장이 왜 채권 수익률을 안전자산 금리와 크레디트 스프레드로 나눠서 생각하라고 했는지 명확하게 이해가 됩니다. 차 과장이 말을 이어나갑니다.

"하이일드 채권은 회사의 재무 건전성, 수익성, 장래성을 고려하여 산정된 신용등급이 낮기 때문에 긴축 통화정책으로 자금조달이 막히게 되면 가장 먼저 타격을 받는 집단입니다. 아까 CNN 탐욕지수에서도 보았듯이 시장은 투자자들이 서로 사겠다고 아우성이고 내가 소외되지 않았을까 생각하는 FOMO(Fear of Missing out) 투자자들이 너무 많아요.

사실 중앙은행이 지난 1년 4개월(2022년 3월~현재) 동안 시행한 기준금리 인상 등의 긴축 통화정책은 그것이 멈추더라도 실물 경기에 미치는 경로 효과가 나타나기까지 상당히 오랜 시간이 소요됩니다. 그리고 현재 시장에서 특별한 이벤트(예를 들어 최근 중국의 대형 부동산 회사인 완다그룹

의 파산 위기)가 발생하면 하이일드 시장부터 박살나기 시작하거든요. 지금은 결코 싼 가격이 아닙니다."

오만기 씨가 정리합니다.

"그러면 저희가 하이일드 채권을 포함한 크레디트 채권을 매입할 시기는 채권 수익률이 아닌 크레디트 스프레드가 대폭 확대되었을 때를 의미하는 것이지요?"

"네, 그런데 크레디트 스프레드가 확대되면 어차피 채권 수익률은 올라가게 되니까요. 이렇게 말씀드리는 게 명확할 겁니다. 즉 채권 수익률이 왜 상승했는가? 크레디트 스프레드 때문이라면 매수할 것을 적극 권장한다. 물론 하이일드 등급 기업이 부도 위험에 빠진 상황이라면 재고해야겠지요?"

차 과장이 부연 설명합니다.

"그런데 과장님, 저희 부서는 투자등급 이상만 매입할 수 있고, 하이일드 채권의 경우 ETF 등 간접적인 방법으로 매입할 수 있습니다. 그러면 투자등급에 대해서도 하이일드 채권과 동일한 방법으로 가격의 적정성을 판단할 수 있는 건가요?"

오만기 씨의 질문에 차 과장이 웃으면서 대답합니다.

"네, 그렇습니다. 투자등급도 동일한 방법으로 보시면 됩니다."

차 과장이 FRED 앱을 다시 열어서 투자등급 채권 흐름을 보여줍니다 (그림 8-8, 8-9).

"투자등급 채권 수익률은 그래도 10년 이래 최고 수준인데요? 반면에 크레디트 스프레드는 상당히 낮게 형성되어 있습니다. 역시 비싸다고 할 수 있겠죠?"

오만기 씨는 당분간 크레디트 채권 투자 경험을 쌓기는 어렵다고 생각하니 약간은 풀 죽은 목소리입니다. 차 과장이 대답합니다.

"아닙니다. 투자등급 채권은 하이일드 등급 채권에 비해서는 위험정도가 훨씬 작죠. 즉 부도날 위험이 낮아지니까 우량한 채권(예를 들어 애플, 마이크로소프트 같은 AA 등급 이상 채권)들은 짧은 만기를 사면 이미 올라간

[그림 8-8] 투자등급 수익률 추이(2013년 7월~2023년 7월)

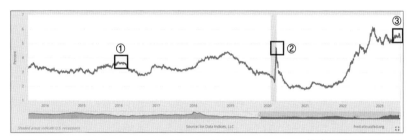

수익률 : ICE BofA US Corporate Index Effective Yield　　　　(출처) FRED(세인트루이스 연은)

[그림 8-9] 투자등급 스프레드 추이(2013년 7월~2023년 7월)

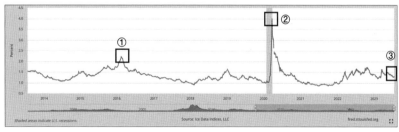

(출처) FRED(세인트루이스 연은)

수익률 : ICE BofA US Corporate Index Option Adjusted Spread(OAS - 채권의 옵션(조기상환(Call) 및 상환요구(Put) 옵션)을 제거한 후의 스프레드)

수익률 효과를 좀 볼 수 있겠죠? 2016년 초와 같이 은행 관련 하이일드 채권 가격이 급락했을 때도 투자등급 채권들은 비교적 크레디트 스프레드 확대가 제한적이었습니다.

올라가서서 부장님께 AA급 이상 그리고 만기 3년 이내 회사채는 좀 사겠다고 말씀드리면 허락해주실지도 몰라요. 하하, 이제 올라갈까요?"

차 과장이 자리를 마무리하려는 순간, 오만기 씨가 뭔가 생각이 났는지 질문을 합니다.

"죄송합니다, 과장님. 한 가지만 더 가르쳐주시면 안 될까요? 사실 하이일드 채권, 투자등급 채권 모두 안전자산 금리 대비 스프레드를 보고 '비싸다, 싸다'라고 판단하는데요. 사실 이 두 개의 채권군을 비교해도 뭔가 의미 있는 결과가 나오지 않을까요?"

차 과장이 뒤돌아서며,

"정답입니다. 사실 CNN 탐욕지수를 구성하고 있는 요소 중에 (투자등급-하이일드) 스프레드 요소가 있습니다. 두 상품군의 수익률 간 차이, 또는 스프레드 차이를 가지고 둘 간의 차이가 작을수록 탐욕지수가 크죠. 이건 제가 매일 엑셀시트에 업데이트를 하니까 그걸 보여드릴게요. 이제 올라가시죠."

사무실로 돌아와 자리에 앉은 차 과장이 엑셀시트 파일을 오만기 씨에게 송부하고 채팅창으로 말을 합니다.

"파일 한번 열어보세요. 지난 25년 동안 하이일드와 투자등급 간 스프레드가 상당히 확대된 구간을 표기해두었습니다(그림 8-10)."

[그림 8-10] (하이일드-투자등급) 스프레드(1997년 1월~2023년 7월)

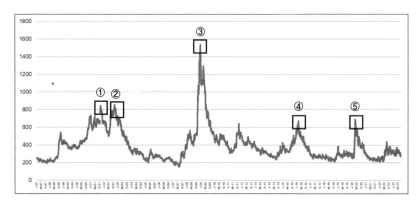

① 9 · 11 테러

② 엔론, 월드컴 파산

③ 리먼브라더스 파산 및 금융위기

④ 도이치방크 AT1 채권 이자미지급 우려 확산

⑤ Covid-19 팬데믹

오만기 씨가 채팅창에 입력하고 있습니다.

"현재는 하이일드와 투자등급 간 스프레드 격차가 역사적으로 저점 수준이네요? 아까 두 개의 크레디트 스프레드 자체도 매우 낮은 상황에서 2개의 상품군 간 스프레드 차이까지 저렇게 낮은 수준이라면 투자자들의 위험자산에 대한 심리가 매우 강해져 있는 거네요."

"네, 맞습니다. 표기한 주요 사건들을 보면 공통적으로 위험자산에 악영향을 끼치는 사건들이었죠. 따라서 둘 간의 스프레드 차이를 보고도 현재 금융시장의 상황에 대해서 판단할 수 있는 것이죠."

차 과장이 마무리 멘트 모드로 들어갑니다.

"자, 만기 씨. 이렇게 우리 채권 매니저들이 친숙하게 사용하고 있는 크레디트 스프레드를 활용해서 얼마든지 유용한 금융지표를 사용할 수 있습니다. 조금 답답하겠지만 크레디트 상품을 담는 것은 당분간 보류하면 좋겠습니다. 적어도 둘 간의 스프레드가 확산될 때까지 말이지요. 워런 버핏이 이런 말씀을 하지 않았습니까?"

회사가 가장 어려운 시기에 있을 때가 회사를 사야 하는 가장 좋은 때이다.

Tip

하이일드 투자등급 스프레드 검색 방법

참고 사이트 1. https://fred.stlouisfed.org/(세인트루이스 연방준비위원회)

검색란에 'oas'을 넣고 검색하면, 다음 화면이 나옵니다.

[그림 8-11] 검색 후 화면

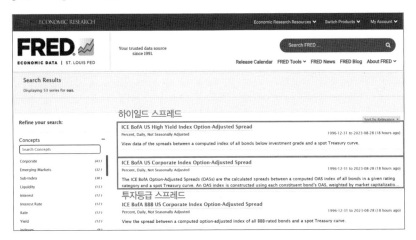

붉은색 박스를 클릭하면, [그림 8-7] 및 [그림 8-9] 화면이 나옵니다.

참고 사이트 2. https://edition.cnn.com/markets/fear-and-greed(CNN Fear and Greed Index)

해당 사이트에 접속해서 CNN Fear and Greed Index를 구성하는 세부 항목 중 마지막 'Junk Bond Demand'를 통해서 스프레드를 확인할 수 있습니다(자세한 사항은 06. CNN Fear/Greed Index_ 투자자들의 투기심리가 극에 달해 있습니다 참조).

[그림 8-12] Junk Bond Demand

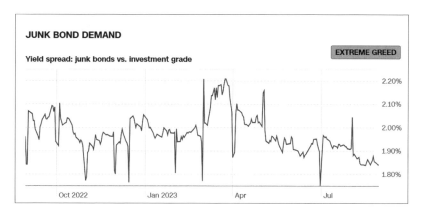

채권 변동성 지수 (MOVE Index)

- 금리 상승의 여지는 남았다

2023년 7월 25일(화)

닷새간의 여름휴가를 마치고 출근한 두동강 차장. 출근하자마자 그동안 챙겨보지 못했던 각종 지표를 뚫어져라 쳐다보고 메모를 합니다. 이번 주 목요일 새벽 발표할 FOMC 결과, 그리고 파월 의장의 예상 코멘트도 같이 정리합니다.

　'음, 이번 FOMC에는 기준금리 25bp 인상은 확실한데 이것이 마지막 인상이라는 뉘앙스를 줄 것인가가 초미의 관심이군.'

　그는 Fed Watch 화면을 보면서 금년 기준금리 인상 횟수에 대한 시장의 예측을 심도 있게 쳐다봅니다.
　'아직은 연말까지 2회 인상이 유효하구면. 그런데 예상대로 기준금리를 올리면 금융시장이 어떻게 될 것인가?'

　여전히 연말까지 2회 인상, 즉 현재 5~5.25%에서 5.5~5.75%로 올릴 확률이 30%입니다. 그는 Fed Watch의 금년 예상 기준금리 확률에 빨간 박스를 그리면서, 여러 가지 시나리오를 상상합니다. 미스터 리스크리스(Mr. Riskless)답게 현재 외화채권의 포트폴리오 위험을 최소화할 것

[그림 9-1] Fed Watch(2023년 7월 24일 현재)

MEETING DATE	300-325	325-350	350-375	375-400	400-425	425-450	450-475	475-500	500-525	525-550	550-575	575-600
2023-07-26				0.0%	0.0%	0.0%	0.0%	0.0%	0.0%	98.9%	1.1%	0.0%
2023-09-20	0.0%	0.0%	0.0%	0.0%	0.0%	0.0%	0.0%	0.0%	0.0%	81.1%	18.7%	0.2%
2023-11-01	0.0%	0.0%	0.0%	0.0%	0.0%	0.0%	0.0%	0.0%	0.0%	61.7%	33.6%	4.6%
2023-12-13	0.0%	0.0%	0.0%	0.0%	0.0%	0.0%	0.0%	0.0%	8.0%	58.1%	29.9%	4.0%
2024-01-31	0.0%	0.0%	0.0%	0.0%	0.0%	0.0%	0.0%	2.5%	23.5%	49.3%	21.9%	2.8%
2024-03-20	0.0%	0.0%	0.0%	0.0%	0.0%	0.0%	1.2%	13.0%	36.4%	35.6%	12.3%	1.4%
2024-05-01	0.0%	0.0%	0.0%	0.0%	0.0%	1.1%	11.5%	33.4%	35.7%	15.3%	2.8%	0.2%
2024-06-19	0.0%	0.0%	0.0%	0.0%	0.5%	5.7%	21.2%	34.4%	26.6%	9.7%	1.6%	0.1%
2024-07-31	0.0%	0.0%	0.0%	0.4%	4.3%	17.1%	30.9%	28.7%	14.2%	3.8%	0.5%	0.0%
2024-09-25	0.0%	0.0%	0.3%	3.6%	14.7%	28.3%	29.1%	17.0%	5.8%	1.1%	0.1%	0.0%
2024-11-06	0.0%	0.2%	2.7%	11.7%	24.7%	28.9%	20.2%	8.7%	2.4%	0.4%	0.0%	0.0%
2024-12-18	0.1%	1.9%	9.0%	20.7%	27.6%	22.9%	12.3%	4.3%	1.0%	0.1%	0.0%	0.0%

(출처) CME Group

인지를 생각합니다.

'실제로 기준금리를 저렇게 올리면 미국을 포함한 세계 경기가 지금 처럼 제대로 버틸까? 아니야, 결국 언젠가는 경기침체가 다가오고 주식 이나 우리가 보유하고 있는 크레디트 채권들은 가격이 하락할 거야. 그 리고 안전자산 선호현상이 나타날 것이고 말이야.'

경기침체 가능성을 가정하고 금융시장에 어떤 결과가 나타날 것인가 를 상상하면서도, '아니야, 지금 근원 물가는 떨어지는 정도가 여전히 느 리잖아. 고용지표도 괜찮고, AI를 기반한 인공지능 산업이 새로운 대세 로 등장하고 있는 마당에 위험자산이 더 오래 버틸 수도 있지'라며 현재 랠리 중인 주가, 그리고 낮은 수준의 크레디트 스프레드가 맞다고도 생 각합니다. 이래저래 헷갈리는 상황입니다.

그러다가 그는 한 지표에 눈을 떼지를 못합니다. 그 지표를 면밀하게 관찰하면서 앞으로 일어날 상황을 가정합니다.

이때 김승리 주임이 출근합니다.

"안녕하십니꺼, 차장님예~ 휴가 중에 잘 쉬셨습니꺼?"

"하이, 김 주임, 별 일 없었지?"

"뫄 아무 것도 안 일어나믄 그게 오히려 불안한 부서가 저희 아입니꺼? 다행히 금리도 내려가고 위험자산이 계속 랠리 중이어서 저희 보유 채권들은 선방했심더. 근데 차장님, 뭔 지표를 그리 마 뭘 그리 쎄려 보십니꺼."

"아 MOVE Index라고 미 국채 옵션의 변동성을 기초로 만든 지표가 있어(그림 9-2). 이 지표가 올라가는 구간에서는 금리 변동성이 심해지고 위험자산 가격이 하락하는 경우가 다반사라, 나는 매일 이 지표를 봐."

[그림 9-2] MOVE Index 추이(2003년 1월~2023년 7월)

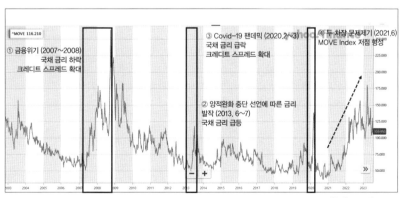

(출처) Yahoo! Finance

두 차장은 2년 전 6월을 회상합니다.

2021년 6월 21일(월) 주간 회의 중(회상 장면)

"부장님, 지금 변동성 지수가 15년 이래 최저 수준입니다. 그런데 기대인플레이션은 점점 상승하고 있습니다. 기자들의 다음 질문에서 분위기가 변하고 있음을 감지할 수 있었습니다.

[그림 9-3] 기자회견 Q&A 중(2021년 6월 16일)

CHRIS RUGABER. Right. Thank you. Well, you mentioned—let me ask about inflation expectations. You said they were—I think you mentioned in your opening statement that you saw them as within target. Does that mean that some of the shorter-term measures we've seen out there such as the New York Federal Reserve's three-year outlook, which jumped a bit—should those sort of be dismissed? And are we only looking at longer-term inflation expectations? And would you describe those as still well anchored at this point? And on a related note, would the Fed consider publishing its index of common inflation expectations on a monthly basis? Thank you.

▷ 제가 생각하기에 의장님께서는 기조 발언에서 기대인플레이션이 목표 범위 내에 있다고 말씀하셨습니다. 그것이 뉴욕 연은에서 발표하는 3년 인플레이션 전망과 같은 단기적인 측정치가 어느 정도 그 수치가 상승했음에도, 무시해도 되는 수치인가요? 우리는 오로지 장기 인플레이션 기대치만 보면 될까요? 그리고 그것들이 여전히 연준의 목표 범위에 잘 고정되어 있다고 생각하시나요? (AP통신, 크리스 루가버 기자 질문 중)

(출처) https://www.federalreserve.gov/monetarypolicy/fomcpresconf20210616.htm

그리고 FOMC 이후 대표적인 비둘기파(금리 인하, 양적 완화 등 완화적인 통화정책을 지지하며, 최대고용과 인플레이션 중 최대 고용에 우선순위를 두는 성향)인 제임스 불러드 세인트루이스 총재의 전날 발언을 볼 때, 평소 그와는 사뭇 다른 모습이었습니다.

> We were expecting a good year, a good reopening, but this a bigger year than we were expecting, more inflation than we were expecting, and I think it's natural that we've tilted a little bit more hawkish here to contain inflationary pressures.
> ⇨ 우리는 (경제 상황이) 좋은 한 해, 원활한 재개를 기대하고 있었지만, 이것은 우리가 예상했던 것보다 더 좋은 한 해이며, 우리가 예상했던 것보다 더 높은 인플레이션이 있었습니다. 그래서 인플레이션 압력을 억제하기 위해 조금 더 매파적으로 기울었다는 것이 자연스럽다고 생각합니다(2021년 6월 18일 CNBC와의 인터뷰 중).

(출처) https://www.stlouisfed.org/from-the-president/video-appearances/2021/bullard-cnbc-inflation-monetary-policy

그리고 현재 10년 국채 금리 수준이나 크레디트 스프레드도 지나치게 낮아서, 앞으로 금리 그레디트 스프레드도 대폭 상승 및 확대 예상합니다."
"두 차장, 변동성 지수는 MOVE Index를 이야기하는 건가?"
"예, 그렇습니다."

신 부장은 고민의 얼굴입니다. 사실 2020년 3월 말 전례 없는 연준과 연방정부의 '돈 풀기'가 시작된 이래, 위험자산은 랠리를 지속해 왔으며 장기간 제로금리 유지로 채권 금리도 당분간 오를 가능성이 매우 낮은 상황입니다.

2021년 6월 18일 현재

국채 10년 금리 1.45%

크레디트 스프레드(ICE BofA US Corporate Index Option-Adjusted Spread) 87bp

"위험자산 가격이 너무 비싸졌다는 것은 동의. 그런데 코로나가 아직 기승을 부리고 있는데, 금리까지 상승하겠어? 이건 보류!"

"부장님, 금리가 하락해봐야 얼마나 하락하겠습니까? 지금은 수익을 얻은 채권들은 모두 팔아버리고 인내하면서 기다려야 합니다. 벤저민 그레이엄이 이렇게 말하지 않았습니까.

> 현명한 투자자는 비관주의자에게서 주식을 사서 낙관주의자에게 판다.

주식을 채권으로만 단어를 바꾸면, 지금 저희가 낙관주의자에게 채권을 팔고 기다려야 한다는 말씀 꼭 드립니다. 그리고 오히려 금리가 상승할 때 수익을 얻을 수 있는 상품이 적합해 보입니다."

외화채권부에는 '두 동강 테스 노트'가 있습니다. 평소 조용한 두 차장이 본인의 의견을 적극적으로 개진할 때에는 위험이 커지고 있음을 보여준 사례들이 다수 있습니다.

"좋아, 두 차장 의견대로 보유 자산 중에 듀레이션 긴 크레디트 채권을 최소 1억 달러 이상 매도를 하도록 해. 내가 봐도 금리도 크레디트 스프레드도 정상이 아니야."

신 부장이 이번에도 두동강 데스 노트를 신뢰하고 지시를 내립니다.

두 차장은 이 시절을 회상하며 절로 미소를 짓습니다.
어찌했든 채권에도 변동성 지수가 있다는 두 차장이 말에, 김 주임은 호기심이 생깁니다.

"뽜, 지는 VIX가 대표적인 변동성 지표라고 생각했는데, 채권에도 VIX와 비슷한 변동성 지표가 있다는 사실이 매우 흥미롭다 안캅니꺼. 도대체 이 Move Index라는 정체는 무엇입니꺼?"

"MOVE Index는 Merrill Lynch Option Volatility Estimate Index의 줄임말로, 지금은 ICE BofAML MOVE Index라고도 하지. 옵션시장에서 거래되는 미 국채 선물 2, 5, 10, 30년의 행사가격이 등가격(At-the-money, 현재 옵션가격 수준의 행사가격)인 1개월 만기 옵션의 내재변동성(Implied Volaility)의 가중평균을 하여 계산하지. 비중은 10년물 옵션이 40%, 나머지 3개 종목이 각 20%을 차지하고 있어.

김 주임은 가이스트 금융공학과 출신 아닌가? 내재 변동성의 의미를 잘 알고 있지?"

"하무예, 내재 변동성이 커진다 카는 것은 옵션의 가치가 커지는 것 아입니꺼? 옵션 가치가 커진다는 것은 현재 시장 참여자들이 보유하고 있는 금리상품이 과도하게 한쪽 방향으로 쏠려 있다는 말과 같습니다. 즉 콜옵션(행사가격에 국채 선물을 매입할 권리 및 풋옵션-행사가격에 국채 선물을 매도할 권리)의 비중이 어느 정도 되느냐에 따라 금리의 방향성을 찾아야 할 거 같심더."

두 차장이 다른 관련 자료를 프린트하여 김 주임에게 보여줍니다.

[그림 9-4] 10년 국채 선물 옵션 미결제약정 현황(2023년 7월 24일 현재)

OPTIONS			CALLS				PUTS				CURRENT (2023-07-21)				7-DAY (2023-07-17)			30-DAY (2023-06-23)		
SYM	DTE	FUTURE	ITM	ATM	OTM	OI	OI	OTM	ATM	ITM	TOTAL OI	CHG	VOLUME	P/C	TOTAL OI	ADV	P/C	TOTAL OI	ADV	P/C
TYU3	35	112.075	64,517	24,186	590,284	678,987	563,417	405,922	32,982	124,513	1,242,404	62,869	202,066	0.83	1,108,854	194,302	0.77	591,236	190,796	1.33
TYV3	63	112.27	2,414	1,599	63,251	67,264	34,526	31,174	1,585	1,787	101,790	10,366	17,157	0.31	21,401	20,446	1.00	1,052	6,309	14.47
TYX3	98	112.27	368	92	5,352	5,812	7,421	7,046	193	182	13,233	5,660	6,085	1.28	1,223	2,576	1.13	0	0	1.00
TYZ3	126	112.27	3,591	2,062	5,779	11,432	13,069	8,581	2,086	2,402	24,591	1,350	1,936	1.14	16,400	2,392	1.13	7,486	2,202	5.17
TYH4	217	113.155	0	0	0	0	1	1	0	0	1	0	0	1.00	1	0	1.00	0	0	1.00
Expirations:			70,890	27,939	664,666	763,495	618,434	452,724	36,846	128,864	1,381,929	60,245	227,244	0.81	1,147,879	219,716	0.78	599,754	199,307	1.35
TY4N3	7	112.075	8,810	10,332	68,853	87,995	95,629	79,619	6,151	9,859	183,624	22,307	66,374	1.09	85,028	54,344	1.23	0	0	1.00
TY1Q3	14	112.075	6,407	602	61,680	68,689	30,887	24,063	247	6,577	99,576	10,198	32,332	0.45	73,066	21,738	0.23	0	0	1.00
TY2Q3	21	112.075	170	1,086	111,938	113,194	7,104	3,640	599	2,865	120,298	113,693	193,704	0.06	561	40,232	0.14	0	0	1.00
Weeklies:			15,387	12,020	242,471	269,878	133,620	107,322	6,997	19,301	403,498	146,198	292,410	0.50	158,655	116,314	0.62	0	0	1.00
WY4N3	5	112.075	285	455	5,857	6,597	13,343	9,200	767	3,376	19,940	3,069	6,517	2.02	4,477	5,020	1.62	0	0	1.00
WY1Q3	12	112.075	160	1	194	355	154	78	0	76	509	509	510	0.43	0	0	1.00	0	0	1.00
Wednesday-Weeklies:			445	456	6,051	6,952	13,497	9,278	767	3,452	20,449	4,178	7,027	1.94	4,477	5,020	1.62	0	0	1.00
Report Totals:			86,722	40,415	913,188	1,040,325	765,551	569,324	44,610	151,617	1,805,876	230,621	526,681	0.74	1,311,011	341,050	0.76	599,754	199,307	1.35

(출처) CME Group

"MOVE 비중의 40%를 차지하고 있는 10년 국채 선물 옵션에 대한 비중을 보자고. 만기가 가장 가까운 9월물의 풋옵션과 콜옵션의 비중을 보자고. 빨간 박스로 표기한 부분을 보면 30일 전에는 풋/콜 비율이 1.33에서 현재는 0.83으로 줄었지. 풋옵션보다는 콜옵션의 비중이 더 높은 상황이야.

Tip 미 국채 선물 Call Option 매수는 국채 선물 가격 상승(금리 하락)에 기대
　　　미 국채 선물 Put Option 매수는 국채 선물 가격 하락(금리 상승)에 기대

이걸 다시 MOVE Index와 연계해서 생각하면, 방향성은 분명 국채 선물 가격이 오르는 방향, 즉 (가격과 금리는 반비례하므로) 금리가 하락하는 방향으로 가려고 하고 있고, MOVE Index 역시 현재 100대 초반으로 비교적 낮은 수준으로 유지하고 있어.

종합적으로 해석해보면, 현재 방향이 살짝 금리 하락 강세 포지션을

보이고 있는데, 만약 물가가 다시 오르고 고용지표가 강해져서 금리 상 승으로 전환 시에 MOVE Index가 높아질 수도 있고, 반면에 물가가 갑 자기 2%대로 잡히고 실업률이 (현재 3.7% 내외에서) 4% 이상 치솟게 되면 금리가 급격하게 빠져서 변동성을 높이게 될 거야.

후 노우즈(Who knows)?"

"뫄, 차장님 말씀을 정리하면 현재 시장 상황은 금리 하락 쪽으로 보고 있는데, 변동성이라 카는 건 마치 경찰차가 반대차선에서 도주하는 범 죄자를 발견했을 때, 핸들을 급격하게 꺾어서 쫓아가는 것과 같이, 금리 방향성을 바꾸게 되믄 변동성 지수인 MOVE도 상승한다 카는 거지예?"

"빙고! 내가 리스크 출신이라 그런지 말이 좀 길어. 정리를 잘해줘서 나도 명확하게 이해가 되네."

그러나 김 주임은 여전히 금리 방향성과 금리 변동성 간 관계에 대해 서 헷갈려 합니다.

"뫄 차장님, 아무리 국채 선물 옵션시장을 통해서 현재 국채 선물에 대 한 투자자들의 포지션이 사자인지 팔자인지 파악을 해도, 실제 MOVE Index하고 금리의 관계를 좀 더 명확하게 봐야 이해가 되겠심더."

두 차장이 말없이 다음 그래프를 보여줍니다(그림 9-5).

"내가 붉은 박스로 표기한 채권 옵션의 변동성을 높인 사건별로 금리 를 다시 보자고.

[그림 9-5] MOVE Index vs 10년 국채 금리(2003년 1월~2023년 7월)

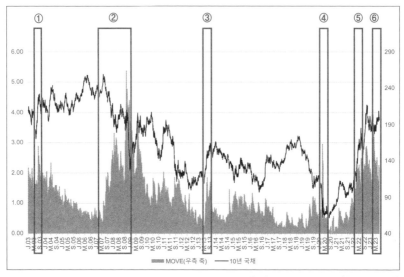

(출처) Yahoo! Finance, FRED(세인트루이스 연은)

No.	시기	사건	금리 방향
①	2003년	기준금리 인상 시사	상승
②	2007~2008년	금융위기	하락
③	2013년 6월	테이퍼 텐트럼 – 버냉키 당시 의장의 양적완화 시사	상승
④	2020년 3월	Covid-19 팬데믹, 제로금리	하락
⑤	2022년 3월	기준금리 인상 시작, 빠른 긴축	상승
⑥	2023년 3월	실리콘밸리 은행 파산	하락

이처럼 변동성의 방향과 금리 방향성은 상관관계가 거의 없어. 다만 이렇게 이해하면 쉽게 이해할 수 있어. 미 국채가 과도하게 한 쪽 방향(사자 또는 팔자)으로 쏠림이 심해졌을 때, 그 반대 상황이 벌어지면 변동성이 커지게 되는 거야.

예를 들어 2013년 6월 금리 발작이 일어났을 당시를 생각하면, 당시

투자자들은 상당기간 동안 연준이 양적완화(중앙은행이 직접 국채와 MBS(주택담보대출 기초로 한 구조화 상품, 미국 정부의 실질적 보증이 들어가 있음)를 매입하는 프로그램)와 제로금리(기준금리를 0% 수준으로 유지하는 정책)를 지속할 것이라는 믿음에, 국채 선물에 대한 과매수 상태에 있었지. 그런데 갑자기 양적완화를 중단한다고 하니까 투자자들이 엄청난 양의 국채 투매현상이 벌어진 거야. 여기서 말하는 변동성이라는 것은 아까 자기가 말한 경찰차와 범죄자 간 쫓고 쫓기는 추격전과 같이, 그들이 서로를 따돌리기 위해서 방향을 갑자기 바꾸는 행위와 같은 거거든."

MOVE Index가 금리의 방향성을 가리키지는 않지만, 시장 상황에서 지배적인 금리 방향성의 전환 시 이 지수도 상승한다는 사실은 이해를 했습니다. 그러나 김 주임은 MOVE Index와 크레디트 스프레드 간 관계를 알고 싶어 합니다.

"차장님, VIX의 상승은 일반적으로 주가가 급락했을 때 나타나는 현상아입니꺼? MOVE Index도 뫄 채권의 위험지표인 크레디트 스프레드와 특별한 관계가 있습니꺼?"
"김 주임, 잠시 내 컴퓨터 자료 한번 볼래?"

두 차장은 컴퓨터에 있는 폴더를 찾습니다. 폴더 이름은 '지표찾아 삼만리.' 이 안에서 'MOVEvsSpread_v1' 엑셀파일을 엽니다.

"여기 보면 지난 5년 동안 MOVE Index와 하이일드, 그리고 투자등급 스프레드를 그려놓은 것인데 마치 VIX와 주가와의 관계처럼, 변동성이 커질 때 크레디트 스프레드도 대체로 같은 방향으로 확대되는 모습을 보여왔어."

[그림 9–6] MOVE Index vs 크레디트 스프레드 추이(2018년 7월~2023년 7월)

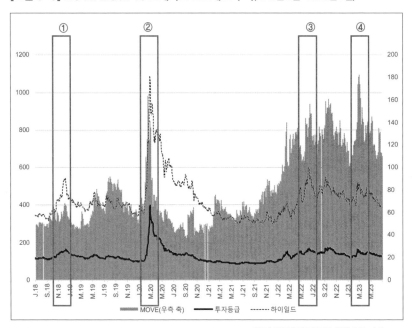

투자등급 : ICE BofA US Corporate Index OAS(bp, 좌측 축) (출처) FRED(세인트루이스 연은), Yahoo! Finance
하이일드 : ICE BofA High Yield Index OAS(bp, 좌측 축)

"차장님께서 박스로 표시해놓은 주요 사건은 구체적으로 무신 사건이고, 무신 일이 일났는지 알꺼 같심더.

① 2018년 긴축 통화정책 후 경기침체 우려 확산
② 2020년 3월 Covid-19 팬데믹

③ 2022년 3월 기준금리 인상 등 긴축정책 본격적으로 시작, 이후 11회 연속 금리 인상
④ 2023년 3월 실리콘밸리 은행 파산, 크레디트 스위스 부실화 우려 및 UBS에 인수

　지금은 올해 3월 미국의 지역은행 부실 우려, 그리고 위험자산 가격 하락에서 벗어나 크레디트 스프레드도 안정세이고, 금리도 점진적 하락 국면으로 접어들어 변동성도 낮아지고 있네예. 차장님이나 신 부장님께서 크레디트 스프레드 확대 가능성에 비중을 높이고 있는 부분, 충분히 이해가 갑니다."

　두 차장이 종합적으로 MOVE Index에 대해서 정리합니다.
　"MOVE Index는 채권의 VIX와 같은 역할을 해. 즉 채권시장의 변동성을 측정하는 것인데, 다음과 같은 역할을 하지.

1. 금리 방향성은 알 수 없다. 다만 과매수 또는 과매도 상태라면, 여러 가지 이유로 방향 전환시 변동성이 커진다.
2. 변동성이 커지면 크레디트 스프레드는 확대된다. 변동성이 커진 상태에서 금리 하락기는 주로 안전자산 선호현상이 심화되며, 금리 상승기는 중앙은행의 긴축 통화정책 시작 등으로 채권에 대한 매력이 떨어져서 매도가 많아지기 때문이다.

　이것을 바탕으로 현재 시장을 해석해보면, 변동성은 낮고 투자자들은 완만한 금리 하락을 기대하고 있으며 크레디트 스프레드 역시 낮은 상황이야. 좀 더 기다렸다가 MOVE Index가 다시 높아지면 그때 크레디

트 채권을 매입하는 게 좋겠다는 게 내 결론이야."

"하무예, 그리 하입시더, 차장님. 하워드 막스가 이케 말했다 아입니꺼?"

약세장에서는 공격적으로, 강세장에서는 신중하게 행동해야 한다.

참고 1. Move Index 검색 방법

참고 사이트 | https://finance.yahoo.com/ (야후 파이낸스)

사이트를 열어, 상단 메뉴에 ^Move를 치고 검색하면 다음 그래프가 나옵니다.

[그림 9-7] Move Index 추이(2023년 1월~2023년 8월)

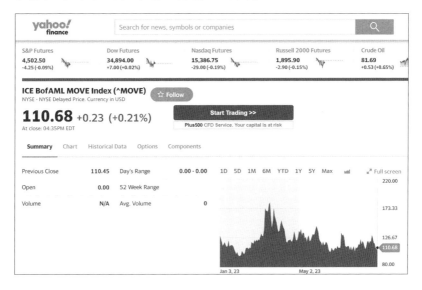

참고 2. 미 국채 포지션 현황

참고 사이트 | https://www.barchart.com/futures/financial-traders/all(Barchart)

해당 사이트 접속한 후, 다음 화면 및 순서대로 세팅하면 원하는 화면을 볼 수 있습니다.

[그림 9-8] 사이트 화면

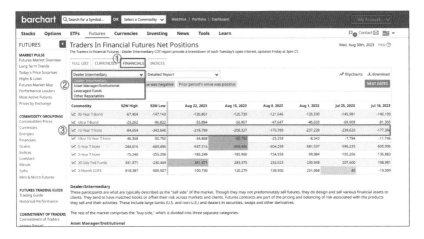

① Financials 선택 : 미 국채 선물 순포지션(매수 – 매도)

② 거래주체 선택 : 브로커(Dealer Intermediary), 자산운용사/기관투자자(장기 투자자),

헤지펀드(Leveraged Funds), 기타(Other Reportables)

③ 10년 국채 선물 순포지션(붉은색 박스 맨 왼쪽 그래프 모양을 클릭 후 상세화면 나옴)

[그림 9-9] 상세 화면(2020년 8월~2023년 8월)

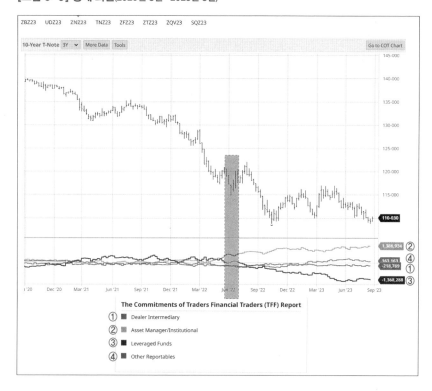

The Commitments of Traders Financial Traders (TFF) Report
① ■ Dealer Intermediary
② ■ Asset Manager/Institutional
③ ■ Leveraged Funds
④ ■ Other Reportables

[그림 9-9]와 관련하여, 각 거래주체의 포지션 흐름을 세분화하여 볼 수 있습니다. 지난 3년 추이를 보면, 주황색 박스 시점인 2022년 6월 이후부터 ①의 헤지펀드(Leveraged Funds)는 (-)의 포지션(매도), ②의 자산운용사/기관투자자(Asset Manager/Institutional)는 (+)의 포지션(매수)로 극명하게 갈려 있습니다.

즉 단기 목적의 자금은 금리 상승에, 장기 투자 자금은 금리 하락에 베팅하고 있습니다. 이렇게 극명하게 갈린 경우가 드문데요. 앞으로 어떤 방향으로 금리가 흘러갈지 주목해보시지요.

구리/금 비율

- 이 지표로 10년 금리를
내다볼 수 있다고?

2023년 7월 26일(수)

운명의 FOMC 하루 전일. 오만기 씨는 아침부터 보유 채권 손익 보랴, 금리 및 크레디트 스프레드 보랴 정신이 없습니다. 연준이 기준금리를 25bp 올리는 것은 기정사실이지만, 앞으로 어떻게 금리와 크레디트 스프레드가 움직일지는 파월 의장이 금리 결정 후 이어질 FOMC Press Conference(FOMC 기자간담회)에서 어떤 발언을 할지에 따라 완전히 바뀔 것입니다.

다만 몇 주 전 발간한 'Fed Note'에서 근원 물가가 2024년까지 3.5% 이상 유지할 것이라는 채권시장에는 비관적인 전망을 내놓았습니다. 물론 경제학자가 새로운 모델(베이지안 모델[34])을 실제 적용한 경험적 논증을 기반으로 한 개인 리포트이지만, 일반적으로 연준의 의중을 드러내고 싶을 때 Fed Note의 최신 주제를 찾아보면 간접적으로 알 수 있습니다.

---

34 이미 사건이 벌어졌을 때 벌어질 확률(사전 확률)과 사건 발생의 원인에 대한 확률(사후 확률) 사이의 관계를 나타내는 정리임

[그림 10-1] Fed Note : 인플레이션 및 그 지속성에 대한 베이지안 업데이트(2023년 7월 7일)

FEDS Notes

July 07, 2023

A (Bayesian) Update on Inflation and Inflation Persistence

Michael T. Kiley[1]

Highlights

- Earlier research noted how a Bayesian decisionmaker would update their assessment of inflation dynamics using pre- and post-1999 data. Even with a very low weight on their prior (pre-1999) information, such a decisionmaker would have viewed inflation as persistent in 2021.
- This finding implied that the elevated inflation of 2021 may continue into 2022.
- A key element of a Bayesian decisionmaker is to re-evaluate as new data arrives. This note considers experience in 2022 and forecasts for 2023-25.
- Experience in 2022 and early 2023 suggests that the Bayesian approach with notable inflation persistence provided good guidance on the inflation outlook. Models using this approach suggest core CPI inflation may remain above 3 1/2 percent through 2024, higher than professional forecasters expect.

(출처)
https://www.federalreserve.gov/econres/notes/feds-notes/a-bayesian-update-on-inflation-and-inflation-persistence-20230707.html

- 이전의 연구에서는 베이지안 의사결정자가 1999년 이전 및 이후의 데이터를 사용하여 인플레이션 동향에 대한 평가를 어떻게 업데이트할 것인지에 대해 언급하였습니다. 그들의 사전 정보(1999년 이전)에 대한 가중치가 매우 낮더라도, 이러한 의사결정자는 2021년의 인플레이션을 지속적으로 보았을 것입니다.
- 이러한 발견은 2021년의 높은 인플레이션이 2022년에도 계속될 수 있음을 시사합니다.
- 베이지안 의사결정자의 핵심 요소는 새로운 데이터 습득 시 재평가하는 것입니다. 이 노트에서는 2022년 실제 데이터와 2023~2023년의 예측을 고려합니다.
- 2022년과 2023년 초 데이터를 통해서, 두드러진 인플레이션 지속성을 가진 베이지안 접근법이 인플레이션 전망에 대한 좋은 지침을 제공했음을 알 수 있습니다. 이 접근법을 사용하는 모델에서는 2024년 내내 근원 CPI가 3.5%를 상회할 것이며, 이는 전문가들의 예상보다 높은 수준입니다.

'부장님이 TIPS(미 물가연동채권) 매입 대신 국채를 매입하라고 하신 이 유는 충분히 이해하는데, 막상 사려니까 금리가 다시 올라갈 거 같고…. 하 참.'

차영하 과장이 평소 좋아하는 아이스 밀크티를 들고 출근합니다.

"만기 씨, 지난주에 이어서 오늘의 고민은 무엇입니까? 아침에 보면 항상 얼굴에 근심이 있어요. 인생 뭐 있어요? 그냥 카르페 디엠('이 순간을 즐겨라'는 의미의 라틴어)하세요, 하하."

"제가 너무 혼자 걱정만 많은 거 같습니다. 그런데 아직도 국채의 금리 방향에 확신이 없습니다. 부장님께서는 지속적으로 미 국채에 대해서는 다음과 같은 이유에서 금리가 하락할 것이라고 5-10년 국채를 매입하라고 하시지 않습니까?

1. 인플레이션 둔화에 따른 금리 하락
2. 장기간 긴축 통화정책에 따른 경기침체 가능성

그런데 우리가 보는 헤드라인 CPI 대비 근원 CPI[35]는 떨어지는 속도 가 늦습니다. 그리고 연착륙에 대한 기대감이 높아져서 경기가 강해지 면 금리는 도리어 올라가는 것 아닙니까?"

---

[35] 헤드라인 CPI(총CPI)에서 변동성이 심한 음식료(Food & Beverage) 및 에너지(Energy)를 제외한 항목으로 산출한 CPI

[그림 10-2] 헤드라인 vs 근원 CPI(2021년 1월~2023년 6월)

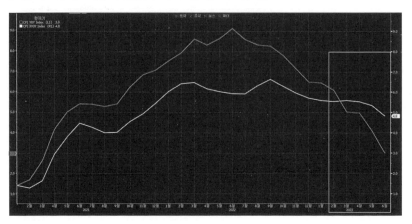

헤드라인 CPI : 주황색 점선, 근원 CPI : 흰색 실선 　　　　　　　　　　(출처) Bloomberg

차 과장은 밀크티 한 모금을 마시면서 묵묵히 듣습니다.

"뭐 항상 100% 부장님께서 말씀이 맞으시겠습니까? 오랜 경험에서 우러나오는 말씀이니 신뢰는 충분히 가죠. 로마의 영웅 카이사르가 이렇게 말했다죠?

경험이란 모든 것의 스승이다.

그런데 부장님께서 유용한 지표를 가르쳐주신 적이 있으십니다. 저도 그 지표를 주목해서 보는데요. 그 경험도 제가 금리 방향성을 예측하는 데 '스승'의 역할을 합니다, 하하."

2018년 10월 30일(화), 회상 장면

"아니, 지금 있는 국채를 다 팔고 금리 상승에 베팅하자고? 오히려 사자가 아니고?"

"예, 부장니~임~, 제가 보기에는 금리가 당분간 더 오를 거 같습니다아~. 파월 의장도 얼마 전에 기준금리의 추가 인상을 시사[36]했지 않습니까? 지난달부터 금리가 급등을 하고 있는데 금리 인상을 중단하지 않는 한 계속 금리는 오를 거 같습니다~아~."

신 부장과 차 과장이 미 국채 7~10년 구간을 중심으로 한 ETF(티커명 : IEF) 매입이냐 7~10년 금리 상승에 베팅을 하는 ETF(티커명 : TBX)를 매입하느냐를 두고 논쟁을 합니다. 항상 신 부장의 의견을 따르는 차 과장의 캐릭터상 의외의 상황입니다.

"부장니~임~, 지금 기준금리가 고작 2~2.25%에 불과합니다아~. 2년 국채 금리는 2.8%을 넘었구요. 추가로 기준금리가 오를 충분한 상황입니다아~. TBX를 매입하심이 어떻겠습니까아~."

"음, 차 과장, 물론 지금 시점에서 금리가 상승 압력을 받는 것은 맞는데, 내 생각은 연준이 기준금리를 올려야 하는 주요한 이유, 즉 경기과열과 인플레이션 상승 요건이 전혀 갖춰지지 않았어. 오로지 제로금리를 정상화

---

36 Powell says we're 'a long way' from neutral on interest rates, indicating more hikes are coming : 파월, 중립금리(목표 인플레이션을 유지하면서 최대고용을 달성하는 수준의 기준금리)까지 갈 길이 멀다. 기준금리 추가 인상 시사(CNBC 2018년 10월 3일자 기사)
(출처 : https://www.cnbc.com/2018/10/03/powell-says-were-a-long-way-from-neutral-on-interest-rates.html)

[그림 10-3] Core CPI(2009년 1월~2018년 8월)

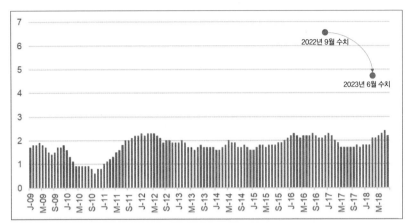

(출처) 미 노동부, Bloomberg

[그림 10-4] GDP 성장률(전분기 대비, 연율)

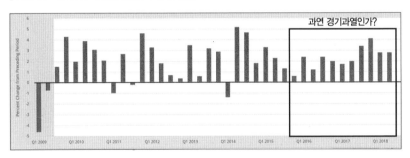

(출처) Bureau of Economic Analysis, FRED(세인트루이스 연은)

하겠다는 것인데, 지금은 뉴노멀[37] 시대 아닌가? 금융위기 이전의 기준금리 5%대, 성장률 5%는 상상할 수 없는 거 아니겠어? 그리고…"

차 과장이 고개를 갸우뚱합니다.

---

37 저성장, 저소비, 높은 실업률, 고위험, 규제 강화, 미 경제 역할 축소 등이 2008 글로벌 경제위기 이후 세계경제를 정의하는 단어(출처 : 기획재정부)

"아아~, 인플레이션도 목표치인 2%를 잘 유지하고 있고, GDP 기준으로도 뭐 나쁘지는 않은데 그렇다고 과열되었다고 보기도 어려운 상황인데 연준은 왜 기준금리를 더 올리겠다고 '엄포'를 놓는 것일까요오~?"

"오랫동안 제로금리 체제를 유지했으니 부담도 될 법하지. 그래서 정상화하려고 하는 거 같은데, 아무리 몸에 좋다는 약을 많이 먹으면 부작용 나잖아.

(속삭이며) 두 동강 차장 부친이 한의사잖아. 어렸을 때 두 차장 몸이 워낙 약해서 보약을 과하게 먹였더니 25살 때 이미 머리가 새하얗게 됐다지 뭐야."

차 과장이 입틀막, 웃음을 최대한 참습니다. 그사이 신 부장이 그래프를 하나 꺼냅니다.

[그림 10–5] 구리/금 비율 vs 미 국채 10년 금리 추이(2000년 1월~2018년 9월)

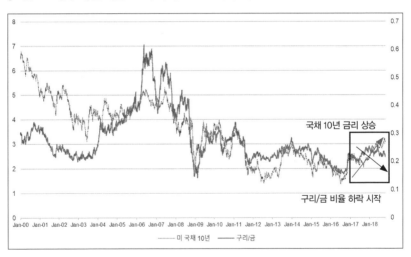

구리 선물 가격(Ticker : HG1 Comdty), 금 선물 가격(Ticker : GC1 Comdty)　　　　(출처) Bloomberg
구리/금 비율 : 주황색 실선(우측 축), 국채 10년 금리(%) : 회색 점선(좌측 축)

"사실 내가 최근에 새로운 기술적 금융지표를 하나 발견했어(그림 10-5). 이 지표를 활용하면 적어도 미국 10년 국채 금리를 예측하는 데 도움이 되더라고."

"아아~, 그게 무엇입니까아~?"

차 과장이 그래프를 보고 깜짝 놀랍니다.

"아, 이 신박한 아이디어를 어디서 얻으신 겁니까아~. 역시 부장님께서는 항상 호기심을 가지시고…. 역시 대단하십니다아~."

"음, 사실 여러 채권 매니저들이 활용하고 있던 팁인데, 금은 대표적인 안전자산이고 구리는 경기가 회복 및 활황 단계에서 수요가 높아지는 대표적인 산업재잖아? 청동기 시대부터 우리 생활에 있어 없어서는 안 될 소재이기도 하지.

수식은 구리 선물 가격이 분자, 금 선물 가격이 분모로 가게 돼. 이 비율이 상승 추이를 보일수록 경기가 회복기이며 위험자산 선호현상이 강해지는 시기이지. 그러면 자연스럽게 안전자산 금리인 국채 10년 금리는 상승하는 모습을 보이고, 반대로 이 비율이 하락 추이를 보이면 금 가격 상승 또는 구리 수요 감소에 따른 가격 하락으로 해석할 수 있으므로, 안전자산 선호 또는 (구리 가격 하락으로 추론할 수 있는) 인플레이션 하락에 따른 국채 금리 하락의 모습을 보이는 거야."

$$\frac{(위험자산)}{(안전자산)} \quad \frac{구리\ 가격}{금\ 가격} \quad \propto \quad \frac{1}{국채\ 10년\ 가격} \quad \propto \quad 국채\ 10년\ 금리$$

신 부장은 그래프의 현재 시점에 붉은색 볼펜으로 박스 및 국채 금리, 구리/금 비율 방향을 화살표로 표기합니다.

"여기서 보듯이 구리/금 비율이 이미 꺾였어. 국채 금리는 여전히 상승 중이지만, 결국 이것이 구리/금 비율의 방향을 따라 하락 전환할 것이라고 믿어."

차 과장의 장점은 상대방의 의견이 맞다고 생각하면 스펀지처럼 흡수하는 능력입니다. 차 과장 정도의 고학력 스펙에게 보기 힘든 덕목입니다.

"부장님 설명에 그저 탄복할 뿐입니다아~. 완전히 이해했습니다아~."

칭찬에 약한 신 부장은 입꼬리가 쓰윽 올라간 채로 그래프로 돌아가 설명을 합니다.

"다만 구리/금 비율 값 자체가 의미를 가지고 있는 것은 아니야. 10년 국채 금리와의 방향성, 그리고 1차 회귀식을 구한 후에 예측치와 실제 값의 차이가 많이 났을 때 10년 국채 금리의 향후 방향을 가늠할 수 있어."

2023년 7월 26일 현재

"5년 전 저는 시장의 현상만을 보고 금리 흐름을 봤었지요. 그런데 신 부장님께서는 '급히 먹으면 체한다', '과유불급이다' 하면서 금리를 올릴 만한 아무런 환경이 조성되어 있지 않은데도 기준금리를 급하게 올리면 결국 경기침체가 빨리 오게 되고 금리는 다시 하락할 것이라는 게 논리였어요. 그것을 가늠하는 지표 중 하나가 구리/금 비율이었던 거고요."

차 과장은 5년 전을 회상하면서 미소를 짓습니다.

"그러고 보니까 우연히 상관관계가 만들어졌다고 하기에는 둘 간의 관계가 상당히 밀접하네요. 실제 안전자산을 상징하는 금과 경기회복기에 높은 수요 및 가격 상승을 보이는 구리의 특성을 가장 잘 살려서 만든 지표라고 생각합니다."

차 과장은 핸드폰에서 캡처한 사진을 보여주면서 말을 이어나갑니다.

"사실 '신 채권왕'이라고 불리는 제프리 건들락(Jeffrey Gundlach) 더블라인 캐피털 대표가 이 지표를 자주 언급했어요. 예를 들면 작년 10월에, 이런 트위터를 날렸죠.

[그림 10-6] 건들락 Twitter(2022년 8월 5일)

> It's only one indicator, but one that has been particularly useful: the Copper/Gold ratio suggests the 10-year US Treasury fair value yield is below 2%

(출처) https://twitter.com/truthgundlach/status/1555300576660819969

⇨ 지표 중 하나에 불과하지만, 특별히 유용했던 지표인 구리/금 비율을 보면 현재 10년 국채의 적정가치는 2%를 하회합니다.

그러나 그의 바람과는 달리 구리/금 비율은 상승으로 돌아섰고 10년 국채 금리는 계속 상승했다가 2023년 3월에야 금리가 하락으로 전환했죠. 우선 그가 트위터에 맨션했던 논리를 한 번 찾아보고 최근 구리/금 비율을 통해서 10년 국채의 향후 방향성을 찾아볼까요? 그리고 금융위기 이전과 이후의 채권시장이 완전히 바뀌었으므로, 지난 2009년 1월부터 2022년 8월까지 구리/금 비율을 설명변수로 10년 국채 금리를 종속변수로 놓고 회귀분석을 해볼까요?

[그림 10-7] 회귀분석

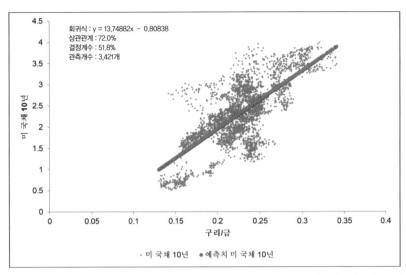

회귀식 : y = 13.74882x – 0.80838
상관관계 : 72.0%
결정계수 : 51.8%
관측개수 : 3,421개

(출처) Bloomberg, 필자 편집

표본 추출 대상 기간 : 2009년 1월 2일~2022년 7월 29일

y : 미 국채 10년 금리(종속변수), x : 구리/금 비율(설명변수)

상관관계 : 설명변수와 종속변수 간의 관계의 강도를 나타내며, 두 변수 간에는 강한(>50%) 양의 상관관계(동일한 방향성을 지님)를 보이고 있음

결정계수 (R2) : 추정한 회귀식을 통해서 설명변수 관측치가 종속변수를 얼마만큼 설명해주는지 가리키는 지표. 범위는 0~100%이며, 사회과학 분야에서는 표본이 충분히 클 때에는 35% 이상이면 충분히 설명력이 있다고 판단한다.[38]

t-value : 회귀식 계수(기울기 및 y절편)가 신뢰구간 95%에서 유의미하는 가를 판단하는 지표. 동 신뢰구간에서는 절댓값 기준 1.735 이상이면 유의미하다고 판단함. t-value < 1.735일 경우, 해당 계수는 0으로 판단함(t-value 기울기 : 60.63, t-value y절편 : -15.65)

*통계적으로 의미를 가지는지 여부를 판단하는 검증(test)으로 95% 신뢰구간에서 1.735 이상이면 본 값은 유의미하다고 본다. 즉 기울기(-0.1394) 및 y절편(98.9336)의 추정값은 유의미하다(유의미하지 않으면, 통계적으로 0의 값을 가짐).

---

38 Cohen, J.(1988), Statistical Power Analysis for the Behavioral Sciences(2nd Ed.), Lawrence Erlbaum Associates, Inc. page 413-414

회귀분석은 두 가지 물건이나 상황 사이의 관계를 찾아내는 방법이에요. 예를 들면, 아이
스크림 판매량이 높을 때 날씨가 얼마나 더운지 알고 싶을 때 사용해요. 아이스크림을 많
이 팔면 날씨가 더울 것 같죠? 이런 관계를 찾아내는 것을 회귀분석이라고 해요.

우선 이 회귀식은 결정계수 및 t-value가 유의미하므로 그대로 사용
하겠습니다.

건들락이 언급했던 시기 기준 구리/금 비율 값은 0.19466이므로 회귀
식을 이용해서 적정한 미 국채 10년 금리를 구해보면 다음과 같습니다.

$$13.74882 \times 0.19466 - 0.80838 \approx 1.868\%$$

건들락이 10년 국채 금리의 적정 금리가 2% 밑이라고 말한 근거는 위
의 계산과 비슷하게 해서 나온 말이라고 추정합니다. 그러면 다시 지난

[그림 10-8] 구리/금 비율 vs 미 국채 10년 금리 추이(2000년 1월~2023년 7월)

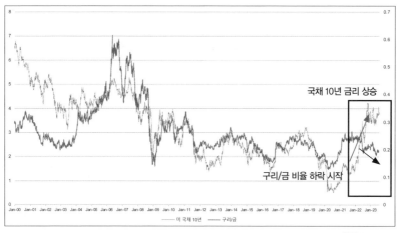

구리 선물가격(Ticker : HG1 Comdty), 금 선물 가격(Ticker : GC1 Comdty)　　(출처) Bloomberg
구리/금 비율 : 주황색 실선(우측 축), 국채 10년 금리(%) : 회색 점선(좌측 축)

2000년 이후부터 지금까지의 두 개의 지표를 한번 그려보고 평가를 해볼까요? 이건 만기 씨 몫입니다."

오만기 씨는 새로운 개념에 어리둥절합니다. 그러나 이내 정신을 차리고 스스로 정리를 하려고 노력합니다.

"국채 10년 금리를 예측하는 데 이만한 지표도 없을 것 같습니다. 아직은 어렵지만 다음과 같이 정리할 수 있겠군요.

1. 구리라는 위험자산과 금이라는 안전자산이 각각 분자, 분모에 위치한 비율은 미국채 10년 금리의 선행지표로 활용해왔다.
2. 그런데 작년 기준금리 인상 시기부터 두 지표 간 괴리가 상당히 커졌다. 구리/금 비율은 정체기를 거치다가 하락 추이를 보이고 있고, 10년 금리는 계속 상승 중이다.
3. 따라서 과거의 지표 흐름으로 추정해보면 10년 국채 금리의 하락을 기대할 수 있다.

비록 구리/금 비율이 기술적인 지표이나, 지난 20년이 넘는 기간 동안 괴리가 있을 때에는 항상 그것이 좁혀져 왔다는 점에서 앞으로 10년 국채 금리를 예측하는 데 도움이 될 거 같습니다. 유레카~~~."

자신도 모르게 오만기 씨가 감탄사를 큰 목소리로 뱉어 냅니다.
차 과장이 웃으면서 마무리 짓습니다.
"이게 바로 평균 회귀, 미스터 민의 정신입니다. 모 드라마에서 주인공이 부메랑을 던지면서, '사랑은 돌아오는 거야!'라고 외치죠? 금융지표도 그렇습니다. 과하면 돌아옵니다. 자신 있게 미 국채 매입 검토해보세요."

구리/금 비율 검색 방법

참고 사이트 | https://en.macromicro.me/charts/15943/copper−gold−

ratio(매크로마이크로)

구글에 'gold copper ratio'를 치고 검색하면, 구리/금 비율과 관련한 과거 리서치, 데이터가 다수 검색됩니다. 그 중에서 위 참고 사이트는 가장 최근 일까지의 일별 추이를 보여주고 있습니다.

사이트를 열면, 구리/금 비율 및 S&P 500 지표가 나옵니다.

[그림 10-9] 구리/금 비율 및 S&P 500 추이(2008년 11월~2023년 9월)

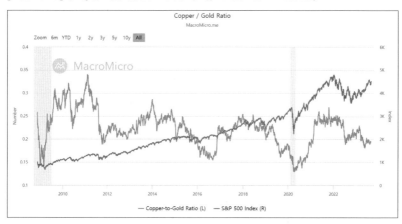

구리/금 비율 : 회색 선 좌측 축(2023년 9월 1일자 0.30), S&P 500 : 주황색 선 우측 축(2023년 9월 1일자 4,515.77)

시카고연방준비위원회 전미 금융환경 지수

- 이보다 더 신뢰 있는 금융지표가 있을까?

2023년 7월 31일(월)

매주 월요일에는 온갖 회의가 있는 날입니다. 아침에는 임원회의, 그러고 나서 각 본부 임원이 주재하는 부서장 회의, 오후에 부서 회의까지. 막내인 오만기씨는 월요일 오후 늦게까지는 글로벌 채권시장을 바라 볼 시간이 거의 나지 않습니다. 그래도 신 부장이 필요로 하는 자료를 만들면서, 그는 나름대로 지표를 익힐 수 있는 기회라고 생각하니 되려 열심히 준비를 합니다.

부서장 회의가 끝난 후 신 부장이 돌아옵니다. 매우 화가 나 있는 모습입니다. 두동강 차장이 걱정 어린 눈으로 바라봅니다.

"부장님, 또 부서장 회의에서 장 본부장님께 무슨 말씀하셨습니까?"

"실적이 작년부터 영 안 좋으니까, 아주 다른 부서장 다 있는 앞에서 이러더만. '신 부장, 우리가 그렇게 많은 돈을 주고 영입한 결과가 고작 이것입니까? 앞으로는 제가 직접 챙기겠습니다'라고 말이야. 그러면서 내 생일 지난 지가 일주일 되었는데(신 부장 생일은 7월 25일), 감당하기 힘든 선물(?)을 주시더만. '매주 저에게 외화채권부의 손익 현황뿐만 아니라, 앞으로의 시장 상황을 일목요연하게 보여줄 수 있는 지표를 반드시 삽입해서 설명해주세요' 하고 말이야. 나 참."

사실 2022년부터 지금까지 채권시장이 암울한 상황에서도 외화채권부는 주요 벤치마크 대비 높은 수익률을 거두어왔습니다. 비록 2019년부터 21년까지 국내 시중은행에서 독보적인 1위를 보인 수익률 정도는 아니지만 말이죠. 그런데 장 본부장은 매번 '헤지펀드처럼 어떤 시장에서도 절대수익을 내야지 무슨 벤치마크 운운하면서 빠져나가려 하느냐'며 타박합니다. 유전적으로 흰머리가 나지 않는다는 신 부장조차 최근 반백의 노인이 되어갑니다.

"부장님, 금융시장을 즉각적으로 반영할 수 있는 지표는 얼마든지 있지 않습니까? 그 예로 VIX(CBOE Volatility Index)도 있고, 씨티 서프라이즈 지수(Citi Surprise Index)도 있습니다. 모두들 채권시장을 포함한 금융시장의 현재와 미래를 반영할 수 있는 적절한 지표입니다."

두 차장의 말에 신 부장은 고개를 가로 젓습니다.

"두 지표 모두 좋지. 그런데 장 본부장 왈, 자신이 웬만한 금융지표, 경제지표는 다 꿰뚫고 있으니까 자기가 모르는 지표를 하나 넣으라는 거야. 힌트를 준다 하면서 말한 부분은 중앙은행이 발표하는 금융시장 지표가 하나 있으면 믿고 보겠다는 거야. 내가 예전에 자주 보던 지표가 있는데, 그 이름을 까먹었어. COVID-19 팬데믹 이후에는 잘 안 보게 되어서 말이야."

이때 오만기 씨가 수줍게 손을 들며 말을 합니다.

"부장님, 제가 매주 회의자료를 준비하면서 여러 가지 지표들을 보는데 말입니다. 중요한 경제지표에 대한 보완자료로 쓰이는 지역은행 자료(예를 들어 뉴욕연은 발표 기대인플레이션)들을 정리하면서 우연히 본 금융지표가 있었는데요."

신 부장은 야산에서 산삼을 발견한 눈으로 쳐다봅니다.

"아, 그래? 그게 어떤 지표인가?"

"시카고 연방준비위원회에서 발표하는 금융환경 지수(National Financial Condition Index, NFCI)입니다. 제가 몇 번 읽어봤는데 완벽하게 이해는 못해도 시장의 주요한 요소들은 다 포함되어 있는 종합지표로서, 현재와 미래를 정확하게 알려줄 수 있는 일종의 가이드라고 생각했었습니다."

유레카~. 신 부장이 활짝 웃으면서,

"맞아. 그 지표 때문에 내가 금융위기 때 진짜 위기를 벗어난 적이 있었어."

"당시 채권의 구루 이만규 본부장님이 부장님 보스셨지 않습니까아~."

8월 1일자로 차장으로 승진하는 차영하 과장이 모니터를 등지면서 말합니다.

2008년 4월 10일(회상 장면)

"본부장님, 이제 베어스턴스발 위기[39]도 정리되는 듯한 분위기인데 말입니다. 가격이 많이 하락되어 있는 투자등급 채권들을 좀 매입하면 어떻겠습니까?"

---

[39] 1923년 1월 설립된 미국의 대표적인 투자은행이었으나, 2007년 서브프라임 등 주요 금융상품 부실화로 2008년 3월 16일 파산 직전에서 JP Morgan에 주당 10달러에 매각됨

당시 신달라 대리는 공업은행 해외채권 운용 막내 매니저였지만, 돈을 벌 수 있는 기회가 있다면 불구덩이에도, 아마존 열대우림에도 기꺼이 들어갈 수 있는 강한 멘털의 소유자였습니다. 외화채권본부 이만규 본부장은 그런 그의 지나친 열정에 점수를 주어, 대리 직급에도 불구하고 크레디트(투자등급) 채권 3억 달러 이내 운용 권한을 주고 자유롭게 운용하도록 했습니다. 다만 지금 상황처럼 언제 무엇이 터질지 모르는 상황에서는 매매할 때마다 사전 보고하도록 해서, 그의 일천한 경험을 보완해줄 필요가 있습니다.

"이번 위기는 단번에 해결될 조짐이 안 보이는데 말이야. 어떤 근거로 위험자산들을 지금 이 시점에서 매입하려고 하는 거냐아~"

"대마불사(즉 대형은행은 절대 망하지 않는다)라는 법칙이 글로벌 대형은행 사이에서 퍼져 있습니다. 이번 베어스턴스 건도 그랬고, 버냉키 (당시) 연준의장도 경기가 점진적으로 나아지고 있다는 점에 동의하고 있습니다.

[그림 11-1] 하이일드 및 투자등급 채권 스프레드 및 차이 추이(2000년 1월~2008년 3월)

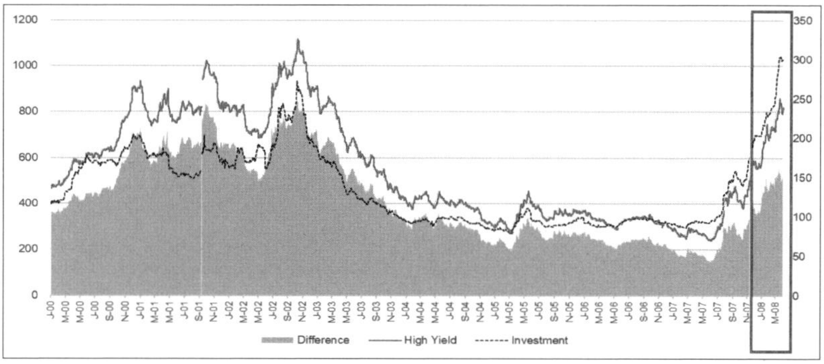

하이일드 : ICE BofA High Yield OAS(주황색 선, 좌측 축, bp)   (출처) FRED(세인트루이스 연은)
투자등급 : ICE BofA US Corporate OAS(회색 점선, 우측 축, bp)
하이일드－투자등급 : 회색 음영(좌측 축, bp)

크레디트 채권 스프레드는 충분히 확대되어 있고 시장도 점진적으로 나아질 테니, 약 5,000만 달러만 매입을 하고 싶습니다."

신달라의 눈이 이글이글 탑니다. 한번 주장하면 웬만한 사람의 설득으로는 꺾기 힘듭니다. 그러나 이만규 본부장에게는 예외입니다.

"음, 달라야~아. 내가 작년 1월부터 너에게 운용 맡긴 이후에 니 북에 대한 권한은 전적으로 너한테 줬다~아. 그런데 지금은 자칫 니가 이러한 위기를 스스로 넘어설 수 있다는 자만감에 빠질 수도 있겠다는 생각이 든다아~."

"본부장님, 어떤 말씀이신지요."

이만규 본부장이 신 대리 책상 모서리에 걸터앉은 후 이야기를 계속 합니다.

"어떤 큰 이벤트가 마무리 되어서 진정되어 보이면 시장이 바로 회복될 수 있을 거 같으냐~아. 생각보다 채권시장에 영향을 주는 요인들이 많다~아. 니가 보여준 스프레드, 1년 전보다는 많이 확대된 건 맞다~아. 근데 금융지표가 안정을 찾았는지는 확신할 수가 없다~아~."

신달라는 워런 버핏의 다음의 명언을 새기고 살았습니다.

남들이 겁을 먹고 있을 때 욕심을 부려라.

지금 이때가 아닌가 싶었던 겁니다.

"본부장님, 그러면 어떤 지표를 보시고 아직은 때가 아니라는 말씀을 하시는 건지, 아직 경험이 일천한 저로써는 완전히 이해를 못 하겠습니다."

이 본부장은 세인트루이스 연방준비위원회의 FRED 홈페이지를 열어 지표를 보여줍니다(그림 11-2).

"시카고 연방준비위원회에서 만든 금융지표야. 영문명은 네쇼날 빠이 낸셜 컨디숀 인덱쓰(National Financial Condition Index), 한글로는 금융시장 지수 또는 약어로 NFCI라고 한다~아. 올래(올해)같이 시장 상황이 급변할 때, 제대로 내가 미국 시장을 잘 읽고 있나 파악하기 좋은 지표야."

이 본부장이 그래프의 Y축(Index) 0의 지점에서 시작하여 수평하게 선을 긋습니다.

[그림 11-2] NFCI 추이(2000년 1월~2008년 3월)

(출처) FRED(세인트루이스 연은)

"이 0을 기준으로 위로 올라오면 금융시장 경색이 올 수 있는 구간이고, 밑이면 금융시장이 완화되는 구간이다~아. 지금 상황은 21세기 들어 가장 안 좋은 상황이라는 것을 알 수 있다~아.

지금 미국의 골칫거리가 주택담보대출 기초 구조화 채권(이하 '모기지')이다~아. 언제 터질지 모르는 상황이라는 거다~아. 그런데 지금 시점에서 연준은 현재까지 기준금리 인하로 충분하다는 듯한 뉘앙스인데 높아지는 연체율을 막을 수 있을까도 걱정이다~아. 지금 금리 좀 빠질 때니 보유하고 있는 크레디트 채권부터 정리하는 것이 좋겠다~아~"

당시 버냉키 연준 의장은 작년 말부터 주택, 신용, 금융시장 위기를 반영하여 완만한 경기침체를 예상하고 있지만, 지난 2007년 9월부터 현재 (2008년 4월) 기준금리 인하(5.25% ⇨ 2.25%)를 통해서 하반기 및 2009년 경기회복 및 성장이 예상된다고 했습니다.[40] 그러나 당시 뉴스의 화두였던 모기지(Mortgage) 연체율 급등을 포함한 실물경기는 여전히 경색되어 있었습니다.

"제가 생각이 짧았습니다. 태풍이 다가올 때는 어딘가에 피신해 있는 게 맞습니다."

[그림 11-3] 모기지 연체율(2000년 1월~2008년 3월)

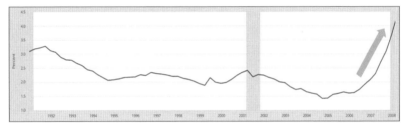

(출처) FRED(세인트루이스 연은)

신달라는 이 본부장이 보여주는 몇 가지 지표를 보고, 오로지 크레디트 스프레드와 최근의 완화적인 통화정책, 그리고 베어스턴스 이슈가 일단락된 것만으로 판단한 점을 반성합니다. 그러면서도 NFCI에 대해서 갑자기 궁금해집니다. 시장이 빙하기에서 서서히 벗어나고 있다는 참여자들의 일부 의견과 달리, 그들이 짚어내지 못한 금융시장 경색이 지속되고 있다는

---

40 CNBC 인터뷰(2008년 4월 10일) 중 일부 요약
https://www.cnbc.com/2008/04/10/bernanke-says-us-could-be-facing-a-mild-recession.html

시그널을 주고 있는 '씨카고 내쇼날 빠이낸셜 컨디숀 인덱쓰' 말입니다.

"본부장님, 어떻게 이 지표가 시장 참여자들이 간파하지 못한 점을 말할 수 있을까요?"

이 본부장이 즉답을 합니다.

"어, 이 지표는 크게 3가지 카테고리(리스크, 신용, 부채(레버러지)) 안에 총 105개의 금융지표로 구성이 되어 있어. 집안의 개미 새끼 잡아내는 에프킬러와 같이 금융시장에서 조금이라도 이상 신호를 감지할 만한 게 있으면 즉각적으로 잡아내는 것이지.

리스크는 금융섹터의 변동성과 조달위험을 측정하는 것이고, 신용은 신용 상황을, 그리고 레버러지는 부채와 자본의 비율로 측정이 되고 있어. 이들을 구성하는 주요 항목은… 보자.… 아, 여기 내가 다이어리에 적어놨다. 한번 봐라."

[표 11-1] NFCI 상위 5개 항목 비중

[단위 : %]

리스크	신용	부채
ICE BofAML ABS/5-yr Treasury yield spread (5년 만기 ABS Spread)	1-mo. Nonfinancial commercial paper A2P2/AA credit spread (1개월 비금융 A2P2/AA등급 상업어음 스프레드)	S&P 500 Financials/S&P 500 Price Index (Relative to 2-yr MA) (2년 이동평균 대비 S&P 500 금융지표 및 전체지수)
BofAML 3-5 yr AAA CMBS OAS spread (3~5년 만기 AAA등급 CMBS OAS)	Markit Investment Grade (IG) 5-yr Senior CDS Index (투자등급 5년 선순위 CDS)	S&P 500, S&P 500 mini, NASDAQ 100, NASDAQ mini Open Interest (S&P 500 (mini 포함), NASDAQ100, NASDAQ mini 선물 미결제 약정)
2-yr Interest Rate Swap/Treasury yield spread (2년 만기 스와프 스프레드)	30-yr Jumbo/Conforming fixed rate mortgage spread (30년 고정 모기지 스프레드)	3-mo. Eurodollar, 10-yr/3-mo. swap, 2-yr and 10-yr Treasury Open Interest(3개월 유로달러, 10년/3개월 스와프, 2년 및 10년 선물 미결제 약정)
ICE BofAMLFinancial/ Corporate Credit bond spread (금융채/회사채 크레디트 스프레드)	Markit High Yield (HY) 5-yr Senior CDS Index (하이일드 5년 선순위 CDS)	Net Notional Value of Credit Derivatives(신용부도 스와프(CDS) 순액면총액)
CBOE Market Volatility Index VIX (VIX 지수)	BofAML High Yield/Moody's Baa corporate bond yield spread(Baa - 하이일드 스프레드)	CMBS Issuance(Relative to 12-mo. MA)(12개월 이동평균 대비 CMBS 발행량)

(출처) 시카고 연방준비위원회(https://www.chicagofed.org/research/data/nfci/about)

신달라는 빨간 토끼눈을 크게 뜨고 주요 지표를 하나하나 살펴봅니다.

"본부장님, 이 많은 지표를 정리해서 계산하려면 상당한 시간이 필요할 거 같은데 발표 주기가 어떻게 되는지요?"

"NFCI는 매주 금요일 기준가를 다음 주 수요일 뉴욕시간 기준 아침 8시 30분에 발표를 하는 주간 지표로 시장 상황을 비교적 실시간으로 보여 주지.

자, 그러면 3개의 카테고리별로 지금 현재 상황을 한번 판단해봐~라~"

[그림 11-4] NFCI 3개 카테고리 추이(1971년 1월~2008년 3월)

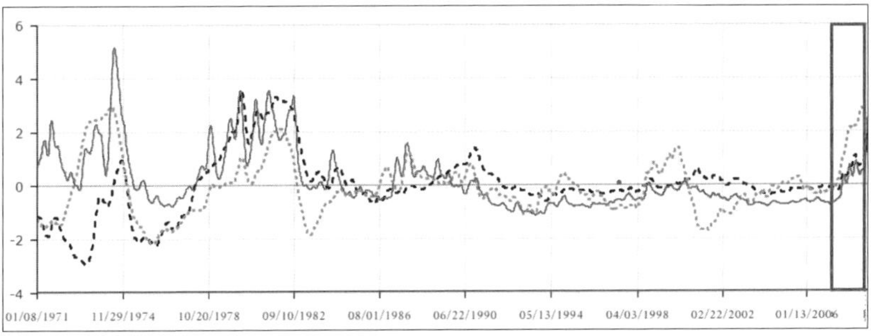

(출처) 시카고 연방준비위원회(https://www.chicagofed.org/research/data/nfci/about)

리스크 : 주황색 실선, 신용 : 검은색 점선, 부채(레버리지) : 회색 점선

신달라는 이 본부장이 그려놓은 붉은색 박스를 주목합니다.

"현재 부채(레버리지) 부분이 확실히 경색국면으로 들어온 거군요. 이를 리스크와 신용섹터의 경색으로 이어지고 있고요."

"맞다. 결국 부채 쪽의 경색은 디레버리징 현상(부채를 축소하는 과정)에서 나타나는 신용경색, 경기침체를 조심해야 한다는 거다~아~"

"알겠습니다. 본부장님께서 말씀하신대로 크레디트 채권, 더 늦기 전에 매도하겠습니다!"

2023년 7월 31일 현재

"그때 이 본부장님께서 이 지표를 보여주고 설명해주시지 않았더라면, 지금의 나는 여기 없을 거야. 좀 싸다고 크레디트 채권 열심히 사다가 리먼브라더스 파산과 함께 짐 싸고 집으로 갈 뻔했지."

신 부장이 아까의 짜증스러운 모습과는 달리 너털웃음을 짓습니다.

"부장님, 지금 NFCI 자체는 낮은 수준이지만, 3개의 카테고리만 놓고 보았을 때에는 2008년 금융위기 때와 매우 유사합니다. 왜 크레디트 채권 안 샀냐고 타박하는 장 본부장에게 이 지표를 보여주면서, 지금은 때가 아니라는 점을 강조해야 합니다."

두 차장이 본인의 이름처럼 두 동강 낼 것처럼 목소리를 높이며 말합니다.

"부장님, 그러면 장 본부장님께 드릴 보고자료에 NFCI를 넣을까요?"

오만기 씨가 질문하자, 신 부장이 명확한 대답을 하지 않습니다.

"부장니~임~, 그냥 NFCI를 쓰면 되는 거 아니겠습니까?"

차 과장의 말에 신 부장이 대답합니다.

"사실 새로운 버전인 ANFCI(Adjusted National Financial Condition Index)가 있어. 2017년 11월에 업데이트한 지표인데, 기존의 NFCI를 구성하는 105개의 금융지표 중에 경제 활동(예를 들어 시카고 연은 발표 '전미활동지

[그림 11-5] NFCI 추이(1971년 1월~2023년 7월)

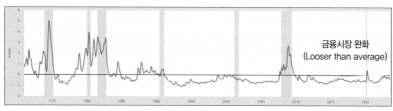

(출처) FRED(세인트루이스 연은)

[그림 11-6] NFCI 3개 카테고리 추이(1971년 1월~2023년 7월)

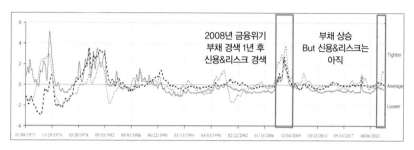

(출처) 시카고 연방준비위원회(https://www.chicagofed.org/research/data/nfci/about)

리스크 : 주황색 실선, 신용 : 검은색 점선, 부채(레버리지) : 회색 점선

수', 실업률 – 국가예산국 주관 자연실업률) 및 인플레이션(PCE 3개월 변동 폭)으로 인한 개별 지표의 변동을 제외한 나머지를 가지고 별도로 계산해서 나온 지표야. 즉 이 지표는 순수하게 금융지표로만 이루어진 종합지수라고 볼 수 있지. 이 두 개를 같이 사용해야지 순수한 금융지표에 대한 금융시장 경색 정도와 금융과 경기지표가 혼합된 금융시장의 경색 정도를 비교할 수 있어.

만약 경기침체가 도래할 정도의 약한 경기지표를 나타낼 경우, 순수한 금융지표만을 나타내는 ANFCI의 금융지표, 즉 참여자들이 기대하는 금융 상황만을 반영한 수치가 평균인 0을 크게 상회하면서 NFCI – ANFCI는 마이너스를 보이게 되는 거야(그림 11-7).

예를 들어 2008년 금융위기 당시(붉은색 박스)를 보면, NFCI보다 ANFCI가 훨씬 큰 상황이지(회색 음영 부분이 0보다 작다)? 즉 경제 활동 및 인플레이션, 그리고 실업률 갭을 감안한 경기지표가 부진할 경우, 금융시장은 경기침체 이상으로 과도하게 반응하고 있는 시기이지. 그래서 이 두 개의 지표가 0을 기준으로 어디 즈음에 위치하는지도 중요하지만,

[그림 11-7] NFCI vs ANFCI 추이(1971년 1월~2023년 7월)

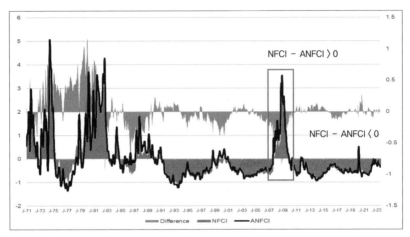

ANFCI를 이용해서 실제 금융시장 참여자들이 얼마나 시장에 대해서 두려움(회색 음영 (-)영역), 또는 기대감(회색 음영 (+)영역)을 가지고 있는지도 같이 보면, 현재 우리가 서 있는 금융 상황을 잘 알 수가 있어."

"부장님께서 알려주신 내용으로 유추해보면, NFCI, ANFCI 모두 0을 약간 하회하는 금융완화 시점에 있으며, 둘 간의 차이가 거의 0에 수렴하는 점을 감안하면 시장에 나오는 연착륙 기대감이 큰 것으로 예상합니다. 그러나 두 차장님께서 말씀해주신 부채 카테고리의 금융경색 국면 진입은 위험자산 매입에 대해서 신중을 기해야 한다고 생각합니다."

오만기 씨가 신 부장의 설명 후에 지표 설명에 대한 요약을 합니다.

"좋아, 만기 씨가 이야기한 내용을 보고서에 담도록. 오후에 보고하러 가야지."

NFCI 검색 방법

참고 사이트 1. https://www.chicagofed.org/research/data/nfci/ current-data(시카고 연방준비위원회)

사이트를 열면, 다음과 같은 소개 및 최신 인덱스에 대한 요약이 나옵니다.

[그림 11-8] NFCI 소개 및 최신 인덱스 요약

1. NFCI 소개

Current Data	About the NFCI

The Chicago Fed's National Financial Conditions Index (NFCI) provides a comprehensive weekly update on U.S. financial conditions in money markets, debt and equity markets, and the traditional and "shadow" banking systems. Because U.S. economic and financial conditions tend to be highly correlated, we also present an alternative index, the adjusted NFCI (ANFCI). This index isolates a component of financial conditions uncorrelated with economic conditions to provide an update on financial conditions relative to current economic conditions.

The NFCI and ANFCI are updated on a weekly basis at 8:30 a.m. ET on Wednesday, and cover the time period through the previous Friday. When a federal holiday falls on a Wednesday or earlier in the week, the NFCI and ANFCI will be updated on Thursday.

⇨ 시카고연방준비위원회의 전미 금융환경지수(NFCI)는 자금 시장, 채권 및 주식시장, 전통 및 '그림자' 은행 시스템의 미국 금융환경에 대한 종합적인 주간 업데이트를 제공합니다. 미국 경제 및 금융환경은 상관관계가 높은 경향이 있으므로, 대체 지수인 조정 NFCI(ANFCI)도 제시합니다. 이 지수는 경제 상황과 상관관계가 없는 금융 상황의 구성 요소를 분리하여 현재 경제 상황과 관련된 금융 상황에 대한 업데이트를 제공합니다.

NFCI와 ANFCI는 매주 수요일 오전 8시 30분(동부시간 기준)에 업데이트되며, 그 이

전 금요일까지의 기간을 포함합니다. 연방 공휴일이 수요일 또는 주 초에 해당하는 경우, NFCI 및 ANFCI는 목요일에 업데이트됩니다.

2. 최신 인덱스 요약(2023년 8월 25일 기준, 발표 : 2023년 8월 30일)

Index Suggests Financial Conditions Loosened Again in Week Ending August 25

The NFCI ticked down to −0.40 in the week ending August 25. Risk indicators contributed −0.16, credit indicators contributed −0.14, and leverage indicators contributed −0.09 to the index in the latest week.

The ANFCI was unchanged in the latest week at −0.35. Risk indicators contributed −0.22, credit indicators contributed −0.12, leverage indicators contributed −0.07, and the adjustments for prevailing macroeconomic conditions contributed 0.05 to the index in the latest week.

The NFCI and ANFCI are each constructed to have an average value of zero and a standard deviation of one over a sample period extending back to 1971. Positive values of the NFCI have been historically associated with tighter-than-average financial conditions, while negative values have been historically associated with looser-than-average financial conditions. Similarly, positive values of the ANFCI have been historically associated with financial conditions that are tighter than what would be typically suggested by prevailing macroeconomic conditions, while negative values have been historically associated with the opposite.

⇨ NFCI는 −0.40으로 하락했습니다. 세부 지표별로 보면, 위험 지표는 −0.16, 신용 지표는 −0.14, 레버리지 지표는 −0.09, 각각 하락했습니다. ANFCI는 최근 한 주 동안 −0.35로 변동이 없었습니다. 세부 항목별로 보면, 위험 지표는 −0.22, 신용 지표는 −0.12, 레버리지 지표는 −0.07, 거시경제 여건 조정은 최근 한 주 동안 지수에 0.05입니다.

NFCI와 ANFCI는 각각 1971년까지 거슬러 올라가는 표본 기간 동안 평균값이 0이고 표준편차가 1이 되도록 구성됩니다. NFCI의 양수 값은 역사적으로 평균보다 긴축적인 금융 상황과 관련이 있으며, 음수 값은 평균보다 느슨한 금융 상황과 관련이 있습니다. 마찬가지로, ANFCI의 양수 값은 역사적으로 일반적인 거시경제 조건에서 일반적으로 제시하는 것보다 긴축적인 금융 조건과 연관되며, 음수 값은 역사적으로 그 반대의 경우와 연관됩니다.

뒤이어 NFCI 및 ANFCI의 시계열 추이 화면이 나옵니다.

[그림 11-9] 시계열 추이

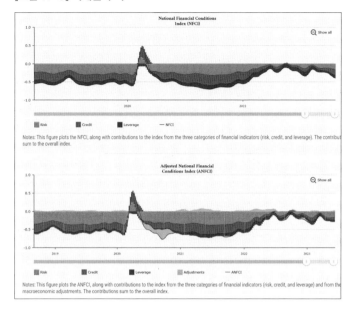

참고 사이트 2. https://fred.stlouisfed.org/(세인트루이스 연방준비위원회)

사이트를 열고, 'NFCI'를 검색하면 다음 화면이 나오며, 박스 친 부분을 클릭하시면,

각각 NFCI 및 ANFCI 화면이 나옵니다.

[그림 11-10] 검색 후 화면

[그림 11-11] 시계열 추이(1971년 1월~2023년 8월)

1. NFCI

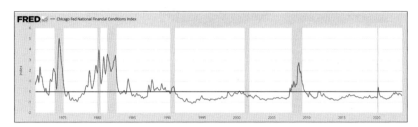

2. ANFCI

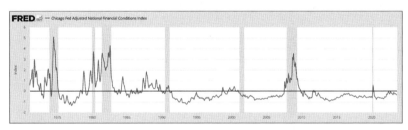

선순위 대출담당자 대출 서베이

- 진짜 경기가 좋은지는 대출자에게 물어보라

_____

2023년 8월 1일(화)

"차 차장, 축하해. 그동안 고생 많았다."

"이게 다 부장님 덕분입니다~아~. 부장님의 가르침 덕분에 제가 이렇게 중간관리자 직급까지 올라갈 수 있었습니다~아~."

신 부장의 덕담에 차 차장은 진심으로 감격합니다.

"차영하 차장님, 보낸 사람이… CD증권 유지불 상무네요. 여기 사인 좀…."

퀵서비스를 통해서 여기저기서 축하 화환이 도착합니다. 그러나 이를 씁쓸하게 보고 있는 이가 있으니 바로 두동강 차장입니다.

'나보다 직장생활이 5년 늦은 친구와 이제 동급이네. 난 언제 부장 자리가 오려나.'

신 부장은 부장실 앞에서 한마디 합니다.

"오늘은 오랜만에 기분이 좋은 날입니다. 우선 차 차장이 비록 은행에서의 자동승진이긴 하지만, 5년 만에 과장에서 차장으로 승진하게 되었고, 여러분 덕분에 어제 장 본부장 앞 보고도 무사히 끝났습니다. 장 본부장님께서는 시장이 과열되어 있으니 위험자산에 대한 투자는 당분간 자제하라고 말씀하십니다. 여기에 맞춰서 여러분도 운용 전략을 맞추시기를 바랍니다. 그리고 금융시장 동향은 저를 포함해서 여러분 모두 실시간으로 보고 있으니, 중요한 사항 있으면 언제든지 저에게 말씀해주시고 부서원들에게 공유해주세요."

신 부장이 방으로 들어갑니다.

오만기 씨가 프린트한 A4용지를 들고 두 차장에게 다가갑니다.

"차장님, 어제 연준에서 발표한 서베이가 하나 있는데 내용이 심상치 않아서요."

두 차장, 담배 한 대 피려고 나가려는 찰나에 오만기 씨가 가져온 리포트를 보고 다시 제자리에 앉습니다.

"음, 이거 진짜 중요한 자료야. 매분기 첫 번째 월요일에 발표하는 시니어 대출자의 은행 대출 행태에 대한 의견 서베이(Senior Loan Officer Opinion Survey on Bank Lending Practices, 이하 'SLOOS'라 한다)구먼. 이걸 어떻게 알고 읽었어?"

"투자의 대가들은 눈으로 보이는 경제지표나 금융지표도 중요하지만 사람들의 행동, 심리를 더 중요하게 보지 않습니까?

일례로 저희 아버지께서 말씀해주셨는데, 우리나라에도 주식 광풍이 불었던 2000년 초 목욕탕에서 세신을 하는데, 세신사가 당신께 'XX전자'를 아느냐며 자신이 그거 1억 원어치 몰빵했다고 말하자 아버지는 그 길로 집에 와서 계좌에 가지고 있던 주식 전부를 팔아치웠다고 하시더라고요. 그거 가지고 저와 제 동생 대학까지 보냈다고 말씀하시면서 웃으시던 기억이 납니다."

두 차장이 천장을 보면서 말합니다.

"피터 린치가 이런 말을 했지.

사람이 몰려다니는 곳으로 같이 다니면 먹을 건 없고 발만 밟혀 아 프다.

그런데 사람이 몰려다니는 이유를 알아야지 내가 피할 수 있는 거거 든. 그 점에서 연준같이 공신력 있는 중앙은행에서 시행하는 정기 서베 이 자료는 유용해."

오만기 씨가 말을 덧붙입니다.

"사실 어제 차장님께서 NFCI를 말씀하실 때, 그것을 이루는 3가지 카 테고리(리스크, 신용, 부채) 중에 부채 쪽 경색이 빠르게 진행되어 리스크와 신용 경색 가능성을 제기하셨습니다. 오늘 이 SLOOS 내용을 보면 이전 보다 신용경색 가능성이 커 보여서요."

"차 과장, 아니 차 차장! 같이 내용을 볼까?"

두 차장이 돌아보니 차 차장은 자리에 없습니다. 아마 승진 인사차 본 부를 돌면서 인사하는 것으로 보입니다.

"차장님이 자리에 안 계시네요. 대신 저도 같이 봐도 될까요?"

안예슬 대리가 다가옵니다.

"SLOOS는 미국 내 은행 및 해외은행의 미국 내 지점 대출 담당자를 대상으로 설문을 하는 거지. 설문 시기는 분기 마지막 달 15일경부터 말 일까지 잡고 말이야."

두 차장이 리포트를 넘겨보며 설명을 이어갑니다.

"일반적으로 가계 및 기업대출에 대한 서베이 결과를 요약하고, 시기에 적합한 특별 질문(Special Question)을 하게 되네. 리포트가 70페이지에 달해서 사실 다 읽으려면 시간이 오래 걸려. 따라서 맨 첫 장 요약본과 뒤에 나온 대출 상품별로 대출 담당자들의 기준 상향 정도를 살펴봐도 향후 시장의 유동성, 신용상태를 충분히 파악할 수 있어.

자, 그러면 지난 2분기 말 기준으로 대출 담당자들은 어떤 생각을 가지고 있는지 한번 보자고."

서베이[41] 요약 1. 기업대출

Regarding loans to businesses, survey respondents reported, on balance, tighter standards and weaker demand for commercial and industrial (C&I) loans to firms of all sizes over the second quarter.2 Meanwhile, banks reported tighter standards and weaker demand for all commercial real estate (CRE) loan categories.

⇨ 응답자들은 전반적으로 대기업 및 중소기업 관계없이 2분기 중 상업용/산업용 대출(C&I)에 대하여 그 기준이 강화되었으며 이에 따라 수요도 감소했다고 보고했습니다. 상업용 부동산 대출 역시 기준이 강화되고 대출 수요가 감소했다고 보고했습니다.

"차장님, 물가가 안정을 찾고 고용지표 등이 강하게 나오면서 한편에서는 연착륙에 대한 기대감으로 주가는 저렇게 랠리를 하고 있는데, 오늘 이 서베이를 보니 실제 대출을 받기가 여간 어려워진 게 아니군요. 이러면 침체가 오는 게 아니겠습니까?"

안예슬 대리가 걱정 어린 눈으로 리포트를 봅니다.

---

41 https://www.federalreserve.gov/data/sloos/sloos-202307.htm

"자, 다음 문단을 보자고."

서베이 요약 2. 가계대출

For loans to households, banks reported that lending standards tightened across all categories of residential real estate (RRE) loans, especially for RRE loans other than government-sponsored enterprise (GSE)-eligible and government loans. Meanwhile, demand weakened for all RRE loan categories. In addition, banks reported tighter standards and weaker demand for home equity lines of credit (HELOCs). Furthermore, standards tightened for all consumer loan categories; demand weakened for auto and other consumer loans, while it remained basically unchanged for credit card loans.

⇨ 가계 대출에 대해서 은행들은 모든 주거용 부동산(Residential Real Estate, RRE) 대출 범주에서 대출 기준이 더 엄격해졌으며, 특히 정부 지원을 받는 기업(Government-Sponsored Enterprise, GSE)의 자격으로 실행된 대출 및 정부 대출을 제외한, 다른 주거용 부동산(RRE) 대출에 대해 더욱 엄격해졌다고 보고했습니다. 한편, 모든 주거용 부동산 대출 범주에 대한 수요가 약화되었습니다. 또한, 은행들은 주택 자금 조달 신용(Home Equity Line of Credits, HELOCs)에 대해 더 엄격한 기준과 수요의 약화를 보고했습니다. 또한, 모든 소비자 대출 범주에 대해 기준이 더욱 엄격해졌으며, 자동차 및 기타 소비자 대출에 대한 수요가 약화되었습니다. 반면 신용카드 대출에 대해서는 거의 변화가 없었습니다.

"제가 조사한 자료에 따르면 대출에 대한 요건이 강화되면서 개인여신에 대한 연체율(원리금을 지정된 시기에 납부하지 못한 금액÷총여신)이 여전히 낮지만 증가하고 있는 상황입니다."

오만기 씨가 새로운 그래프를 하나 보여줍니다(그림 12-1).

"뭐 이번 2분기 연체율이 아직 발표 전(8월 발표 예정)이지만, 상승하고

[그림 12-1] 미 상업은행 기준, 소비자 대출 연체 현황(1987년 1분기~2023년 1분기)

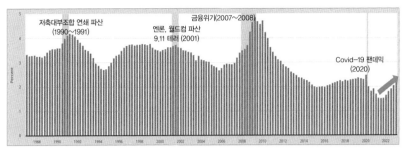

있는 부분은 그리 유쾌하지 못한 상황이지."

두 차장이 다음 문단을 손으로 짚으면서 말을 이어갑니다.

서베이 요약 3. 특별 문항 1

The July SLOOS included two sets of special questions, which inquired about the current level of lending standards relative to the midpoint of the range over which banks' standards have varied since 2005, as well as questions about banks' expectations for changes in lending standards over the second half of 2023 and reasons for these changes.

In response to the first set of special questions regarding the level of standards, banks reported that, on balance, levels of standards are currently on the tighter end of the range for all loan categories. Compared with the July 2022 survey, banks reported tighter levels of standards in every loan category.

⇨ 7월 SLOOS(사업자 대출 기준 조사)에는 두 가지 특별 질문 세트가 포함되어 있었으며, 이 질문들은 은행들의 대출 기준이 2005년 이후로 어떤 범위 내에서 변동해왔는지의 중간점과 현재 대출 기준 수준에 관해 물었습니다. 또한, 2023년 하반기에 대출 기준에 대한 변화를 기대하고 이러한 변화의 원인에 관한 질문들도 포함되었습니다.

첫 번째 특별 질문 세트에 대한 응답으로, 은행들은 현재 모든 대출 범주에 대한 기준 수준이 전반적으로 더 엄격한 범위에 위치한다고 보고했습니다. 2022년 7월 조사와 비교[42]하여 은행들은 모든 대출 범주에서 더 엄격한 기준 수준을 보고했습니다.

"이게 바로 연준이 기대한 긴축의 효과야. 그들이 기준금리를 올리는 이유는 단순히 조달비용을 올림으로써 돈을 빌리기 어려운 환경을 조성할 뿐만 아니라, 앞으로 경기가 둔화될 것이니 지금처럼 돈을 빌려서 투기하면 살아가기 어렵다는 신호를 주는 거거든. 그게 바로 대출 담당자들이 대출기준을 올리는 것으로 연결되는 거지."

"그런데 차장님, 구체적으로 작년 이 맘때 조사한 내용과 비교해서 한 번 보고 싶습니다."

안예슬 대리의 질문에 두 차장이 미소를 지으며 말합니다.

"이거 마저 본 다음에 내가 비교해서 보여줄게."

서베이 요약 4. 특별 문항 2

Regarding banks' outlook for the second half of 2023, banks reported expecting to further tighten standards on all loan categories. Banks most frequently cited a less favorable or more uncertain economic outlook and expected deterioration in collateral values and the credit quality of loans as reasons for expecting to tighten lending standards further over the remainder of 2023.

⇨ 2023년 하반기에 대한 은행들의 전망에 관해서, 은행들은 모든 대출 카테고리에 대해 더 엄격한 기준을 적용할 것으로 예상하고 있습니다. 은행들은 주로 경기 전망의 악화나 불확실성 증가, 담보 가치와 대출의 신용 품질의 악

---

42 쿠키 장면 참조

화로 인해 2023년 나머지 기간 동안 대출 기준을 더욱 엄격하게 적용할 것으로 기대하고 있습니다.

오만기 씨가 대답합니다.

"하반기에도 대출을 더욱 조인다면 지금보다 경기 상황이 악화될 것이고 지금 랠리하고 있는 위험자산들은 큰 시련을 겪을 수 있겠습니다."

"나도 그게 걱정이야. 그래도 신 부장님께서 예전처럼 크레디트 채권에 과도하게 비중을 담지 말고 인플레이션 둔화, 그리고 경기침체 가능성에 대비해서 국채를 지속적으로 담으라고 하신 지시는 시의적절했다고 봐."

두 차장이 이어서 주요 설문에 대한 그래프를 보여줍니다.

"SLOOP 보고서에는 총 4페이지 분량의 그래프가 들어 있어.

1. 상업용/산업용 대출 공급, 수요

2. 상업용 부동산 대출 공급, 수요

3. 주택담보대출의 공급, 수요

4. 소비자대출의 공급, 수요

높은 금리와 장·단기 금리 차 역전에도 불구하고 주가가 랠리를 하는 것은 결국 기업실적이 뒷받침하고 있다는 것이거든. 그런데 서베이 요약에서는 기업대출 기준이 강화되고 있고 수요가 약화되고 있다고 하니, 이 그래프를 한번 보자고(그림 12-2 참조)."

[그림 12-2] 상업용/산업용 대출 기준 강화 응답자 비율

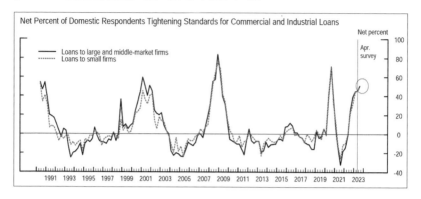

[그림 12-3] 상업용/산업용 대출 수요 증가할 것이라고 대답한 응답자 비율

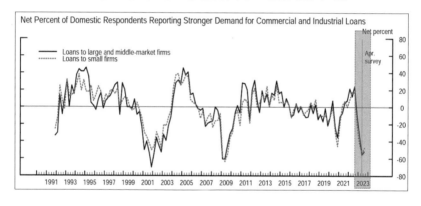

안예슬 대리가 고개를 끄덕이며 말을 합니다.

"차장님 말씀대로 확실히 기업대출은 그 규모가 줄어들고 있습니다. 특히 대출 수요가 증가할 것이라고 응답한 비율([그림 12-3] 박스 참조)이 지난 금융위기 때의 그것 수준까지 떨어진 것 아닙니까? 위험자산에 결코 좋은 환경이 조성될 수 없을 겁니다."

"문제는 침체가 왔을 때 그 크기인데, 현재 시장에서는 그다지 심각하게 받아들이고 있지 않잖아?

개인대출 부분은 여러분이 찾아서 한번 봐주고, 마지막으로 지난 3월 실리콘밸리 은행 파산 때부터 계속 나온, 상업용 부동산 상황도 그래프로 한 번 체크해보자고. 요약본에서도 확인했지만 기업대출의 그래프 모양과 크게 차이가 날 것으로 보이지는 않아([그림 12-4] 박스 부분 참조)."

[그림 12-4] 상업용 부동산 대출 기준 강화 응답자 비율

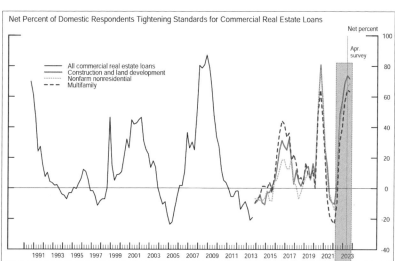

"지난 3월 실리콘밸리 은행 파산 이후 주로 상업용 부동산 대출 비중이 많은, 지역은행들의 연쇄 파산 우려로, 그 수요가 2008년 금융위기 수준([그림 12-5] 점선 원 참조)까지 떨어졌는데 지금 다시 소폭 상승한 모습입니다. 그러나 금융위기 직전에도 대출 수요가 살짝 올랐다가 곤두박질칠 친 사례([그림 12-5] 박스)가 있습니다."

오만기 씨가 언급하자, 두 차장이 정리모드로 들어갑니다.

[그림 12-5] 상업용 부동산 대출 수요 증가할 것이라고 대답한 응답자 비율

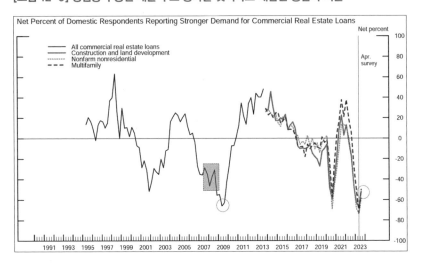

Net Percent of Domestic Respondents Reporting Stronger Demand for Commercial Real Estate Loans

"자, 과거에는 기업들이 조달하려면 은행가서 돈을 빌려야 하던 시절이 있었지. 그때는 저 대출 담당자 서베이가 상당한 위력을 발휘했고, 예전만큼의 비중은 아니지만 지금도 대출은 금융시장과 실물경기에 동맥과 같은 역할을 하고 있어. 따라서 대출 기준이 강화되고 그 수요가 약화될 것이라는 전망은 결코 좋지 않아. 우리 같은 채권쟁이들은 결국 안전자산 선호현상에 맞는 포트폴리오 운용을 해야 하는 거지."

리스크 달인 두 차장의 말이 오늘 따라 더욱 신뢰가 가는 이유입니다.

[쿠키 장면]

안예슬 대리가 질문합니다.

"차장님, 전년 동기 대비 대출기준이 까다로워졌다고 이 서베이 보고서에서 언급하고 있습니다. 사실 작년 7월 보고서 다 읽고 이해해도 되겠지만 이걸 좀 간단하게 차이점을 비교할 수 있겠습니까?"

두 차장이 미소를 지으면서 대답합니다.

"하하, 챗GPT를 이용하면 쉽게 비교할 수 있어. 단, 무조건 AI를 믿지 마. 하고 난 후 자료를 상호 비교해봐야 해. 알았지?"

두 차장이 본인 컴퓨터에서 챗GPT를 열고 시작합니다.

"나는 박사과정에 있는 아내를 둔 덕분에 이걸 월 20달러(부가세 별도)를 내고 이용하고 있어. 유료 버전을 사용한다고 가정하고 보여줄게. 먼저 세팅 방법이야."

[그림 12-6] 챗GPT 세팅

"우리는 WebPilot이라는 플러그인을 쓸 거야. 자, 이제 작년 7월과 이번 SLOOP 사이트를 복사해서 다음과 같은 질문을 해보자고."

[그림 12-7] 챗GPT 앞 질문과 답변 1

 https://www.federalreserve.gov/data/sloos/sloos-202207.htm
https://www.federalreserve.gov/data/sloos/sloos-202307.htm　　비교 대상 사이트
(2022년 7월 vs 2023년 7월)

please show the main different points in July 2023, compared with July 2022, using the above two sites. 　2022년 7월 SLOOP과의 차이점 서술 요청

 　Plugin 사용

Here are the main differences in the Senior Loan Officer Opinion Survey on Bank Lending Practices between July 2022 and July 2023:
답변 요약

1. **Standards and Demand for Loans to Businesses**: In July 2022, banks reported easing standards and stronger demand for commercial and industrial (C&I) loans to firms of all sizes. However, in July 2023, banks reported tighter standards and weaker demand for these loans. Similarly, for commercial real estate (CRE) loans, banks reported tighter standards and weaker demand in 2023 compared to eased standards and stronger demand in 2022.
2. **Standards and Demand for Loans to Households**: In July 2022, banks reported easing standards and stronger demand for residential real estate (RRE) loans and home equity lines of credit (HELOCs). In contrast, in July 2023, banks reported tighter standards and weaker demand for these loans.
3. **Consumer Loans**: In July 2022, banks reported easing standards and stronger demand for consumer loans, while in July 2023, they reported tighter standards and weaker demand for auto and other consumer loans. Demand for credit card loans remained basically unchanged in 2023.

(이하 '생략')

"이런 식으로 봐도 비교할 만한데, 표를 통해서 비교하고 싶으면 다음과 같이 실행하면 되겠지? 동시에 한글로 번역해달라고 해볼게."

[그림 12-8] 챗GPT 앞 질문과 답변 2

JO can you please create the matrix to more clearly show the differences between the two sites in both English and Korean? 표로 차이점을 보여달라고 질문한 후 영어와 한글로 요청

Sure, here is a comparison matrix in English:

Category	July 2022	July 2023
Standards for Loans to Businesses	Easing	Tightening
Demand for Loans to Businesses	Stronger	Weaker
Standards for Loans to Households	Easing	Tightening
Demand for Loans to Households	Stronger	Weaker
Standards for Consumer Loans	Easing	Tightening
Demand for Consumer Loans	Stronger	Weaker (Unchanged for credit card loans)
Banks' Outlook for the Second Half of the Year	Easing Standards	Tightening Standards
Level of Standards	Near Midpoint/Easier End of Range	Tighter End of Range

And here is the same matrix in Korean:

카테고리	2022년 7월	2023년 7월
기업 대출 기준	완화	강화
기업 대출 수요	강화	약화
가계 대출 기준	완화	강화
가계 대출 수요	강화	약화
소비자 대출 기준	완화	강화
소비자 대출 수요	강화	약화 (신용 카드 대출은 변동 없음)
은행의 하반기 전망	기준 완화	기준 강화
기준 수준	중간점/범위의 더 쉬운 끝 근처	범위의 더 강한 끝

"정말 신세계입니다. 예전에는 다 읽지 못하면 도저히 내용을 파악할

수 없었던 보고서들이었는데, 이제는 이렇게 쉽게 요약이 되니 내용을 빠르고 쉽게 파악할 수 있습니다. 역시 아까 보고서에 언급한 대로 올해 상황이 훨씬 대출 상황이 안 좋다는 것을 알 수 있습니다. 감사합니다."

안 대리는 말잇못입니다.

"그런데 명심해둬. 무작정 AI를 믿지 마. 거짓말 잘하는 애니까. 항상 요약한 후에는 해당 내용을 직접 보고서에서 찾아서 검증해야 해."

두 차장이 다시 한번 당부합니다.

Tip

SLOOS 검색 방법

참고 사이트 | https://www.federalreserve.gov/data/sloos.htm(연방준비

위원회 SLOOS)

사이트에 접속하면(또는 구글에 'SLOOS'라고 검색하면 위 사이트가 나옴) 다음처럼 발표

시기 리스트가 나옵니다. 가장 최근 기준(2023년 7월-2023년 2분기 대출담당자 서베

이, [그림 12-9] 붉은색 박스)을 클릭하면 다음과 같은 풀 버전의 리포트가 나옵니다.

[그림 12-9] 사이트 화면

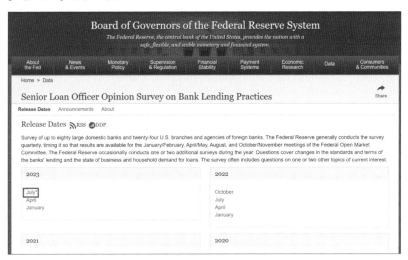

[그림 12-10] 전체 보고서(요약 일부)

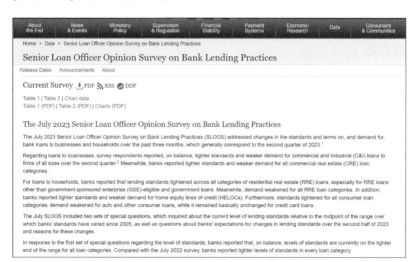

독일-이탈리아
국채 10년 스프레드
- 글로벌 위기 징조는 이 지표로

2023년 8월 2일(수)

"부장님, 미국 신용등급이 강등되었습니다."

오만기 씨가 아침 일찍 '호외(특별한 일이 있을 때에 임시로 발행하는 신문이나 잡지)'를 전파합니다.

부장실에서 미국의 가족들과 통화 중이던 신 부장은 급히 전화를 끊고 나옵니다.

"뭐야? 어디서 떨어뜨렸어?"

"피치(Fitch)입니다."

글로벌 채권을 발행하려면 일반적으로 다음의 3개 글로벌 신용등급 평가기관으로부터 등급을 받아야 합니다.

무디스(Moody's), S&P(Standard & Poors), 피치(Fitch)

한우의 등급을 매길 때 투뿔, 원뿔 등으로 라벨이 붙어 정육점에 진열된 것처럼, 채권도 등급이 있어야 투자자들이 이를 보고 기본적인 위험 측정이나 가격을 판단하기 때문입니다.

[그림 13-1] 미국 신용등급 강등 Headline(2023년 8월 1일 미국시각 기준)

피치 미국의 장기 신용등급을 (AAA에서) AA+로 강등, 등급 전망은 '안정적'   (출처) Fitch

'공교롭게도 12년 전 S&P에서 미국 신용등급 강등할 때도 8월 초(8월 5일)였는데. 그런데 정작 위기는 미국이 아닌 다른 쪽에서 일어났었고.'

신 부장은 잠시 생각에 잠깁니다. 그러고 나서 두 차장을 부장실로 부릅니다.

"두 차장, 올 게 온 것 같은데?"

"네, 크레디트 채권들이 위험합니다. 2011년 8월에도 크레디트 스프레드가 상당히 많이 확대되었지 않습니까([그림 13-2] 박스 참조)?"

신 부장은 고개를 가로 젓습니다.

"뭔가 이렇게 글로벌 금융시장에 엄청난 일이 벌어질 때는 단순히 크레디트 채권 스프레드 확대되는 것 이상으로 심각한 일이 터진단 말이야. 맞다. 독일 분트(국채)와 이탈리아 국채 10년 스프레드를 주목할 필요가 있어."

[그림 13-2] 투자등급 및 하이일드 스프레드 추이(2011년 7월~2011년 12월)

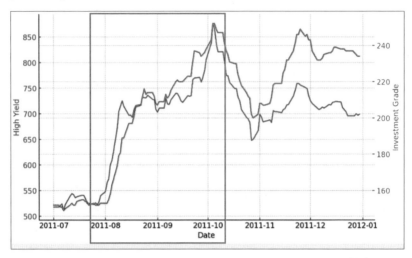

주황색 박스 : 미 신용등급 강등(2011년 8월) 이후 스프레드 급등 구간 　(출처) Bloomberg

Investment Grade : Bloomberg Barclays US Corporate OAS(주황색 실선, 우측 축, bp)

High Yield : Bloomberg Barclays US High Yield OAS(회색 실선, 좌측 축, bp)

"저도 2011년에는 리스크 부서 막내라서 똑똑히 기억하고 있습니다. 그런데 미국 신용등급이 떨어졌는데 왜 이탈리아가 위기에 처했는지까지는 아직도 미스테리입니다."

두 차장이 당시를 회상하며 이야기 합니다.

"그건 말이야…."

2011년 8월 7일(월), 회상 장면
- -

"미국이 왜 신용등급이 떨어졌냐? 바로 미국의 재정적자 비율과 부채한도 협상을 두고 일어나는 공화-민주 양당 간 싸움 아니겠냐~아~. 앞으로 경제 규모가 큰 국가 중에 미국과 비슷한 정치 갈등 양상을 보이면서도 미국만큼 탄탄한 경제 상황이 아닌 나라를 주목할 필요가 있다~아~."

이만규 본부장이 원/외화채권 매니저들을 아침 일찍 소집한 후, 미국의 신용등급 하향 조정에 대해서 설명합니다.

[그림 13-3] S&P, 미국 신용등급 강등 기사

On Aug. 6, 2011, **S&P** made history by downgrading the U.S. credit rating from AAA to AA+ for the first time since 1941.

S&P downgraded the nation's credit rating in August 2011 after Washington avoided a default by temporarily increasing the debt ceiling, just as it did again in June of this year. Increased political polarization and a lack of action to improve the country's financial situation led to this decision.

(출처)
https://www.msn.com/en-us/money/other/deja-vu-after-fitch-s-cut-to-us-credit-rating-a-look-at-the-market-fallout-from-s-p-s-2011-downgrade/ar-AA1eHyP5

⇨ 8월 6일(미국기준 8월 5일) 1941년 이후 처음으로 S&P는 미국의 신용등급을 강등한 역사를 만들어냈습니다.
미 의회('워싱턴'으로 표기)에서 디폴트를 면하기 위해서 임시로 부채 한도를 상향한 후(12년 후 6월 바이든 정부에서도 똑같은 상황이 벌어짐) S&P는 미국 신용등급을 강등했습니다. 등급 하향 조정은 높아져 가는 미국 내 정치 양극화, 그리고 미국 금융시장 상황을 개선하려는 행동의 부재에 기인합니다.

이 본부장의 말이 계속됩니다.

"미국 신용등급 강등은 오히려 안전자산 선호현상을 자극할 거고, 외국인들의 국내 금융자산 투매 현상, 원달러 환율 급등, 국내 위험자산 가격 급락이 예상된다~아~. 그리고…"

"본부장님, 그러면 미국 신용등급 강등과 관련하여 글로벌 채권에서는 어느 쪽에 관심을 가지고 봐야 할까요?"

신달라 과장이 손을 들고 질문을 합니다. 궁금할 때는 질문이 최고입니다.

"유럽의 위기가 그리스, 포르투갈, 아일랜드, 스페인에 이어 이탈리아로 향하고 있다~아~.

이탈리아의 정치 상황이 특정 정당이 과반수를 차지하지 못하고 이합집산되어 있다는 점, 국가 부채비율이 높다는 점 등이 미국 신용등급 하락 이후 가장 위험한 국가 중 하나로 보인다~아~. 특히 이탈리아는 유로존(독일, 프랑스에 이어) 유로존 경제 3위 규모를 가지고 있는데 위기가 찾아오면 자칫 유로존이 붕괴될 수 있다는 점이 가장 두려운 점이지."

2008년 리먼브라더스 파산 이듬해 초부터 유로존 재정위기가 닥칩니다. 그 결과 소위 PIIGS(포르투갈, 이탈리아, 아일랜드, 그리스, 스페인) 국가로 분류되는, GDP 대비 재정적자, 국가 부채비율이 높은 국가들로 위기가 전이되면서 유로존 해체 목소리가 높아져 갑니다.

[표 13-1] 유로존 주요국 재정적자 및 부채비율(GDP 대비) 현황(%, 2010년 말 기준)

	이탈리아	스페인	포르투갈	그리스
재정적자	-4.2	-9.5	-11.4	-11.4
부채비율	119.2	60.5	100.2	147.5

유로존 출범(1999년 1월) 당시 '안정과 성장에 관한 협약(Stability and Growth Pact, SGP)'에 의거, 회원국은 재정적자 3% 이내, 부채비율 60% 이내를 유지하도록 하는 '재정준칙'에 합의함

(출처) Bloomberg

이 본부장은 눈을 지그시 감은 채로 대답합니다.

"앞으로 유로존에서 안전자산 역할을 하는 독일 분트와 이탈리아 10년 국채 간 스프레드 추이를 주목해서 봐라. 만약 이탈리아 채권을 들고 있다면 아직은 별 일 없을 때, 팔아라."

Tip 재정 상태(GDP 대비 부채비율, 재정적자 비율)가 취약한 국가는 금융시장 위험 도래 시 가장 먼저 직격탄을 맞습니다.

2011년 10월 31일

"본부장님 말씀대로 이탈리아, 지금 엄청 심각합니다. 아무도 이탈리아 정부 말을 믿지 않습니다. 지금 현재 이 순간에서 최선을 다하라는 '카르페 디엠'을 중요하게 여기는 남유럽 스타일상 '지금 허리띠를 잠시 조여서 지출을 줄이면 나중에 좋은 결과를 얻을 거야'라고 하면서 재정지출을 줄이라고 하면 사회 혼란이 불가피합니다."

독일-이탈리아 10년 국채 스프레드는 어느덧 500bp를 향해 달려가며, 국채 금리도 7%를 넘어갑니다. 한때 G7(7개 국가(미국, 캐나다, 영국, 프랑스, 이탈리아, 독일, 일본)로 이루어진 선진국 클럽)의 위상을 드높였던 이탈리아가 이제는 위험자산 지표의 대표적인 나라가 된 셈입니다.

이 본부장이 덧붙여 말합니다.

"이탈리아는 잦은 선거 및 정권교체로 당분간 정치 혼란이 계속될 거라고. 그래서 주요 의사결정을 하기 어려운 상황이 지속될 거야. 가장 어려운 결정 중 하나가 경제 구조 개혁인데(예를 들면 재정지출 삭감, 세수 확대 등을 통

[그림 13-4] 독일 - 이탈리아 10년 국채 금리 및 스프레드 추이(2000년 1월~2011년 12월)

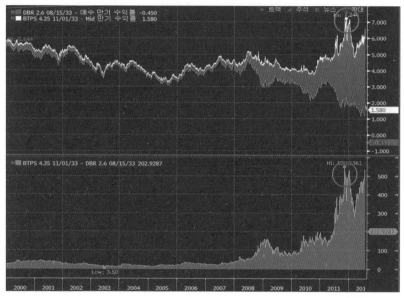

(출처) Bloomberg

해서 재정 건전성 제고) 국민들의 엄청난 반발을 일으킬 거라고. 여기에 자유로운 경제 시스템하에서 글로벌 금융시장에서의 영향도 크고 하니, 앞으로 안전자산인 독일 국채와의 스프레드에 주목해서 보면, 꽤 영향력 있는 위험자산 지표로서 유용할 거다~아~."

2023년 8월 2일 현재

"원래 가족들하고 발리에 여름휴가를 그해 8월 중순에 잡았다가 급하게 취소했잖아. 그래도 이 본부장님께 국가의 위험 정도를 판단하는 팁을 얻은 후, 지금까지 국가 차원의 글로벌 이벤트가 발생했을 때 유용하게 사용하는 지표로 잘 쓰고 있어."

신 부장은 12년 전을 회상하면서 미소를 짓습니다.

"맞습니다. 저희 2019년도에는 도리어 중앙은행들의 완화정책에 힘입어 이탈리아 국채 매입을 통해서 큰 이익을 얻었지 않습니까?"

평소에 무뚝뚝한 두 차장이 맞장구를 치며 대답합니다. 아마 차 차장의 차장 승진에 자극을 받은 듯합니다.

"2011년 이탈리아가 재정위기를 겪은 이후 지금까지 주요 글로벌 이벤트에는 독일 분트와의 스프레드상 의미 있는 변화를 보여왔어. 이 그래프(그림 13-5)를 보면서 한번 정리해보자고."

[그림 13-5] 독일 – 이탈리아 10년 국채 금리 및 스프레드(2007년 3월~2023년 7월)

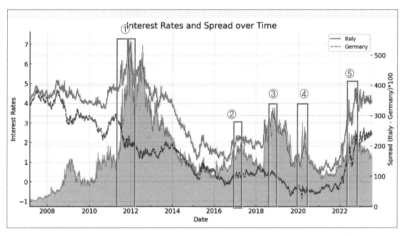

이탈리아 국채 금리 : 주황색 실선(좌측 축, %), 독일 국채 금리 : 회색 점선(좌측 축, %) (출처) Bloomberg
독일 – 이탈리아 스프레드 : 회색 음영(우측 축, bp)

① 이탈리아 재정위기(2011년 8~11월)

② 영국 브렉시트 국민투표 가결(2016년 6월)

③ 글로벌 경제침체 우려 확산(2018년 10~12월)

④ Covid-19 팬데믹(2020년 2~3월)

⑤ 글로벌 통화긴축(2022년)

두 차장이 정리합니다.

"독일－이탈리아 국채 금리는 유로존의 대표적인 안전자산과 위험자산으로, 주요 글로벌 이벤트가 발생할 때마다 둘 간의 스프레드 변화를 통해서 현재 시장 상황을 파악할 수 있는 유용한 수단입니다. 특히 유로존 3위의 경제 대국인 이탈리아 국채는 시장에서 엄청난 유동성을 자랑하는 채권으로 저희 같은 기관투자자뿐만 아니라 일반 참여자들도 쉽게 접할 수 있는 상품 지표입니다. 여전히 이탈리아는 취약한 재정 상황을 보여주고 있으므로, 오늘 피치의 미국 신용등급 강등에 따른 여파가 2011년 데자뷔가 될 수 있다는 점에서 주의 깊게 봐야 할 거 같습니다."

[표 13-2] 유로존 주요국 재정적자 및 부채 비율(GDP 대비, %, 2022년 말 기준)

	이탈리아	스페인	포르투칼	그리스	미국	한국
재정적자	-8.0	-4.8	-0.4	-2.3	-3.7	-0.9
부채비율	144.7	112.0	116.0	177.4	128.0	54.0

(출처) Bloomberg, 연합뉴스(미국), IMF(대한민국 재정적자 비율)

Tip 재정적자 비율 3% 이상, 부채비율 60% 이상(유로존 재정준칙 및 기획재정부 추진 한국판 재정준칙 기준)이면, 일단 재정건전성에 적색신호등으로 받아들이세요! 미국, 유로존, 일본 등과 같이 기축통화 국가를 제외한 국가의 경우, 중앙은행이 보유 중인 외환보유액(Foreign Exchange Reserve)* 현황을 체크하세요.

* https://www.cia.gov/the-world-factbook/field/reserves-of-foreign-exchange-and-gold/country-comparison/

"2020년 코로나 때문에, 우리나라도 그렇지만 세계 각국에서 전례 없는 확장적 재정정책, 통화정책으로 엄청난 돈을 지출했잖아. 그게 작년에는 물가로 이어진 거고 올해 이 미국 신용등급 하락이 가뜩이나 재정이 취약해진 국가에 상당한 위험으로 다가올 수 있을 거 같아.

두 차장 중심으로 리스크 관리를 잘해줘."

두 차장이 우렁차게 대답합니다.

"존명(尊命)!

독일-이탈리아 10년 국채 스프레드 검색 방법

참고 사이트 | http://www.worldgovernmentbonds.com/spread/italy–
10–years–vs–germany–10–years/(World Government Bonds)

위 사이트에 직접 접속하거나, 구글에서 'Italy 10 year spread'로 검색하면 동 사이트를 찾을 수 있습니다. 여기에 접속하면 1) 기간별 스프레드 범위, 2) 역사적 추이, 3) 연도별 스프레드 범위, 4) 만기별 스프레드 현황을 볼 수 있습니다.

[그림 13–6] 사이트 화면

1. 기간별 스프레드 범위 및 역사적 추이(2007년 1월~2023년 9월)

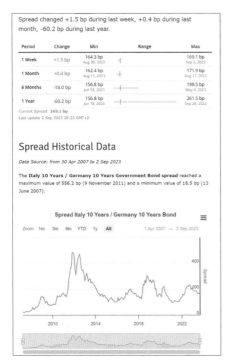

2. 연도별 스프레드 범위(2007~2023년)

Spread Yearly Range

Data Source: from 30 Apr 2007 to 2 Sep 2023

Italy 10 Years / Germany 10 Years Government Bond spread: historic value range for every year.
A green candlestick means that spread variation is negative in the year.
A red candlestick means that spread variation is positive in the year.

Year	Spread	Change	Min	Spread Range	Max
2023 Sep 2	169.1 bp	-45.5 bp	156.8 bp Jun 18, 2023		214.6 bp Jan 1, 2023
2022 Dec 31	213.9 bp	+78.9 bp	132.5 bp Jan 3, 2022		261.5 bp Sep 26, 2022
2021 Dec 31	135.0 bp	+27.5 bp	90.3 bp Feb 12, 2021		137.5 bp Dec 26, 2021
2020 Dec 31	109.2 bp	-50.3 bp	107.2 bp Dec 16, 2020		276.2 bp Mar 17, 2020
2019 Dec 31	158.8 bp	-91.9 bp	131.6 bp Sep 13, 2019		290.2 bp Jun 1, 2019
2018 Dec 31	252.7 bp	+95.2 bp	114.6 bp Apr 25, 2018		333.0 bp Oct 18, 2018
2017 Dec 31	157.5 bp	-4.0 bp	133.4 bp Dec 8, 2017		212.4 bp Apr 17, 2017
2016 Dec 31	161.5 bp	+63.9 bp	96.2 bp Jan 5, 2016		187.6 bp Nov 24, 2016
2015 Dec 31	97.0 bp	-29.1 bp	88.4 bp Mar 16, 2015		166.2 bp Jul 7, 2015
2014 Dec 31	134.0 bp	-68.6 bp	116.8 bp Dec 5, 2014		223.8 bp Jan 24, 2014
2013 Dec 31	214.8 bp	-68.6 bp	214.5 bp Dec 30, 2013		347.5 bp Mar 27, 2013
2012 Dec 28	320.2 bp	-179.7 bp	279.0 bp Mar 19, 2012		530.4 bp Jul 24, 2012
2011 Dec 30	521.9 bp	+336.0 bp	120.7 bp Apr 12, 2011		556.2 bp Nov 9, 2011
2010 Dec 30	189.1 bp	+116.5 bp	69.6 bp Jan 8, 2010		200.7 bp Nov 30, 2010
2009 Dec 30	75.2 bp	-61.1 bp	56.4 bp Nov 11, 2009		169.5 bp Jan 23, 2009
2008 Dec 30	143.0 bp	+112.6 bp	30.4 bp Jan 2, 2008		149.7 bp Dec 29, 2008
2007 Dec 21	29.5 bp	+6.9 bp	18.5 bp Jun 13, 2007		37.1 bp Nov 22, 2007

Current Spread: **169.1 bp.**
Last update: 2 Sep 2023 20:23 GMT+0

3. 만기별 스프레드 현황

Country Bond Spread

Italy vs Germany

Residual Maturity	Bonds Yield		Current Spread
	🇮🇹 Italy	🇩🇪 Germany	
1 year	3.803%	3.550%	25.3 bp ●
2 years	3.702%	2.984%	71.8 bp ●
3 years	3.593%	2.877%	71.6 bp ●
4 years	3.651%	2.621%	103.0 bp ●
5 years	3.739%	2.521%	121.8 bp ●
6 years	3.795%	2.465%	133.0 bp ●
7 years	3.959%	2.449%	151.0 bp ●
8 years	4.012%	2.445%	156.7 bp ●
9 years	4.101%	2.463%	163.8 bp ●
10 years	4.231%	2.540%	169.1 bp ●
15 years	4.459%	2.694%	176.5 bp ●
20 years	4.626%	2.713%	191.3 bp ●
25 years	4.588%	2.668%	192.0 bp ●
30 years	4.731%	2.674%	205.7 bp ●

신용부도 스와프
(Credit Default Swap)
- 채권에도 보험이 있다고?

2023년 8월 3일(수)

피치의 미국 신용등급 강등(2023년 8월 1일)은 직후 열린 금융시장에 일정부분 영향을 주었습니다. 유럽 주요 증시, 미국 증시 모두 하락을 면하지 못했습니다.

전일 대비 주요 증시 하락 폭(2023년 8월 2일 종가)
코스피 −1.9%, 니케이 225 −2.4% , 유로 스톡스 50 −1.7%,
미국 S&P 500 −1.98%

2011년 S&P가 신용등급을 강등했을 때처럼 주가가 급락하고 안전자산 선호 심리가 강화되어 미 국채 금리가 급락하는 상황은 나타나지 않습니다. 도리어 당시 경험에 비추어볼 때 결국 위험자산 심리가 회복되어 상승하지 않았느냐에 대한 학습효과가 강한 듯합니다. 일례로 10년 국채 금리는 전일 ADP 순고용자 수 지표(32만 4,000명 순고용 vs 19만 명(예상))에서 호조를 보이면서 금리 상승을 이끌었습니다.

"부장님, 지난 등급 하락 때 학습 효과(초반에는 안전자산 선호 현상 강하지만 연준 및 정부의 개입으로 10월 말 현재 되려 위험자산 상승이 두드러지는 상황)가 있

[그림 14-1] 2011년 미국 신용등급 강등 시 주요 상품 수익률

Asset Class	August 8, 2011	August 2011 (monthly return)	September 2011	October 2011
S&P 500 index	-6.7%	-5.7%	-7.3%	+10.7%
Dow Jones Industrial Average	-5.6%	-4.5%	-6.2%	+9.5%
Nasdaq 100 index	-6.2%	-5.2%	-4.5%	+10.3%
VIX index	+50%	+25%	+35%	-30.3%
U.S. 10-year Treasury	+1.2%	+3.5%	+0.1%	-0.8%
U.S. Dollar index (DXY)	+0.3%	+0.3%	+6%	-2.6%
Gold	+3.2%	+12%	-11%	+5.6%

(출처)
https://www.msn.com/en-us/money/other/deja-vu-after-fitch-s-cut-to-us-credit-rating-a-look-at-the-market-fallout-from-s-p-s-2011-downgrade/ar-AA1eHyP5

어서 예전처럼 크레디트 채권 스프레드가 그렇게 심하게 확대될까요?"

오만기 씨가 조심스럽게 신 부장에게 물어봅니다.

"미국에서 별 일이 있겠어? 문제는 재정이 취약한 나라에서 사달이 날 수 있는 거지. 예를 들어 지난 2011년 미국 신용등급이 하락했을 때는 이탈리아가 위태로웠고, 2017년 말부터 연준에서 기준금리를 올리자 터키, 아르헨티나에 위기가 찾아오고 말이야. 이게 나비효과라고. 이렇게 변동성이 심한 나라들은 자칫 IMF 구제금융 프로그램[43]을 받거나 채무 불이행 가능성도 배제할 수 없어."

"그러면 국가 부도가 날 수 있고, 해당 국가가 발행한 채권은 휴지 조각이 될 수도 있겠네요?"

---

43 국가 부채 원리금 상환 능력이 없어 채무불이행 가능성이 높아질 경우, IMF(International Monetary Fund, 국제통화기금)에서 자금을 대여해주는 대신 고강도의 구조 개혁을 이행하게 하는 프로그램. 우리나라는 1997년 12월 19일 IMF에 구제금융을 요청한 바 있음

"우리가 살고 있는 집도 화재나 풍수해로 손상을 입게 되는 것을 미리 보험을 통해서 대비하는 것처럼, 채권을 투자하는 우리들도 투자한 채권이 망할 것을 대비해서 일종의 보험을 들어놓게 돼. 이 보험의 가격 흐름을 통해 얼마나 시장에 위험이 도사리고 있는지 파악하게 되지. 일명 '신용부도 스와프', 영어 약어로는 CDS(Credit Default Swap)이라고 한단다."

신 부장은 웃으면서 설명을 이어나갑니다.

"만기 씨는 CDS 대학교에서 배우지 않았어?"

"아, 네에, 사실 제가 채권이나 경제지표에는 관심이 많았습니다만, 파생 쪽 수업은 좀 등한시해서요. 개념만 대략 알고 자세한 사항은 모릅니다."

"CDS 설명하려면 시간 좀 걸리는 데 점심 약속 있나? 지금부터 시작하면 점심 홀쩍 지날 거 같은데?"

"괜찮습니다!"

만기 씨의 대답에 신 부장은 한층 수월하게 설명합니다.

"다행이네. 사실 나도 CDS를 위험지표로만 사용하고 직접 투자를 안한 지는 오래됐어. 예전 2007년에 원금 없이 프리미엄 받을 수 있는 상품을 찾다가 대한민국 CDS 보장 매도자로 투자했다가 금융위기 맞으면서 CDS가 급격하게 확대되면서 엄청 손실을 본 후에는 CDS를 투자 대상으로 쳐다보지도 않았어."

신 부장은 A4 종이 한 장으로 설명을 계속합니다.

"CDS는 보장 매입자와 보장 매도자 간 거래를 하는데, 보장 매입자는 CDS의 기초가 되는 채권을 보유하고 있어. 그런데 보유 채권이 혹시나

부도가 나서 원금을 못 받을 위험을 느끼고 있는 거야. 그러면 보장 매입자는 '내가 일종의 보험료인 프리미엄을 주고 보유하고 있는 채권이 만약 부도가 나면, 발행자 대신 나에게 원리금을 주세요'라는 일종의 보험계약을 제안하지. 보장 매도자가 만약 이 제안을 받아들이면 이 CDS 거래가 성사되어서 다음의 거래 구조가 만들어지는 거야."

[그림 14-2] CDS 거래 구조도

1. 거래 시작 및 부도 미발생 시

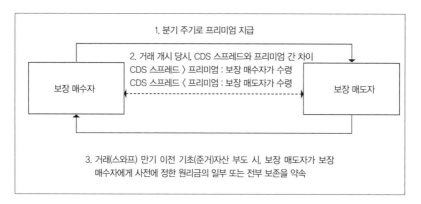

2. 디폴트 발생 시, 현물(준거자산 채권) 교환

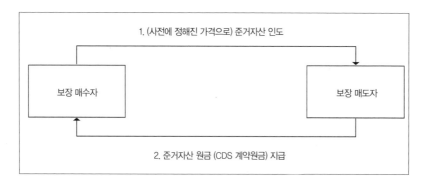

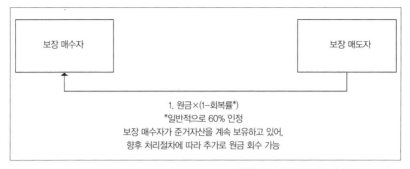

보장 매수자		보장 매도자

1. 원금×(1-회복률*)
*일반적으로 60% 인정
보장 매수자가 준거자산을 계속 보유하고 있어,
향후 처리절차에 따라 추가로 원금 회수 가능

(출처) IHS Markit(현 S&P Global) CDS Indices Primer

오만기 씨는 별다른 피드백 없이 묵묵히 듣고 필기합니다. 사실 잘 모르거든요.

"그런데 부자가 망해도 3년은 간다고, 그렇게 쉽게 망하는 법은 없거든. 국가나 회사가 쉽게 망하면 CDS 거래 자체도 없겠지? 그래서 CDS 스프레드는 보통 준거자산의 발행자의 위험을 측정, 그리고 채권의 가격 적정성을 판단하는 데 쓰여.

CDS는 채권을 발행하는 모든 발행사에 적용되는 상품이지만, 좀 더 우리 만기 씨가 이해하기 쉽게 국가 CDS, 기업 CDS, 그리고 CDS 인덱스로 나눠서 간단히 설명해볼게. 우리 그래도 '급'이 되는 국가의 CDS부터 설명을 해보자고. 진짜 전쟁 위험에 항상 노출되어 있는 나라."

오만기 씨가 뜸을 들이더니 이렇게 대답합니다.

"전쟁 위험에 가장 노출이 많이 되어 있는 나라면 사실 우리나라 아닙니까?"

"하하, 맞아. 만기 씨도 아직 국방의 의무를 다하고 있는 예비군이잖아? 지금은 모두들 인식하고 있지만, 10여 년 전만 해도 북한에서 뭘 쏘면 우리나라 CDS가 상승(가격 하락)하는 모습을 보여왔어. 예를 들어 지난 2010년 3월 천안함 피격 당시에는 양측이 일촉즉발의 위기 상황까지 연출하면서 CDS 스프레드가 70~80bp 수준에서 그해 5월 즈음에 최고 140~150bp까지 올랐었지. 이듬해인 2011년 11월, 갑자기 북한에서 연평도에 포격을 가해 몇 분이 돌아가시는 비극을 맞이했는데, 이때는 유럽 재정위기와 겹쳐서 우리나라 CDS가 고점을 찍었던 케이스도 있어. 다음 달 김정일 사망 후 북한 체제에 대한 불확실성으로 우리나라 CDS가 높은 변동성을 보이기도 했는데, 이후에는 역시 학습 효과라고 할까? 대북 리스크가 적어도 금융시장에서는 많이 사라진 모양이야."

"국가 CDS는 금융시장 변동성뿐만 아니라 지정학적 리스크 이런 돌발적인 리스크도 반영하는군요."

[그림 14-3] 대한민국 5년 만기 CDS 추이(2010년 1월~2023년 7월)

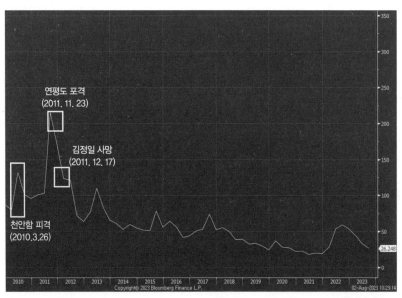

(출처) Bloomberg

"그렇지, 어제 두 차장한테 이야기한 내용이기도 한데, S&P가 미국의 신용등급을 강등하고 유럽의 재정위기가 불거졌을 2011년 가을로 가 보면, 당시 재정위기를 겪었던 국가들의 CDS 수준은 급등을 넘어 '정말 디폴트 가겠구나' 하는 두려움에 가득 차 있는 걸 볼 수 있어. CDS 스프레드가 이러한 위험 신호를 제때 잘 나타내준다는 것을 알 수 있지."

[그림 14-4] 이탈리아, 스페인 및 독일 5년 만기 CDS 추이(2007년 1월~2023년 7월)

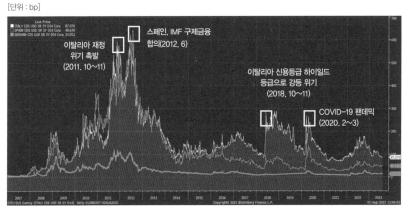

이탈리아 : 흰색 실선, 스페인 : 주황색 점선, 독일 : 회색 실선   (출처) Bloomberg

"국가 CDS 추이를 보면, 좀 더 넓게 세상을 볼 수 있는 힌트를 얻을 수 있겠네요?"

"정답이야. 다음은 개별 기업에 대한 CDS야. 당연히 채권을 발행하는 모든 기업에 대해서 채권투자자들은 이들 기업이 망할 수 있으니까 CDS 거래를 하겠지? 그것도 아주 활발하게 말이야. 국가 CDS와 똑같은 원리로 회사가 신용등급이 강등되는 등 이벤트가 발생하면 당연히 해당 CDS가 먼저 신호를 주게 돼."

신 부장은 잠시 입을 꽉 다문 채 아래를 응시합니다.

2008년 2월 15일, 회상 장면

"신 대리님께서 이 채권을 잘 몰라서 하시는 말씀인데, 이거 무디스 기준으로 Aa3, 즉 AA–급의 아주 우량한 채권이란 말입니다. 가격도 매우 저렴한 수준인데 뭘 주저하신다 말입니까?"

2008년 2월 초, 아이슬란드 3위 규모의 대형 상업은행인 카우프싱 은행(Kaupthing Bank)이 주관사인 한탕증권과 함께 공업은행 자금운용본부를 방문했습니다. 한국에 달러 표시 김치본드[44]를 발행하기 위함입니다. 당시 공업은행이 국내 외화채권 투자를 가장 활발하게 했던 기관이었기 때문에 그들에게는 1번 타깃이었을 겁니다.

한탕증권 권열삼 팀장의 열변에 이만규 본부장이 끼어듭니다.

"열삼 팀장님, 카우프싱이 우량한 은행이기는 한데 작년 미국 서브프라임(프라임(선순위) 부동산 대출 자격이 없는 자들이 높은 금리비용을 지불하면서까지 빌리는 후순위 담보대출) 사태가 터지면서 금융시장이 급격하게 경색이 되지 않았습니다. 따라서 지금 우리는 특별히 보고 있지 않네요."

"아 참, 본부장님, 아이슬란드가 지금 유럽에서 가장 잘나가고 있는 나라라는 거 잘 아시죠? 1인당 국민소득이 우리나라의 3배(아이슬란드 USD 6만 9,000 vs 대한민국 USD 2만 3,000, 2007년 말 기준) 수준의 선진국입니다. 지

---

44 국내 비거주자(국내기업이나 해외에 소재한 법인 포함)가 국내에서 국내법을 준수하면서 발행한 원화 이외의 통화 표시 채권을 의미

금 가격이 이렇게 쌀 때가 기회예요."

당시 AA-급 금융기관의 유사만기 채권 스프레드를 비교할 때 확실히 카우프싱 은행 스프레드가 약 50bp(0.5%)가 높았습니다. 그런데 이 부분이 신 대리는 이상했던 것입니다.

"카우프싱 은행같이 우량한 은행이 굳이 우리나라에서 발행하려고 하는 이유를 모르겠습니다. 제가 아이슬란드 상황까지는 잘 모르지만 뉴스를 찾아보니, 1999년 유로존이 만들어지고 금융 규제가 완화되면서 아이슬란드가 기존의 농업, 어업 중심의 산업에서 금융산업으로의 대전환을 시도했다고 하더라고요. 그러면서 은행산업이 엄청나게 커졌는데 그 과정에 레버리지가 확대되었다네요? 그런데 작년부터 부동산 위기로 은행들의 자금조달이 막혔다는 기사가 나와서요."

"기우이십니다. 은행들이 몇백 년 사업하면서 그런 위기 한번 안 겪었겠습니까? 공업은행도 우리나라가 개발도상국에서 지금의 선진국으로 발돋움하는 과정에서 숱하게 기업들 때문에 원리금 제때 못 받는 일이 허다하지 않습니까? 걱정하지 마시고 한번 투자 검토해주세요. 저희가 공업은행이 원하신다면 추가로 스프레드를 확대(가격을 인하)해서 발행할 용이가 있습니다."

권 팀장의 집요한 설득에 신 대리는 반 이상 투자하기로 기울였습니다. '남들이 두려워할 때 먼저 해라'는 황제펭귄의 자세를 가지고 있던 그였기에 구체적인 조건을 들어보고 싶었습니다. 그때,

"권 팀장, 지금 이 은행의 CDS를 보면 도저히 Aa3 등급의 기관의 그것이라고 보기에 너무 높지 않소? 비슷한 등급의 투자은행의 CDS가 그래도 100bp 내외인데 이건 지금… 아휴, 이 CDS가 의미하는 바는 이 은행은

추가로 신용등급이 강등될 수 있고, 실제 A급 또는 그 이하의 등급 가격 수준에서 거래가 되어야 하는 게 맞소.

마지막으로 지금 아이슬란드 국가 자체나 주요 은행들의 레버리지가 높다고 부정적인 뉴스가 계속 들리는데 이것은 자칫 지금 전 세계적인 부동산 위험이 그들을 삼켜버릴 수 있다는 이야기지. 이 투자 건은 우리 드랍(거절)이오."

이 본부장은 결정을 하기 전까지는 주위의 말을 경청하지만, 본인이 결정을 한 번 하면 절대로 바꾸지 않습니다. 그러한 단호함이 그를 40대 초반 때부터 증권사 임원으로 고속 승진할 수 있었던 면이었습니다.

"알겠습니다. 그런데 본부장님, 오늘 건은 후회하실 겁니다. 나중에 유통물로는 꼭 매입하십시오."

권 팀장은 별다른 인사 없이, 카우프싱 조달담당자와 함께 황급히 자리

[그림 14-5] 카우프싱 은행 5년 만기 CDS 추이(2007년 4월~2008년 5월)

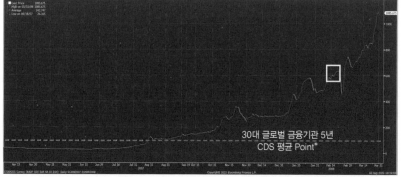

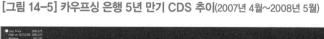

* https://www.researchgate.net/figure/Average-of-5-year-CDS-prices-for-30-major-global-banks-New-York-Intra-Day-Prices_fig15_227461149

(출처) Bloomberg

를 뜹니다.

2023년 8월 3일 현재

"그래서 그 후에 카우프싱 은행은 어떻게 됐습니까?"

"자, 금융위기 발생한 후 그해 연말에 이 본부장님이 글로벌 은행들 신용등급 변동 정리하라고 지시하셔서 정리하다가 카우프싱 은행 등급 변화도 이렇게 정리해봤어."

[표 14-1] 카우프싱 은행 신용등급 변화 추이(무디스 기준)

2007.4.10.	2007.8.15	2008.2.28	2008.9.30	2008.10.8	2008.10.9*
Aa3(AA−)	Aa3(AA−)	A1(A+)	A1(A+)	Baa3(BBB−)	Caa2(CCC)
	등급 하향 검토		등급 하향 검토	등급 하향 검토	등급 하향 검토

*디폴트 발생

신 부장이 2008년 2월 28일 등급변경 란을 손가락으로 짚으며 이어갑니다.

"당시에는 지금처럼 정보를 빨리 받아들일 환경이 아니어서, 아이슬란드 경제 상황이나 카우프싱 은행에 대한 정보가 부족하긴 했어. 그렇지만 적어도 전 세계적으로 부동산 부실이 빠르게 진행되고 있었고 빠른 시간 내에 대형은행으로 성장한 카우프싱 은행이 이상하다고 직감한 사항은 바로 CDS 스프레드가 동일 등급 금융기관 대비 훨씬 높았다는 점에서 알고 있었던 거야."

"아, 개별기업 CDS는 해당 기업의 신용 위험이 커진다면 당연히 채권 보유자들은 그 위험을 제거하기 위해서 CDS를 사는 것이고, 사자 수요가 많아진다는 것은 그 스프레드가 상승하는 것이군요. 그리고 유사한 산업군이고 동일한 신용등급을 가지고 있는데도 불구하고, 부장님께서 말씀해주신 사례처럼 유난히 높은 CDS를 보이는 기업은 세밀한 조사가 필요하겠습니다."

오만기 씨가 개별기업 CDS의 개념을 정리합니다.

"물론이지. 그런데 진짜 회사가 안 좋아서 망할 수도 있다는 우려가 높아져서 CDS가 상승하는 경우와 그냥 군중심리에 의해서 '이 회사도 혹시 망할 수 있어' 하면서 CDS가 급격히 상승하는 경우도 있어. 그 대표적인 예가 이번 실리콘밸리 은행 파산, 크레디트스위스 위기 및 UBS 인수에 이어서 다음 타자로 지목되었던 것이 도이치뱅크였어. 금년 3월 말, 며칠 사이에 CDS가 급등을 하는 모습을 보이지."

"이번에 글로벌 금융기관들 투자 한도 받으려고, 차 차장님이 2022년 말 각 은행 실적을 정리해놓으라고 하셨거든요. 제가 정리한 바에 따르

[그림 14-6] 도이치뱅크 5년 만기 선순위 CDS(EUR 표시, 2022년 8월~2023년 8월)

(출처) https://www.investing.com/rates-bonds/deutsche-bank-cds-5-year-eur

면, 도이치뱅크는 영업이익도 흑자이고 자본비율[45]도 매우 건실했거든요."

오만기 씨가 대답합니다.

"도이치뱅크는 2008년 금융위기 때도 자본 건전성 때문에 문제가 있었고, 2016년 초에는 전년도 대규모 적자 시현으로 발행한 하위 후순위 채권(Additional Tier 1) 이자를 미지급할 수도 있다는 우려 등 몇 번 '전과'가 있었지. 과거에 비해서 재무건전성이나 수익성이 좋아졌는데도 시장에서는 '다음에는 도이치뱅크이니 가지고 있는 자산들 다 팔자' 이렇게 나온 거야. 그러니 CDS가 며칠 사이에 100bp 가까이 확대가 되었지.

그런데 만약 회사에 별 문제 없이 이런 이상 현상이 나는 걸, 우리 채권 매니저들이 대뜸 알아차려서, '아 저거는 저가 매수 기회이구나' 하는 생각도 가져야 해."

"네, 명심하겠습니다."

신 부장은 잠시 부장실에 들어갔다가 파일 몇 장을 가져옵니다.

"우리 같이 다양한 발행사의 채권을 보유 및 매매하는 포트폴리오에 있어서는 저런 개별 CDS를 가지고 신용위험을 헤지(위험을 최소화하는 것)할 때, 보유하고 있는 모든 발행사의 그것을 사야 하니 아무래도 비효율적이겠지? 그래서 발행사별 신용위험을 묶어서 하나의 인덱스로 만들어서 거래를 하는 CDS Index(인덱스)가 대세야. 예를 하나만 들게. 혹시 만기 씨, 우리 포트폴리오 중에 중국을 포함한 아시아 크레디트 채권 비

---

45 국내 은행을 포함한 글로벌 금융기관은 은행의 건전성 지표로 글로벌 규제법안인 바젤 3하에서 최소 자본 요건을 갖추어야 한다. 일반적으로 사용하는 자본비율로는 보통주 자본비율(CET 1 Ratio=자본(우선주 제외)÷위험가중치 조정 자산)을 사용하며 규제 최저 비율은 4.5%임. 도이치뱅크는 2022년 말 현재 CET1 비율 약 13.4%임

중이 어느 정도 되지?"

"약 60% 정도 됩니다."

신 부장은 새로운 그래프를 보여주면서 말을 이어 나갑니다(표 14-2).

"우리가 보유하고 있는 발행사들을 보면, 알리바바, 바이두, KT 등 여러 기업이 발행한 채권들이잖아? 우리 포트폴리오를 효과적으로 헤지하기 위해서 바로 이 인덱스를 매매하면 어느 정도 효과를 거둘 수 있지. 지금은 S&P Global이 관리하고 있는 'Itraxx ex-Japan IG CDS 5year Index(Itraxx 일본 제외 아시아 투자등급 기업 5년 만기 CDS 인덱스, 이하 인덱스)'야.

[표 14-2] 인덱스 구성, 주요 기업 (2023년 8월 3일 현재)

인덱스 구성 : 아시아 투자등급 40개 기업이 각각 2.5%씩 비중, 중국 비중 60%
중국 : 중국정부, 알리바바, 바이두, 중국은행, BOC Aviation, 신다홀딩스 등
한국 : 대한민국 정부, KT, 우리은행, 수출입은행, 포스코 등
홍콩 : 선훙카이(부동산), 허치슨 웸포아, 스와이어 퍼시픽 등
싱가포르 : DBS 은행, 싱가포르 텔레콤 등
인도 : 인도 정부, State Bank of India 등
기타 : 태국 정부, 말레이시아 정부, Petroliam Nasional Bhd 등

Alibaba Group Holding Ltd	China Petrochemical Corp	Perusahaan Perseroan Persero PT Perusahaan Listrik Negara	State Bank of India/ London
Baidu Inc	CITIC Ltd	Petroliam Nasional Bhd	State Grid Corp of China
Bank of China Ltd	DBS Bank Ltd	POSCO Holdings Inc	Sun Hung Kai Properties Ltd

BOC Aviation Ltd	Republic of India	Indonesia Asahan Aluminium PT	Swire Pacific Ltd
China Cinda HK Holdings	Hutchison Whampoa Ltd	Pertamina Persero PT	Tencent Holdings Ltd
China Construction Bank Corp	Industrial & Commercial Bank of China Ltd	Reliance Industries Ltd	Export-Import Bank of China/The
China Development Bank	Kingdom of Thailand	Republic of Indonesia	Export-Import Bank of Korea
China Huarong International Holdings Ltd	KT Corp	Republic of Korea	Hongkong Land Co Ltd/The
China National Chemical Corp Ltd	Federation of Malaysia	Republic of the Philippines	Vanke Real Estate Hong Kong Co Ltd
China Orient Asset Management International Holding Ltd	People's Republic of China	Singapore Telecommunications Ltd	Woori Bank

위험신호 측면에서는 인덱스를 통해서 아시아 투자등급 크레디트의 위험 정도를 파악할 수 있어. 즉 인덱스는 개별 기업보다는 훨씬 체계적인 위험(인덱스가 대표하고 있는 시장 위험)을 찾아낼 수 있다는 장점이 있어.

특히 이 인덱스에는 중국 기업 비중이 크잖아(그림 14-7). 최근 중국정부가 민간기업들을 통제하고 억압하면서 아시아 크레디트 시장에 악재로 작용했는데 그것이 바로 이 CDS 인덱스에 묻어나 있어. 금년 들어서는 중국의 경기 부양 기대, 시진핑 3연임 확정 후 안정적인 흐름 등을 기대하니 CDS가 하락하고 안정화되는 모습을 보이고 있어."

"맞습니다."

배가 너무 고픕니다. 2시간여 대화에 신 부장은 얼른 정리하고 밥을

[그림 14-7] 인덱스 추이(2019년 8월~2023년 7월)

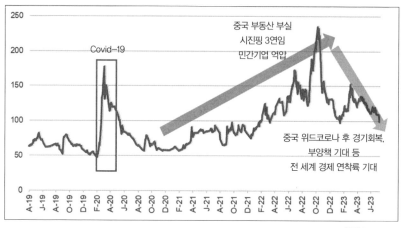

먹고 싶습니다. 이미 11시 20분이 넘어서 여의도에서 온전하게 자리 잡고 밥 먹기는 글렀습니다.

"CDS는 채권 발행기업의 부도 위험을 헤지하기 위해서 만든 일종의 보험이야. 그래서 실제 기업들의 이상 징후가 나타나면 그 기업의 CDS가 급격하게 상승하는 모습을 보여. 그렇지만 최근에는 CDS 인덱스가 더 거래가 활발해. 왜냐하면 이 복잡다난한 시대에 다양한 기업의 신용위험에 노출되어 있는 기관투자자들에게는 좀 더 효율적으로 그 신용위험을 헤지할 수 있는 수단이 필요하거든. 이 CDS 인덱스는 개별기업의 리스크 위험보다는 시장 상황을 판단하는 매크로 지표로써 유용하게 사용할 수 있어.

따라서 이번 피치의 미국 신용등급 하락이 크레디트 채권으로 전이되는지 여부를 보려면 이러한 인덱스 CDS를 관심 있게 봐. 물론 과거 이탈리아의 사례처럼 특정 국가로의 위험이 전이 될 가능성을 생각해볼 때, 국가 CDS도 잘 봐둬."

"넵, 알겠습니다!"

오만기씨 가 쿠폰 2장을 들고 옵니다.

"부장님, 신장개업한 '오돌이'라는 곳인데요. 여기서 '오돌이 정식' 주문하면 이 쿠폰으로 80% 할인을 해준다고 합니다. 여기 가시지요."

"오돌이가 뭐야?"

"예, 오삼불고기에 돌솥비빔밥입니다."

신 부장 입가에 군침이 돕니다.

CDS 검색방법

1. 국가별 CDS

참고 사이트 | http://www.worldgovernmentbonds.com/sovereign-cds/(World Government Bonds)

위 사이트에 직접 접속하거나, 구글에서 'country cds'로 검색하면 위 사이트를 찾을 수 있습니다. 접속하시면 주요국 현황을 볼 수 있으며, 특정 국가를 클릭하면 역사적 추이를 찾을 수 있습니다.

[그림 14-8] 사이트 화면

1. 주요국 CDS 현황

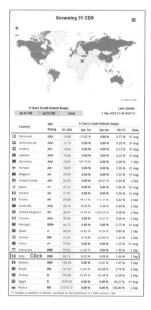

2. CDS 상세(이탈리아) : 역사적 추이

CDS value changed -1.15% during last week, -0.02% during last
month, -44.18% during last year.

Current CDS value reached its 1 year minimum value

Period	Change	Min	Range	Max
1 Week	-1.15%	86.13 31 Aug 23		87.13 30 Aug 23
1 Month	-0.02%	86.13 31 Aug 23		90.10 24 Aug 23
6 Months	-9.38%	86.13 31 Aug 23		122.32 21 Mar 23
1 Year	-44.18%	86.13 31 Aug 23		170.27 23 Oct 22

Current CDS: **86.13**
Last update 2 Sep 2023 21:45 GMT+0

Historical Data

Data Source: from 16 Apr 2017 to 2 Sep 2023

The **Italy 5 Years Sovereign CDS** reached a maximum value of 286.10 (21
November 2018) and a minimun yield of 68.80 (18 September 2021).

Italy - 5 Years CDS

Zoom 1m 3m 6m YTD 1y **All**   10 Apr 2017 → 2 Sep 2023

2. 기업별 CDS

참고 사이트 | https://www.investing.com/(인베스팅닷컴)

인덱스 CDS 및 비금융권 CDS 추이를 보여주는 무료 사이트는 없습니다. 블룸버그,
연합인포맥스 등의 유료 가입자들에 한하여 동 CDS에 접근할 수 있습니다. 단, 금융
권의 CDS 추이는 위 사이트 접속 및 '주요 은행명 CDS(예: Bank of America CDS)'
으로 검색하면 역사적 추이를 볼 수 있습니다.

[그림 14-9] 사이트 화면

유가

- 검은 금, 그의 속을 알 수 없다

2023년 8월 7일(월)

"3년 전에 경유가 휘발유보다 올라서, SUV 휘발유 차량으로 과감하게 바꿨는데 기름 값이 계속 오르네. 출퇴근 하다가 거덜나겠어."

출근하자마자 신 부장이 투덜거립니다. 올해로 여의도로 출근한지 어언 20년. 그는 고등학교 2학년 때부터 30년 넘게 살아온 분당에서 여의도까지 출퇴근을 하고 있습니다. 여행을 좋아해서 항상 큰 차를 선호하며 세단보다는 SUV를 좋아합니다. 그 결과 한 달에 100만 원 가까이 나오는 교통비가 큰 부담입니다.

"부장님예, 그냥 전기차 사이소. 정가는 뭐 6,000만~7,000만 원 되지만서도 실제 보조금 받고 하믄 한 4,000만~5,000만 원에 사지 않습니꺼?"

얼마 전 테X라 보급형을 한 대 뽑은 김승리 주임이 전기차가 좋다고 뽑냅니다.

"아내가 자기 회사 출근한다고 전기차 택시를 우연히 탔대. 뒤에 앉았는데 멀미나서 죽을 뻔했대. 나 혼자 운전하고 다니면 상관이 없는데 가족들하고 자주 캠핑을 가니까 안 사는 거지."

"부장니~임~, 제가 결혼하고 지금까지 운전하는 하이브리드형 어떻습니까? 물론 휘발유로 보통 가지만, 시동 걸어서 시속 30km/h 남짓

[그림 15-1] WTI 추이(2023년 1~7월)

[단위 : 달러/배럴]

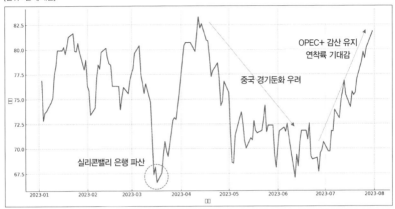

OPEC+ 감산 유지
연착륙 기대감

중국 경기둔화 우려

실리콘밸리 은행 파산

(출처) FRED (세인트루이스 연은)

까지는 전기로 가니까 연료 효율이 좋습니다아~. 그리고 제가 중고로 샀는데 새 차는 같은 종류 일반 휘발유 차보다 훨씬 비싸지만, 중고 3년 차로 접어들면 비슷비슷해지는 거 같습니다아~."

평소 '새 차를 처음 시동 걸고 나가는 순간 중고차가 된다'라는 신조를 가지고 있는 신 부장은 차를 구입할 때 항상 단골 중고차 시장에서 매입을 하곤 했습니다. 차 차장의 조언에 솔깃합니다.

"하이브리드 SUV도 나오지?"

"물론입니다아~."

"그런데 요즘 미국 경기가 연착륙, 연착륙하니까 유가도 같이 뛰는 건가?"

신 부장의 물음에 오만기 씨가 대답합니다.

"네, 그렇습니다. 금년 초만 해도 실리콘밸리 은행 파산이다, 크레디트 스위스 파산 위기다 해서 경기침체가 올 것이라고 우려하면서 유가가 급락을 했었는데, 최근 물가도 둔화되고 경기 지표는 비교적 견조하니 우려하는 침체 수준은 아니라는 컨센서스가 깔린 것으로 보입니다. 부장님."

"오늘 본부장님이 휴가 중이어서 내일 보고해야 하는데, 보고서에 WTI 지표와 최근 동향을 차 차장이 오만기 씨와 함께 좀 준비해줘."
"네~에~, 물론입니다아~, 부장님."
차 차장이 대답하자, 신 부장이 자리에 일어서서 부장실로 들어가려 할 찰나, 뒤를 돌아보며 한마디 덧붙입니다.
"만기 씨, 지난 주 본부장님께서 NFCI(National Financial Condition Index)에 대해서 매우 흡족해하셨네. 오늘도 잘 정리해줘."
신 부장이 부장실로 들어가자, 차 차장이 오만기 씨에게 말합니다.
"만기 씨, 우리 회의실에 들어가서 WTI를 한번 정리해봅시다."
"네, 알겠습니다."
회의실에 들어서자 차 차장이 화이트보드에 준비해야 할 항목을 적습니다.

- WTI와 Brent 개념 정리
- 유가와 달러와의 관계
- WTI 가격 영향 요인
- 유가와 국채 금리, 그리고 위험자산 간의 관계

"만기 씨, 이렇게 준비하면 될 듯한데, 덧붙일 항목이 있을까요?"

"차장님, 보충 항목으로 왜 유가는 중앙은행에서 통화정책 결정 항목에서 빠지는지도 미리 준비해야 할 거 같습니다."

오만기 씨의 대답에 차 차장이 만족해합니다.

"맞습니다. 이 부분을 본부장님께서 간과하실 수 있으니 넣어봅시다. 우선 유가를 대표하는 두 지표, WTI와 Brent유 가격에 대한 개념을 정리해보죠."

"네, WTI는 오클라호마 쿠싱이라는 지역에서 거래 및 저장되는 상품입니다. 영어 풀네임은 West Texas Intermediate입니다. 즉 서부 텍사스산 중질유입니다. 반면 Brent유는 영국 북해에서 채굴되는 중간밀도의 원유입니다. Brent유는 WTI에 비해 좀 더 무거운 성질을 가지고 있습니다. 그리고 WTI는 주로 미국, 캐나다 등 미주지역의 벤치마크 가격으로, Brent유는 중동, 유럽, 아프리카 원유 가격의 벤치마크로 사용하고 있습니다.

그리고 두 가지 원유는 각각 다른 시장에서 선물(Futures)로 매매가 가능한데, WTI는 뉴욕상업거래소(NYMEX)에서, Brent유는 런던의 ICE(Intercontinental Exchange)에 상장되어 있습니다."

차 차장은 질문을 덧붙입니다.

"그러면 Brent유와 WTI 간에는 가격 차이가 존재하나요?"

"네, 일반적으로 Brent유 품질이 WTI보다 무거워서 정제비용의 차이가 있고, 중동 및 동유럽, 아프리카 등 Brent유 가격에 영향을 미치는 지정학적 요소 변동성이 높습니다. 따라서 최근에는 배럴(=158.99kg)당 가격이 Brent유가 다소 높습니다. 단, 둘 간의 상관관계는 거의 100%에 가깝기 때문에 가격 추이를 보는 관점이라면 큰 차이는 없습니다."

[그림 15-2] WTI 및 Brent유 가격 추이(2000년 1월~2023년 7월)

[단위 : 달러/배럴]

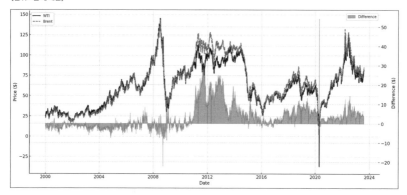

WTI : 검은색 실선(좌측 축), Brent : 주황색 점선(우측 축)   (출처) FRED(세인트루이스 연은)

차이(=Brent-WTI) : 회색 음영(우측 축)

"자, 이 정도면 충분할 거 같습니다. 그러면 다음 유가와 달러와의 관계를 한번 볼까요? 사실 미국 달러가 전 세계 기축통화가 된 것은 1944년 브레튼우즈 협정을 통해서 1달러당 35온스의 금과 교환할 수 있도록 한 '금본위제[46]'를 합의한 것에서 시작하지만, 이 체제가 불과 합의 후 27년이 지난 1971년에 깨졌거든요. 미국이 더 이상 다른 나라에 달러를 받고 내줄 금이 부족하게 된 거죠."

"그러면 미국 달러의 기축통화로서의 지위가 흔들렸겠네요?"

오만기 씨의 반문에 차 차장이 기다렸다는 듯 설명을 이어갑니다.

"마침 1970년대 초 중동발 오일쇼크가 발생하지. 당시 산유국 간 결성한 조직인 OPEC(석유수출국 기구, Organization of the Petroleum Exporting Countries)에서 서방의 이스라엘 지원에 대한 불만으로 원유 수출을 금지

---

46 화폐 단위의 가치와 금의 일정량의 가치가 등가관계(等價關係)를 유지하는 본위제도

해버리지요. 미국은 이때 사우디아라비아를 포함한 주요 산유국에 원유 거래 시 달러로만 결제하게 하는 대신, 그들에게 군사적 보호와 원유 공급의 안정을 보장하는 제안을 하게 됩니다. 이 제안이 성사되면서 페트로-달러 시스템이 만들어지게 되었어요. 미국은 달러의 금본위제에 기초한 금과의 비율을 포기하는 대신에, 원유 결제의 독점적 지위를 차지하게 되면서 기축통화의 지위를 유지하게 되죠."

"그야말로 원유가 '검은 금(Black Gold)'이 된 셈이네요."

"맞습니다. 즉 달러가 원유의 결제수단이 되면서 둘 간의 가치는 반비례하는 관계가 되죠. 즉 원유 거래량이 많아지면, 달러 수요가 높아지게 되면서 다음과 같은 공식이 성립하죠.

원유 거래량 증가(공급 증가) : 유가 하락 ↔ 달러 수요 증가 - 달러 가치 상승

[그림 15-3] Brent유 vs 달러 추이(1990년 1월~2023년 7월)

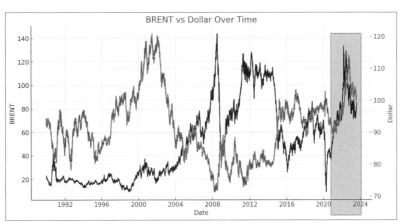

(출처) Brent유 : FRED(세인트루이스 연은), 달러 인덱스 : Yahoo! Finance

Brent유 : 검은색 실선(좌측 축, 달러/배럴), 달러 인덱스 : 주황색 실선(우측 축)

[그림 15-4] Brent유 vs 달러 회귀분석(샘플 기간 : 1990년 1월~2023년 7월)

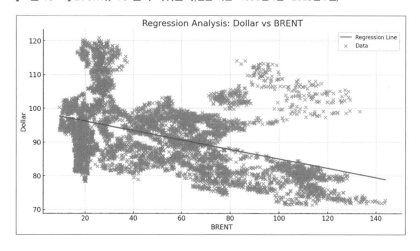

원유 거래량 감소(공급 감소) : 유가 상승 ⇔ 달러 수요 감소 – 달러 가치 하락

둘 간의 관계가 반비례 상황이 되는 것이지요."

차 차장이 미리 인쇄한 Brent유와 달러 추이, 그리고 회귀분석 자료를
보여줍니다(그림 15-3, 15-4).

[표 15-1] 회귀분석 통계표

구 분	값
회귀식	Dollar = 98.9336 + −0.1394 BRENT
상관관계	−45.9%
결정계수(R2)	21.1%
기울기 t−value	−47.38
y절편 t−value	549.0

"차장님 보여주신 그래프를 보면, 전반적으로 둘 간의 관계는 말씀하신 대로 반비례 관계가 비교적 높은 상관관계(일반적으로 35%(절댓값 기준) 이상의 상관관계를 가지면 높다고 간주함(10. 구리/금 비율 에피소드 참조))를 가지고 있습니다. 그런데 최근 1년간은 둘이 동조하면서 서로 올라갔네요?"

차 차장이 물 한 모금을 마신 후, 말을 꺼냅니다.

"작년부터 연준이 기준금리를 올리기 시작했잖아요? 그러면서 단기금리와 정비례하는 달러 가격이 올랐구요. 그리고 작년 러시아와 우크라이나가 전쟁을 하면서 원유 공급에 상당한 차질을 빚게 되지요. 참고로 러시아는 세계 1위 산유국이고요. 그래서 동조해서 올라간 것이고요. 그런데…"

"그런데요?"

"이 기사 한번 보세요."

[그림 15-5] 보도자료(2023년 3월 17일)

中 "사우디와 위안화 결제" … '페트로 달러' 와해 시동

"아랍권 금융기관에 첫 대출 협력"
사우디, 원유 포함할지는 미지수
中, 호주 석탄 수입 2년 만에 재개

16일 사우스차이나모닝포스트(SCMP) 등에 따르면 중국 수출입은행은 지난 14일 위챗(중국판 카카오톡)을 통해 "사우디 국영은행과 첫 위안화 대출 협력을 성공리에 마쳤다. 양국 무역 관련 자금 수요를 충족하는 데 쓰일 것"이라고 밝혔다.

(출처) 서울신문 (https://www.seoul.co.kr/news/newsView.php?id=20230317020002)

"아, 중국이 페트로 달러 체제를 깨고 위안화로 틈새를 찾으려 하는군 요."

맞습니다. 페트로 달러 체제가 깨지면 기존에 유지되었던 원유 거래에 대한 결제통화 지위가 흔들리고, 둘 간의 반비례 관계도 자연스럽게 사라지게 됩니다.

차 차장은 다음 화제로 돌립니다.
"자, 그러면 이제 WTI의 가격 영향 요인을 살펴봅시다. 이것은 간단하게 표로 그릴 수 있을 거 같아요."

[표 15-2] 유가 영향 요인

공급 요인	수요 요인
OPEC+ 감산/증산 결정	중국 수요
지정학적 이슈	글로벌 경기
셰일가스	EIA 주간 원유재고 현황
전략 비축유 방출	전략 비축유 구입

차 차장이 다시 한번 그래프를 보여줍니다(그림 15-6).

"먼저 2008년, 유가가 배럴당 140달러까지 치솟다가 금융위기가 터지면서 갑자기 경기침체의 공포가 엄습합니다. 이러면 수요가 줄어들기 때문에 유가가 급락을 하지요. 그리고 2010년대 초, 채굴 기술의 발달로 기존 산유국이나 미 텍사스에서 하는 원유 시추방식인 수직 시추에서 암석층을 수평으로 뚫어서 채굴하는 수평 시추가 가능해집니다. 그래서 주로 미국 중서부 및 중부(유타, 오하이오, 펜실베니아주 등)의 깊은 암석에

[그림 15-6] Brent유 vs 달러 추이(1990년 1월~2023년 7월) **: 주요 이벤트**

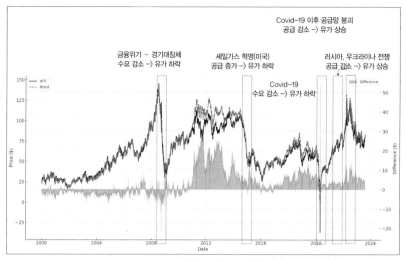

(출처) Brent유 : FRED(세인트루이스 연은), 달러 인덱스 : Yahoo! Finance

Brent유 : 검은색 실선(좌측 축, 달러/배럴), 달러 인덱스 : 주황색 실선(우측 축)

묻혀 있던 셰일가스 시추가 가능해진 거죠. 만년 원유 수입국이었던 미국이 드디어 원유 순 수출국으로 탈바꿈하게 되고, 이른바 '셰일혁명'이 일어난 거죠. 그러면서 공급이 늘어나게 되고 2014년 하반기, 유가가 최저 20달러/배럴까지 하락하게 됩니다."

오만기 씨가 중간에 추임새를 넣습니다.

"이때가 미국과 사우디가 사이가 틀어지게 된 때 같은데요?"

"맞습니다. 미국이 더 이상 사우디 등 OPEC+[47]으로부터 수입을 할 필요가 없어졌죠. 사우디는 주요 수출국인 미국이라는 파트너를 잃게 되

---

47 OPEC 회원국(가입연도) : 카타르(1961), 인도네시아(1962), 리비아(1962), 아랍에미리트(1967), 알제리(1969), 나이지리아(1971), 에콰도르(1973), 가봉(1975), 앙골라(2007), 적도 기니(2017), 콩고(2018)
OPEC+ : OPEC + 아제르바이잔, 바레인, 브루나이, 카자흐스탄, 말레이시아, 멕시코, 오만, 러시아, 남수단, 수단

고 유가가 바닥을 치게 되면서 글로벌 채권을 엄청나게 찍어내면서 재정적자를 충당하게 되죠. 사우디의 암흑기였습니다.

2020년 초 코로나로 인해서 전 세계 경제가 셧다운이 되면서, 잠시나마 유가가 마이너스를 친 적도 있었고요. 기가 막히죠? 오히려 원유를 수입하는 쪽에서 돈 받고 구입하는 꼴이 되니까요. 이것은 경제활동 중단이라는 최악의 상황에 직면하면서 수요가 급감하는 사례가 되고요. 그래서 이때 OPEC+는 감산(공급 감소)을 결정하게 됩니다. 즉 생산량을 줄여서 가격을 회복하는 것이죠.

작년에 일어난 러시아-우크라이나 전쟁은 대표적인 지정학적 사건으로서 세계 최대의 산유국인 러시아와 대표적인 곡창지대인 우크라이나발 공급위기가 촉발된 사건입니다. 이때 유가가 100달러/배럴을 넘었죠."

[그림 15-7] 세계 10대 원유 수입국(2022년)

[단위 : 10억 배럴]

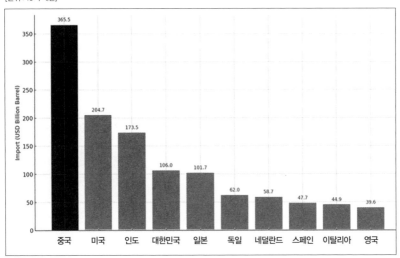

(출처) https://www.worldstopexports.com/crude-oil-imports-by-country/

"그런데, 차장님?"

오만기 씨가 중간에 끼어듭니다.

"앞서 보여주신 표에서 말씀해주지 않으신 중국 및 미국의 전략 비축유, 그리고 EIA의 주간 재고에 대해서도 설명을 해주시겠습니까?"

차 차장이 미소를 지으며 대답합니다.

"네에, 중국은 세계 최대의 원유 수입국입니다. 1978년 덩샤오핑이 최고 권력자가 된 이후, 지속적인 개방정책으로 저 대륙이 얼마나 경제성장을 했습니까? 그래서 자원대국이면서도 모자라서 수입을 통해서 충당을 하는 거죠.

그런데 중국 경제가 지금 심상치 않지요? 중국 경제가 둔화되면 그만큼 원유 수요가 줄어드니까 유가가 하락할 수 있는 거죠.

마지막으로 미국의 전략 비축유(Strategic Petroleum Reserve)가 있는데, 사실 전 세계에서 전략 비축유를 보유하고 있지요. 그런데 미국의 전략 비축유는 그 규모가 타국 대비 엄청나게 많죠. 보통은 별 이슈가 없는데, 지난 2021년 하반기, 유가가 스멀스멀 오르고 물가가 심상치 않자, 당시 바이든 대통령이 사우디 등 OPEC+에 감산하지 말 것을 요청했는데

[그림 15-8] 미국 전략 비축유 추이(2018년 7월~2023년 7월)

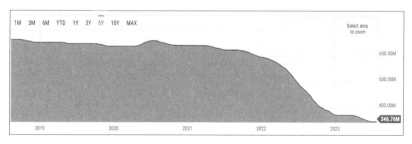

(출처) https://ycharts.com/indicators/us_ending_stocks_of_crude_oil_in_the_strategic_petroleum_reserve

말을 안 듣죠. 그래서 바이든이 전략 비축유를 방출, 공급량을 늘리면서 유가를 안정시키려고 노력합니다(2021년 11월). 이후 2022년 10월에도 1,500만 배럴을 추가로 공급하죠."

"우와 거의 보유량의 50%를 방출했네요? 그러면 이제는 다시 채워넣어야 할 거 아닙니까? 그러면 원유 수요가 높아질 테니 가격이 상승할 수 있겠네요. 여기에 현재 금융시장에서 일고 있는 연착륙 및 성장 지속에 대한 기대감까지 결합하여 유가는 올라갈 수 있겠습니다."

오만기 씨의 질문에 차 차장이 고개를 끄덕입니다.

"마지막으로 EIA 원유 재고. 미국의 에너지정보청(Energy Information Administration)은 매주 수요일 오전 8시 30분, 그리고 1시 두 번에 걸쳐 전주 금요일 기준의 재고를 발표해요. 우리가 주목해야 할 부분은 전주 대비 예상 대비 실제 재고 변화분이지요. 지난 8월 2일 속보를 한번 볼까요?

[그림 15-9] EIA 발표 속보 중(2023년 8월 2일 오전 8시 30분)

U.S. commercial crude oil inventories (excluding those in the Strategic Petroleum Reserve) decreased by 17.0 million barrels from the previous week. At 439.8 million barrels, U.S. crude oil inventories are approximately 1% below the five year average for this time of year. Total motor gasoline inventories increased by 1.5 million barrels from last week and are about 6% below the five year average for this time of year. Finished gasoline inventories increased, while blending components inventories decreased last week. Distillate fuel inventories decreased by 0.8 million barrels last week and are about 15% below the five year average for this time of year. Propane/propylene inventories increased 2.9 million barrels from last week and are 24% above the five year average for this time of year. Total commercial petroleum inventories decreased by 10.4 million barrels last week.

(출처) EIA (https://www.eia.gov/petroleum/supply/weekly/)

⇨ 미국 상업용 원유 재고(전략 석유 비축분 제외)는 전주 대비 1,700만 배럴 감소했습니다. 미국 원유 재고는 4억 3,980만 배럴로 이 시기의 5년 평균보다 약 1% 낮은 수준입니다. 총 휘발유 재고는 지난주보다 150만 배럴 증가했으며 이 시기의 5년 평균보다 약 6% 낮은 수준입니다. 완성 휘발유 재고는 증가한 반면 혼합 성분 재고는 지난주 감소했습니다. 증류유 재고는 지난주 80만 배럴 감소했으며 동 기간 5년 평균보다 약 15% 낮습니다. 프로판/프로필렌 재고는 지난주보다 290만 배럴 증가했으며 동 기간 5년 평균보다 24% 높습니다. 총 상업용 석유 재고는 지난주 1,040만 배럴 감소했습니다.

지난 주 시장 예상치가 130만 배럴 감소였으니까 예상 대비 상당히 감소했죠? 이것이 의미하는 것은 그만큼 미국의 상업용 원유 수요가 많다는 것이고 이는 수요 증가로 봐야겠죠?"

"차장님, 그러면 유가가 분명히 물가에 지대한 영향을 미침에도 불구

[그림 15-10] 보도자료(2021년 3월 25일)

국제유가, 수에즈 운하 '차단'에 급반등…WTI 5.9% ↑

전날 급락분 거의 만회… 유럽 재봉쇄 속 "수에즈 사고 영향 오래 안 갈 듯"
국제 유가는 24일(현지 시간) 이집트 수에즈 운하에서 벌어진 초대형 컨테이너선 좌초 사고에 급반등했다.

(출처) 한국경제신문 (https://www.hankyung.com/economy/article/202103259311Y)

하고 연준이나 다른 중앙은행은 유가의 급등을 고려하지 않을까요?"

오만기 씨의 질문에 차 차장이 대답합니다.

"엄밀히 말하면 고려하지 않는 것이 아니라 어떤 이유에서 유가가 움직이는 지 면밀하게 본다고 말하는 게 더 맞겠군요. 예를 들어 지난 2021년에 있었던 신문기사를 한번 보여드릴게요."

"아, 저 대학교 졸업반 때 이 기사 봤었습니다. 황당한 사건이었죠?"

"네, 이래서 유가가 상당히 올랐죠. 그런데 이런 사건으로 중앙은행이 '아, 유가가 오르니까 기준금리를 인상해야겠다'라고 하지 않는 거죠. 유가가 상당한 기간 동안 지속적으로 올라서 소비재, 생산재 등 원가를 올리는 상황이 되었을 때 기준금리를 올리는 것이라고 보면 됩니다. 즉 유가 변동이 물가의 추세적인 변화를 가져오느냐 여부에 따라 중앙은행은 통화정책 변경을 검토한답니다."

차 차장은 화이트보드에 정리 겸 판서를 합니다.

[표 15-3] 유가 변동 요인별 지속 정도 분석

구 분	공급/수요	지속성 여부	변동 원인 (정치/경제)	통화정책 고려 대상?
OPEC+ 산유량 결정	공급	대체로 단기	정치	No
지정학적 이슈	공급	대체로 단기	정치	No
신기술 발달	공급	장기	경제	Yes
전략 비축유 공급	공급	단기	정치	No
전략 비축유 매입	수요	단기	정치	No
글로벌 경기(중·미 포함)	수요	장기	경제	Yes
EIA상업용 원유재고	수요	장기	경제	Yes

오만기 씨는 '유가 및 음식료 물가 No', '주거비, 생필품 등 물가 Yes' 의 이분법적 사고를 깨끗이 버립니다. 즉 경제적 요인에 의한 유가 변동

이라면 이것이 물가에 미치는 영향이 지속적으로 크므로, 중앙은행이 기준금리 변경 등 통화정책의 고려사항이 될 것이라고 믿게 됩니다.

"차장님 덕분에 유가 변동 요인에 대해서 확실히 익히게 된 것 같습니다."

"하하, 이제 진짜 결론을 내려야지요? 유가의 변동, 그리고 금리 및 위험자산 변동도 앞의 유가 변동 요인에 따라서 정리할 수 있을 거 같아요. 장 본부장님은 저렇게 일목요연하게 정리한 표를 좋아하신다고 하더라고요."

차 차장이 쓰여 있는 내용을 깨끗이 지운 후 표를 그리고 내용을 차근차근 적습니다.

[표 15-4] 유가 변동 요인별 국채 금리 및 위험자산 관계

구 분	예시	유가	유가와의 관계	
			국채 금리	위험자산 가격
OPEC+ 산유량 결정	감산	상승	디플레(인플레) 시 상승(하락)	
지정학적 이슈	전쟁	상승	하락	하락
신기술 발달	공급 증가	하락	하락	상승
전략 비축유 공급	공급 증가	하락	하락	–
전략 비축유 매입	수요 증가	상승	상승	–
글로벌 경기(중·미 포함)	수요 증가	상승	상승	상승
EIA 상업용 원유재고	수요 증가	상승	상승	상승

"중요한 내용은 유가와 안전자산인 국채, 그리고 위험자산을 대표하는 주가 및 크레디트 스프레드와의 관계가 기계적으로 정해지지 않다는 거죠. 예를 들어 지금 유가가 상승하는 이유는 연초보다 경기둔화 또는 침체에 대한 우려가 많이 가시고 앞으로 경기가 연착륙하여 전망이 좋다는 배경이라면, 장기 금리가 다소 상승하고 위험자산 가격도 올라가는

[그림 15-11] WTI 가격, 10년 미 국채 금리 및 주가 흐름(2013년 8월~2023년 7월)

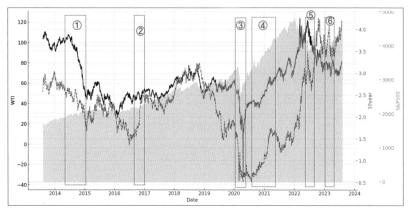

WTI : 검은색 실선(좌측 축, 달러/배럴), 국채 10년 금리 : 주황색 점선(우측 축 1, %) (출처) FRED(세인트루이스 연은)
S&P 500 : 회색 음영(우측 축 2)

모습을 보일 겁니다. 반면에 러시아가 갑자기 핵무기를 쓰겠다고 으름
장을 놓으면, 유가는 상승하겠지만 안전자산 선호현상으로 미 국채 금
리 및 위험자산 가격 또한 급락할 것입니다."

① 신기술(셰일가스 추출, 2014년 하반기) : 유가 하락, 금리 하락, 주가 상승

② OPEC+ 감산, 트럼프 당선에 따른 경기부양 기대(2016년 11월) : 유가 상승, 금
리 상승, 주가 상승

③ Covid-19 팬데믹(2020년 2월) : 유가 하락, 금리 하락, 주가 하락

④ 대규모 재정/통화정책, OPEC+감산, 회복 기대(2020~2021년) : 유가 상승, 금
리 상승, 주가 상승

⑤ 러시아-우크라이나 전쟁초기(2022년 2~3월) : 유가 상승, 금리 하락, 주가 하락

⑥ 긴축 통화정책, 경기침체 우려(2022년 3월~2023년 3월) : 유가 하락, 금리 상승,
주가 하락

오만기 씨는 완벽히 이해한 듯한 얼굴로 정리합니다.

"한마디로 요약하자면, 유가는 매우 변동성 있는 지표이며 이것이 변동할 때는 반드시 그 이유를 밝혀내라. 그러면 유가 변동이 일시적인지 지속적인지 판단할 수 있을 것이다? 맞죠?"

"빙고, 굿잡!"

말이 끝나기가 무섭게 신 부장이 회의실을 열고 외칩니다.

[쿠키 장면]

2023년 8월 9일(수)

신 부장이 장 본부장 보고를 마치고 부장실로 돌아옵니다.

"차 차장, 그리고 만기 씨. 수고했어. 본부장님이 WTI 지표를 보고 아주 시의적절하다고 말씀하시네. 오늘 아침 당신께서 읽으신 기사 내용(그림 15-12 참조)과 일맥상통하다고 말이야. 저녁에 회식이나 하자고."

옆의 김승리 주임이 나지막이 말합니다.

"부장님예, 오늘 태풍 '키노'인가 '카누'인가 카는 게 온다는 데예. 물난리 날 수 있다 안 캅니꺼."

[그림 15-12] 보도자료(2023년 8월 9일)

다시 치솟는 유가, 물가 최대 복병 부상…Fed 피봇 발목잡나

잠잠했던 국제 유가가 다시 오르고 있다. 4일(현지시간) 서부 텍사스산 중질유(WTI)는 배럴당 82.82달러에 거래를 마쳤다. 브렌트유도 종가 기준 배럴당 86.24달러를 기록했다. WTI는 지난 4월 12일(83.26달러), 브렌트유는 지난 4월 14일(86.31달러) 이후 약 4개월 만에 최고치다. (이하 생략)

(중략)

국제 유가가 다시 들썩이는 것은 수요가 늘고 있기 때문이다. 우선 계절적으로 6~10월은 미국의 최대 휘발유 수요기간인 '드라이빙 시즌'이다. 여기에 하반기 경기침체 가능성이 줄고 있다는 점도 국제 유가를 끌어올렸다.

(중략)

경제협력개발기구(OECD)가 최근 발표한 지난달 주요 20개국(G20)의 경기선행지수는 전월 대비 0.11포인트 상승한 99.7을 기록했다. 지난해 12월부터 8개월 연속 상승해 지난해 6월 이후 가장 높다. 중국 경제도 회복 조짐이 나타나고 있다. 중국의 지난달 경기선행지수(100.8)는 전달 대비 0.25포인트 오르면서 기준선(100)을 상회했다.

공급이 제한된다는 점도 국제 유가를 끌어 올렸다. 최근 SPA통신은 사우디아라비아가 원유 감산을 9월까지 연장할 것이라고 보도했다. 최대 산유국인 사우디가 감산 정책을 유지하면서 주요 산유국 협의체인 OPEC플러스(+)의 감산 기조도 이어질 가능성이 크다. 여기에 우크라이나와 러시아의 전쟁이 장기화하면서 원유 공급망 차질도 이어지고 있다.

(중략)

그나마 원유 공급을 채워주었던 미국의 전략 비축유도 바닥을 드러냈다. 미국 정부는 국제 유가를 떨어뜨리기 위해 지난해부터 사상 최대인 1억 8,000만 배럴의 전략 비축유를 시장에 풀었다. 이 영향에 미국이 보유한 전략 비축유(3억 7,200만 배럴)는 1983년 이후 40년 만에 최저치다. 미국 에너지부는 최근 전략 비축유를 다시 채워 넣기 위해 600만 배럴 재매입 계획을 세웠지만, 국제 유가가 다시 오르면서 이마저도 철회했다.

(이하 생략)

(출처) 중앙일보 (https://www.joongang.co.kr/article/25183427)

WTI 검색 방법

참고 사이트 | https://finance.yahoo.com/quote/CL=F?p=CL=F&.

tsrc=fin-srch(야후 파이낸스)

위 사이트에 바로 접속, 또는 구글에서 'WTI'로 검색하면 인베스팅닷컴, 마켓워치 등 유명 금융 포털사이트를 통해서 WTI 가격 추이를 볼 수 있습니다. 여기서는 야후 파이낸스 사이트 화면을 소개합니다.

[그림 15-13] 사이트 화면

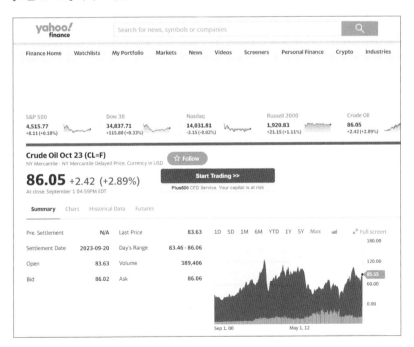

VIX(시장공포지수)

- 초강력 태풍이라도
   태풍의 눈은 조용한 법

2023년 8월 11일(금)

"차 차장, 이렇게 주가가 랠리하고 크레디트 스프레드가 낮을 때 위험 헤지할 수 있게 CDS를 좀 사둬야 하지 않겠어?"

신 부장은 왠지 시장이 한 쪽으로 쏠림에 대해서 매우 걱정이 많습니다. 여기에 8월 들어서면서 장기 금리 채권 중심으로 금리가 빠르게 올라가고 있습니다. 2022년 금리 급등과 동시에 위험자산 하락이라는 채권 포트폴리오의 '더블 딥'의 데자뷔가 돌아오는 것 아닌가, 그는 걱정입니다.

[그림 16-1] 월별 미 10년 국채 금리 변동 폭(2023년 1~8월)

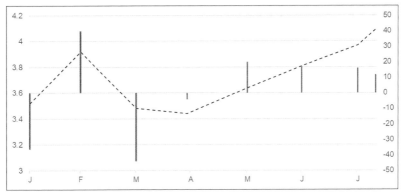

전월 대비 국채 금리 변동(bp) : 주황색 막대(우측 축)

월말 국채 금리(%) : 검은색 점선(좌측 축)

(출처) FRED(세인트루이스 연은)

"부장니~임, 제 생각에는 국채 금리가 이렇게 급등하는 것도 한계가 있지 않을까요?"

사실 올해 들어서 금리가 올라갈 때마다 미 국채 5년 이상 10년 이하 미 국채를 꾸준히 매입했던 터라, 이미 미실현 채권 손실이 마이너스 200억 원을 넘은 상황입니다. 외화채권부의 운용 자산이 약 20억 달러(약 2조 4,000억 원) 수준임을 감안할 때는 수익률은 기간 수익률 대비 마이너스 0.8%로 작은 편이지만, 절대 수익을 중요하게 생각하는 장 본부장 시각에는 현재 '비상대책위원회'를 꾸려야 할 판입니다.

"괜찮아, 계속 국채 사 둬. 그런데 우리가 보유하고 있는 채권의 60% 이상이 크레디트 채권이니, 이게 문제야. 그리고 말이야…."

신 부장은 3년여 전 Covid-19로 전 세계가 마비 직전의 상황을 똑똑히 기억하고 있습니다. '닥터 루비니' 두동강 차장의 말입니다.

2020년 2월 3일(월)[48], 회상 장면

"어떤 일이 일어날지 모릅니다. 사실 작년 말에 한국 CDS(Credit Default Swap)이 사상 최저인 20bp(또는 0.2%)까지 내려갔을 때, 이거 사려고 했는데 리스크 부서에서 막았잖아요. 지금 저희 채권 포트폴리오는 완전히 무방비예요. 현재 매입할 수 있는 상품으로 헤지할 수밖에 없습니다."

---

48 《20년 차 신 부장의 채권투자 이야기》 PART 4. 경기 사이클에 적합한 해외채권형 ETF – 최악을 최상으로 TAIL US(p.327, p.328) 참조

2023년 8월 11일 현재

"부장니~임~, 무슨 생각에 잠겨 계십니까~아~."

차 차장의 말에 신 부장이 번뜩 깹니다.

"어, 3년 전 팬데믹 때 두동강 차장이 TAIL RISK 가능성을 이야기하고, 당시 TAIL ETF를 샀던 기억을 좀 했어. 시장이 한쪽으로 쏠릴 때에는 반대 방향도 생각해야지."

"맞습니다~아~, 부장니~임~. 사실 지금 VIX를 봐도 주가가 랠리를 해서 그런지 계속 저점입니다. 이게 언제 어떻게 변할지 모르는 거 아니겠습니까~아~?"

"VIX? 흔히 말하는 '공포지수'를 말하는 건가? 모든 시장참여자가 공포지수를 참고하는데, 실제 그게 어떤 원리로 만들어졌는지는 잘 몰라. 혹시 차 차장, 오늘 오후에 내가 리스크부 황재수 부장 만나기로 했어. 요즘 왜 이렇게 평가손실이 많이 늘어났냐며 리스크부에서 아주 난리잖아? 금리가 급등하면 주가가 버티지 못할 것이고, 그러면 다시 안전자산 선호현상이 강해질 것이라는 점을 강조해야 해. 그리고 우리가 크레디트 채권 헤지를 위해서 TAIL ETF와 더불어 CDS 보장 매수자로서 매입을 좀 하겠다고 설득해야 해. 황 부장하고 미팅 때 차 차장이 VIX에 대해서 설명을 좀 해줄 수 있겠나?"

차 차장은 기다렸다는 듯이 대답합니다.

"물론입니다~아~, 부장니~임~."

점심 후, 신 부장과 차 차장은 리스크부 회의실에서 황재수 부장을 만납니다.

"신 부장님, 금리가 이렇게 오르는데 국채를 추가 매입하시겠다뇨. 아이고, 우리 리스크부는 반대입니다, 반대. 아무리 안전자산이라도 듀레이션을 그렇게 길게 가져가시면 계속 손실 날 거 아닙니까?"

황재수 부장은 신 부장의 설득에 요지부동입니다. 오히려 외화채권부의 손익관리를 지적합니다.

"아니, 무슨 야구 선수처럼 '어떤 볼이 올 것이다'라고 이른바 게스히팅(타자가 투수의 다음 투구의 구종과 코스는 이것일 것이라고 자의적으로 예단하여 앞뒤 가리지 않고 그 구종에만 알맞은 타법으로 타격을 하는 외곬 타격 방식을 형용하는 말, 조해연의 우리말 야구용어 풀이 참조)하시는 것 같습니다."

"황 부장님, 물가는 내려가고 있습니다. 고용시장도 슬슬 식고 있습니다. 여기에 장기 금리가 올라가고 있지만 한계가 있습니다. 금리가 급등하면 지금 주식시장을 이끌고 있는 빅테크 등 주요 회사의 밸류에이션에 부담을 줄 수 있습니다. 금리 상승으로 조달비용에 부담을 느끼고 원리금을 연체하는 한계기업들도 등장할 것이고요. 그러면 안전자산 선호 현상으로 돌아설 겁니다. 10년 국채 금리 4%대는 매우 매력적입니다."

"좋습니다. 일단 국채는 신 부장님 뜻대로 하십시오. 그렇지만 손실이 지금보다 더 늘어날 경우에는 우리 리스크부에서도 투자 제한 등 조치를 취하지 않을 수 없습니다. 이 점 참고하십시오."

황 부장은 다음 주제로 넘어갑니다.

"크레디트 채권들 비중이 너무 높습니다. 좀 파실 의향은 없으세요?"

"지금 충분히 매도했습니다. 저희가 보유하고 있는 크레디트 채권 비중이 작년 말 75%에서 현재 50% 수준까지 줄였습니다. 더 이상 줄이면 이자수익 하락 때문에 저희 부서 수익성에 영향을 미칩니다. 다만 이번 기회에 Itraxx ex-Japan IG CDS 5year Index(Itraxx 일본 제외 아시아 투자등급 기업 5년 만기 CDS 인덱스, 이하 인덱스)를 좀 매입해서 크레디트 스프레드 확대 시, 이로 인한 손실을 헤지할 수 있는 수단으로 쓰려고 합니다. CDS 매입은 리스크부의 사전 협의가 필요하기 때문에 제가 오늘 여기 찾아온 것입니다."

황재수 부장은 다시 발끈합니다.

"아니 부장님, 팔면 팔지, 왜 CDS를 사신다는 겁니까? 2008년 금융위기를 잊으셨습니까? 그때 우리가 CDS 때문에 골치 아팠는지 아십니까? 그리고 지금 주식 및 크레디트 채권시장도 좋다고 보고 받았는데, 이익 날 때 팔아야지 왜 추가로 돈을 들여가면서 헤지를 해야 한단 말입니까?"

아, 이 아저씨 말 안 통합니다. 2008년 금융위기 당시 CDS 때문에 고생한 것은 CDS 프리미엄을 수취하는 포지션이었던 CDS 보장 매도자의 지위에 있었기 때문입니다. 즉 자동차 보험으로 치면, 당시 신난은행의 위치는 자동차 보험사로 자동차를 소유하고 있는 운전자로부터 매월 보험료를 꼬박꼬박 받고 수익으로 인식하고 있다가, 어느 날 한 고속도로에서 20중 추돌사고가 나서 한 번에 피해 보상을 하기 위해 거액의 자금을 지출해야 하는 손실을 인식해야 하는 입장과 동일합니다.

"황 부장님, 지금 제가 CDS를 사겠다는 것은 자동차 소유주로서 자동차 사고 날 때 보상을 받기 위한 입장에서 말씀을 드리는 겁니다. 그리고 부장님께서도 알 만한 지표를 저희 차영하 차장이 구체적으로 설명을 드리도록 하겠습니다. 차 차장, 준비됐나?"

"VIX요? VIX는 저 잘 알죠. 그런데 VIX가 주식시장 지표인데 채권하고도 관련 있어요?"

그사이 차 차장이 그래프 한 장을 황 부장에게 건네고 설명을 시작합니다.

"부장님, 그리고 부장니~임~, 차영하 차장입니다. 주식시장에서는 위험지표로 오랫동안 사용하는 VIX에 대해서 설명해드리도록 하겠습니다. VIX는 시카고옵션거래소 변동성 지수(Chicago Board Options Exchange Volatility Index)를 의미합니다. 황 부장님 말씀대로 이 지수는 주식시장과 밀접한 관련이 있습니다. 1993년 처음 이 지표가 만들어질 때는 당시 S&P 100을 기초로 하는 등가격(행사가격이 실제 주가 근처에 정해져 있는 옵션) 콜옵션 및 풋옵션의 30일 내재 변동성의 기대치를 가지고 만들었습니다. 그러나 2003년 이후 VIX는 S&P 500 지수를 기초로, 다양한 행사가격을 가지는 콜옵션과 풋옵션에 내재되어 있는 30일 기대 변동성을 가중평균하여 지수화하였습니다.

Tip • 콜옵션 : 주가가 행사가격보다 높을 때, 행사가격으로 주식을 매입할 수 있는 권리가 있는 옵션
• 풋옵션 : 주가가 행사가격보다 낮을 때, 행사가격으로 주식을 매도할 수 있는 권리가 있는 옵션
옵션은 한마디로 행사해도 되고 안 해도 되는 상품입니다. 예를 들어 현재 주가가 50달러이고, 행사가격이 60달러인 콜옵션이 있다고 하면, 콜옵션을 행사(즉 행사가격 60달러에 주식을 매입할 수 있는 권리)할 필요가 없습니다. 왜냐하면 주식시장에서 50달러에 주식을 매입하는 것이 더 이익이니까요.

우리가 흔히 VIX를 공포지수라고도 부릅니다."

"하하, 차 차장, 그 정도는 나도 알아요. 우리가 주식운용부 위험 모니터링할 때 이 VIX 지수가 30이 넘으면 바로 '컨틴전시 플랜(예상치 못한 긴급한 사태가 발생할 경우를 대비해 사전에 만들어놓는 위기대응 계획)'을 실행합니다."

차 차장이 물 한 모금 마시고 말을 이어나갑니다.

"네. 맞습니다, 황 부장님. 그 이유는 바로 주가와 이 VIX 간의 상관관계가 확실히 음의 방향이기 때문입니다. 즉 VIX가 커질수록 옵션 변동성이 커지게 되고 이것이 주가에 부정적인 결과를 나타낼 것이라는 기대가 커지게 되는 것입니다. 제가 나눠드린 그래프와 회귀분석을 보시면 잘 아실 수 있습니다."

[그림 16-2] VIX 및 S&P 500 추이(2007년 1월~2023년 8월)

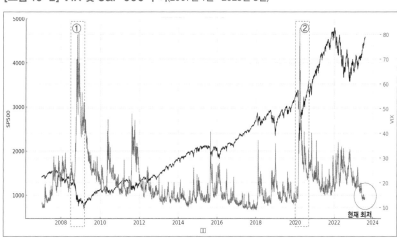

VIX : 주황색 실선(우측 축), S&P 500 : 회색 실선(좌측 축)　　　　　(출처) Bloomberg
① 2008년 금융위기 ② 2020년 Covid-19 팬데믹

[그림 16-3] VIX 전일 대비 변동(독립변수) 및 S&P 전일 대비 수익률(종속변수) 회귀분석

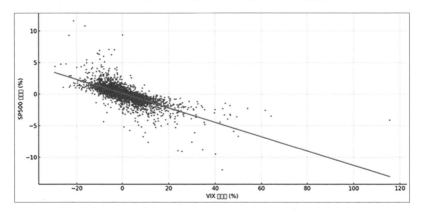

기울기	절편	상관계수	결정계수(R2)	P-value (기울기)
-0.1133	0.069	71.6%	51.3%	0.000

샘플 기간 : 2007년 1월 1일~2023년 8월 2일(샘플 수 : 4,327개)

Tip 상관계수 : 독립변수(x축)과 종속변수(y축) 간의 관계의 강도
결정계수 : 독립변수가 얼마나 회귀분석으로 계산된 종속변수를 설명하고 있는지를 나타
내는 것. 상관계수의 제곱으로 계산한다.

"여기 상관계수를 보니까 확실히 VIX의 일일 변화율과 S&P 500의 일
일 변화율이 완전히 역의 상관관계를 갖게 되는군요. 여기까지는 좋습
니다. 그러면 VIX와 채권 간의 관계는 어떻죠?"

"그건 말입니다…."

황 부장의 질문이 끝나기가 무섭게 차 차장이 말을 이어나갑니다.

"S&P 500은 위험자산을 대표하는 지표입니다. 채권도 크레디트 스프
레드가 위험자산을 나타내는 지표이지요. 왜냐하면 채권 수익률은 신
부장님께서 항상 강조하시는 다음의 식이 성립하기 때문입니다.

채권 수익률 = 안전자산 금리 + 크레디트 스프레드

그러면 VIX와 크레디트 스프레드 간 추이를 그래프로 보여드리겠습니다. 다음 장 넘기시면 그래프가 나와 있습니다."

[그림 16-4] VIX, 크레디트 스프레드 추이(2007년 1월~2023년 8월)

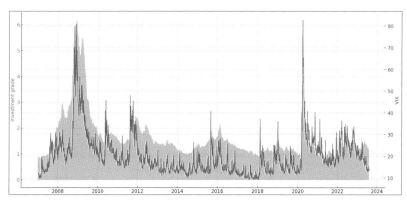

VIX : 주황색 실선(우측 축)　　　　　　　　　　　　　　　　　　(출처) Bloomberg

Investment Grade : Bloomberg US Corporate OAS(회색 음영, 좌측 측, %)

황 부장이 눈을 크게 뜨고 그래프를 봅니다. 자세히 보니 VIX의 움직임이 크레디트 스프레드의 그것보다 먼저 움직이는 것 같습니다.

"차 차장, 그리고 신 부장님, 그래프를 보니 VIX가 크레디트 스프레드를 선행[49]하는 것처럼 보입니다. VIX 선(붉은색 선)과 크레디트 스프레드

---

49 샘플기간(2007년 1월~2023년 8월) 중 독립변수(VIX)의 시차(Time Lag) 방법을 이용, 며칠 전 VIX가 크레디트 스프레드를 설명하는지 시계열로 분석한 결과 다음과 같음. 다음 표의 결과, 현재 VIX가 5일 후 크레디트 스프레드를 가장 잘 설명하는 것으로 나타남

며칠 전 VIX	0	1	2	3	4	5	...	28	29	30
상관계수	0.7524	0.7564	0.7593	0.7613	0.7625	0.7632	...	0.7032	0.7001	0.6968

선(회색 음영)이 저점에서 고점을 향해 상승할 때에는 동시에 올라가다가 VIX 고점에서 하락을 보인 며칠 후에 크레디트 스프레드가 하락하는 모습을 보이네요?"

"네, 맞습니다. 따라서 지금 VIX가 최저점인 상황, 그리고 크레디트 스프레드도 대폭 축소되어 있는 이 시점에서 위험을 헤지하기 위한 CDS 매입이 필요합니다."

잠시 침묵이 흐릅니다. 황 부장이 대답합니다.

"좋습니다. CDS 매입해도 좋습니다. 지금처럼 VIX가 10대 초반을 보이는 최저 수준이라면 충분히 싸게 CDS 프리미엄을 지불하고 살 수 있을 거 같습니다."

VIX 검색 방법

참고 사이트 |

야후 파이낸스 https://finance.yahoo.com/quote/%5EVIX?p=^VIX&.
tsrc=fin-srch(야후 파이낸스)

구글 파이낸스 https://www.google.com/search?q=VIX&oq=VIX&aqs=
chrome..69i57j69i59l2j0i512j0i131i433i512j0i433i512j46i512j69i60.853j0
j4&sourceid=chrome&ie=UTF-8(구글 파이낸스)

이번에는 구글 파이낸스를 통해서 VIX 추이를 보겠습니다. 구글에 'VIX'를 검색하면
다음 화면이 나옵니다.

[그림 16-5] 사이트 화면

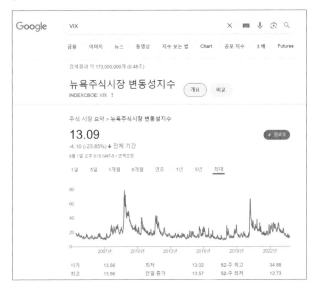

현재(2023년 9월 2일) VIX는 약 13 수준으로 역사적으로 저점에 가깝습니다. 반면 S&P 500을 대표로 하는 미국 주식은 3월 중순 실리콘밸리 은행 파산 및 크레디트 스위스 파산 위기를 저점으로 현재까지 대체로 랠리를 보이고 있습니다.

VIX가 현재 저점 수준이라면 위험자산에 대한 헤지(제거) 노력을 해야 합니다. 대체로 금융시장에서 주식시장으로 대표되는 위험자산 위기는 VIX가 20 이상일 때 나타납니다. 그것이 고점일 수도 있고 지난 2008년 9월이나 2020년 3월처럼 최대 80 수준까지 상승할 수도 있습니다. 그러나 확실한 것은 현재 13 수준은 매우 낮다는 것입니다.

예를 들어보겠습니다. 주가가 지금보다 어느 정도 떨어져야 우리가 주가 조정을 넘어 위기라고 말할 수 있을까요? 보통 1개월 이래 10~15% 하락 시 그렇게 말할 수 있습니다. 앞의 [그림 16-3]의 회귀분석을 토대로 S&P 500 지수가 지금보다 10% 하락하기 위해서는 VIX는 현재보다 88% 상승해야 합니다(10%÷0.1133). 이때 VIX는 24.55 수준이죠. 주식투자자들은 이 상황이 되면 손실회피 경향으로 투매가 일어날 수 있습니다. 그야말로 위험자산의 '위험'이 닥쳐온 것이죠.

17

테일러 룰(Taylor Rule)
- 기준금리가 여전히 낮습니다

2023년 8월 16일(수)

"와 이렇게 금리가 오르노?"

8월로 접어들자 김승리 주임은 불안에 휩싸입니다. 신 부장의 지시에 따라 미 국채를 계속 매입하면서 어느덧 그의 총 한도 2억 달러 중 절반이 국채로 채워졌습니다. 이에 금리 리스크에 지나치게 노출되었다는 걱정이 앞섭니다.

'8월에만 10년물이 20bp(=0.2%)가 넘게 상승했어. 듀레이션이 9년이니 손실이 1.8% 난 건데, 어디 한번 보자.'

손익란을 보니, 정말 7월 말 대비 8월 손실이 약 20억 원* 넘게 발생합니다.

[듀레이션을 이용한 손익 변동 공식]
(−) 포지션×듀레이션×(금리 변동분)×원화 환산

* − 2억 달러×50%×9년×0.002×1,300원/달러 = 23억 4,000만 원 손실

"굿모닝~."
신 부장이 출근합니다.

"안녕하십니꺼."

"김 주임 얼굴이 전형적인 월요병 환자 얼굴인데?"

신 부장이 미소를 지으며 물어봅니다. 지난주 금요일에 황재수 부장을 설득해서 일단 Itraxx ex-Japan IG CDS 5year Index(Itraxx 일본 제외 아시아 투자등급 기업 5년 만기 CDS 인덱스) 2억 달러 매입에 합의하니 마음이 홀가분합니다.

"아뿨, 망했심더. 부장님 말씀대로 물가도 안정세로 돌아섰고, 이번 9월 FOMC 에는 금리 안 올릴라 칸다는 전망이 많다 아입니꺼? 그란디와 이렇게 10년 금리가 치솟는단 말입니꺼?"

그렇습니다. 지난 주 발표한 CPI 결과, 주거비, 중고차 등 그동안 물가 상승의 주범들이 점점 안정을 찾는 모습입니다. 휘발유 가격이 상승하고 있지만 근원 CPI 항목이 아니니, 중앙은행인 연준이 현재 시점에서 금리 결정에 고려할 대상은 더더욱 아닙니다.

"부장니~임~, 중국에서 이래저래 일이 터지고 있습니다아~. 헝다에

[그림 17-1] CPI 추이(2020년 1월~2023년 7월)

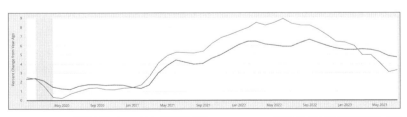

Headline CPI : 회색 실선, Core CPI : 주황색 실선 　　　　　(출처) 미 노동부, FRED(세인트루이스 연은)

[그림 17-2] 연준 기준금리 인상 확률(2023년 8월 15일 현재)

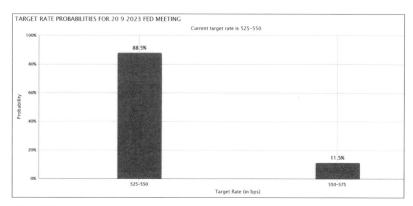

현재 기준금리 5.25~5.5%

(출처) CME Group

이어서 컨트리가든[50]이 휴일 중에 채무불이행 가능성이 커지고 있고 경기지표가 좋지 않습니다아~. 중국발 침체가 우려되고 있는 상황입니다아~. 빨리 CDS를 매입해야 할 거 같습니다아~."

중국의 부동산 위기 여파로 중국의 7월 산업생산은 전년동기 대비 3.7% 상승에 그쳐, 지난 달 4.4% 대비 확연히 감소한 모습을 보였습니다. 이에 중국의 중앙은행 인민은행은 1년물 정책금리를 2.65%에서 2.5%로 낮추기로 결정합니다. 중국은 공식 기준금리 없이, 지급준비율,[51] 1년, 5년 대출금리 등으로 금리 조정을 합니다.

---

50 광둥성에 소재한 중국 대형 부동산 개발회사로서 중국어로는 '비구이위안'이라고 불림. 지난 8월 7일 만기 도래 10억 달러 채권 2종에 대한 이자(2,250만 달러)를 미상환. 현재 30일 간 유예기간을 중이지만 디폴트 위험에 노출되어 있는 상황임. 또한 8월 14일부터는 역내 채권 일부 거래 정지가 됨

51 은행이 고객으로 받은 예금 중에서 중앙은행에 의무적으로 적립해야 하는 비율. 중앙은행은 시중은행의 지급준비계좌 예치 대가로 이자를 지급하는데 이를 지급준비율 금리라고 함

"차 차장님예, 그라믄 중국발 경기침체가 뫄 예상된다믄 결국 안전자산으로 뫄 돌아온다 카는 거 아입니꺼?"

차 차장이 웃으면서 대답합니다.

"맞습니다~아~. 일단 중국발 위기가 예사롭게 보이지는 않습니다. 그래서 부장님께서 당신의 예지력으로 CDS를 매입할 수 있도록 리스크부와 협의한 거 아닙니까? 여기에 현재 연착륙 기대감으로 유가가 상승하고 금리가 동반 상승하고 있지만, 물가가 연준 목표에 도달하지 않았기 때문에 여전히 매파적인 통화정책 운용이 가능합니다. 그렇게 되면 경기가 다시 위축 국면으로 들어설 수 있습니다."

"김 주임, 국채 매입으로 인한 현재까지의 손실은 내가 책임진다. 걱정하지 말고 10년 국채 금리 4.5%까지는 매입해."

김 주임은 예의 자신감 있는 얼굴로 돌아옵니다.

"뫄 알겠심더. 뫄 국채인데 망할 위험도 없으니 '고(Go)' 해보겠심더."

그때 두 차장이 대화에 '참전'합니다.

"부장님, 그런데 연준이 물가가 2% 될 때까지, 그리고 고용지표가 정말 부진한 수준까지 인상할 수도 있다고 보지 않습니까?"

"그렇게 기준금리를 올리면 내가 그동안 이야기한 경기침체 가능성이 커질 것이라는 이야기와 일맥상통하기는 한데, 그렇게 공격적으로 올릴 수 있을까 하는 생각에는 의문이 드는데?"

두 차장이 식을 하나 가져옵니다.

$$r = p + 0.5y + 0.5 \times (p-2) + 2$$

r : 기준금리

y : 현재 실질 GDP와 목표 GDP 간 Gap(Output Gap＝100%×(Y − Y*)÷Y*)

Y : 실질 GDP, Y* : 목표 GDP

p : 전년 대비 인플레이션

"그 유명한 '테일러 룰(Taylor Rule)'입니다. 이 식은 지금은 많은 수정 버전이 있지만, 테일러 교수가 최초로 소개한 내용입니다. 미국 기준금리가 제로금리 체제가 되면서 이 공식이 많이 퇴색되긴 했지만, 지난 2022년 기준금리 인상기에는 이 분의 공식을 다시 주목하게 된 것도 사실입니다."

테일러 룰은 1993년, 현재 스탠퍼드 대학 교수로 있는 존 테일러 교수의 논문[52]에서 소개한 내용입니다. 그는 재정정책, 통화정책이 어떤 임계점에 도달하면 자동조절장치(Automatic stabilizer)를 통해서 사전에 정한 룰을 지키도록 해야 한다는 연구결과에 관심이 많았습니다. 목표 기준금리의 경우 물가와 아웃풋 갭에 의해서 결정되어야 한다고 말했습니다. 즉 앞의 식에서처럼 물가가 올라가고(p가 상승), 목표 GDP 대비 실질 GDP가 더 높게 성장(y가 상승)하면 경기가 과열된다는 신호이므로 목표 기준금리 r이 높아지게 됩니다. 그러면 연준은 기준금리를 r만큼 올리면, 시중의 유동성을 금융기관으로 흡수하여 경기를 자동적으로 둔화, 물가 하락 및 실질 GDP 상승 둔화의 효과를 거두게 됩니다. 이것이 테일러 룰의 뼈대입니다.

---

52 Taylor, J. B. (1993, December). Discretion versus policy rules in practice. In *Carnegie-Rochester conference series on public policy* (Vol. 39, pp. 195-214), North-Holland.

"사실 이분은 '왜 연준위원들이 재량적으로 기준금리를 맘대로 조정하려 하느냐'에 대한 강한 불만을 가지고 있었어. 그리고 항상 말하지. '테일러 룰에 따르면….'"

신 부장 코멘트에 김 주임이 맞장구칩니다.

"봐, 떼일라 룰이 기준금리 계의 AI(인공지능)이네예."

테일러 룰이 기준금리 결정에 직접적으로 적용된다면 통화정책에 대한 사전 예측과 결정을 놓고 벌이는 논쟁거리가 크게 줄어들 것입니다. 오로지 앞의 식, 물가와 아웃풋 갭으로만 결정될 테니까 말이지요.

"사실 테일러 룰이 금융위기 이전까지만 해도 상당히 신뢰받는 공식이었습니다. 실제 기준금리와 테일러 룰에 따른 예상 기준금리가 거의 일치했으니까요. 그런데 2009년부터 제로금리, 양적완화, 포워드 가이던스 등 비전통적인 통화정책이 연준의 주류로 자리를 잡으면서 테일러 룰이 유명무실해졌다고 생각할 수 있습니다."

두 차장이 이어서 이야기를 계속 합니다.

"그런데 2017년 민주당 출신인 옐런 의장의 연임을 반대했던 트럼프 대통령이 차기 연준 후보로 현재 파월의장과 더불어 존 테일러 교수를 염두에 두고 있었다는 점은 익히 알려진 사실이죠. 그런데 이런 일이 있었답니다. 이거 소문만 듣고 웃겨서 물을 뿜었다니까요."

2017년 11월 20일 (월) 백악관[53] (회상 장면)

트럼프 대통령(이하 '트럼프') : 우리에게는 제로금리를 지속적으로 유지하면서 미국을 찬란하게 비추어줄 적임자가 필요합니다. 아메리카 퍼스트 (America First), 유노우?

므누신 재무장관(이하 '므누신') : 그래서 제가 여기 적임자인 존 테일러 교수를 모셔왔습니다. 그는 오랫동안 공화당의 정치색과 맞고 통화정책의 선명성을 가지고 있습니다. 지금처럼 의장과 연준위원들이 중앙은행의 독립성을 핑계로 자기들 마음대로 통화정책을 펼치는 상황을 그 역시 마음에 들어 하지 않습니다. 통화정책은 사람의 주관적인 판단이 아닌 숫자가 말해준다는 강한 신념을 가지고 있습니다.

트럼프 : 리얼리(Really)? 나는 아주 선명한 사람이 좋아요. 나를 보세요, 항상 무 자르듯이 명확하게 판단하잖아요. 워싱턴의 노회한 정치가들, 난 그게 싫어요.

므누신 : 대통령님의 말씀이 100번 맞습니다. 그러면 테일러 교수님(이하 '테일러') 모셔오겠습니다.

(비서의 안내를 받고 테일러 교수, 백악관 오벌 오피스에 들어섭니다.)

테일러 : 안녕하십니까, 대통령님.

트럼프 : 하이, 잔(John). 므누신 장관을 통해서 잔이 통화정책의 대가라고 들었습니다. 우리 미국을 정말 세계에서 가장 부강한 국가로 만드는 데 힘을 보태주시오. 그러려면 현재 통화정책을 어떻게 써야 하겠소?

---

53 옐런 연준 의장 후임을 두고 파월 당시 연준 이사와 존 테일러 스탠포드 교수가 유력 차기 의장 후보로 보도한 기사 등을 토대로 테일러 룰을 좀 더 쉽게 설명하고자 각색한 내용이다. 따라서 실제 사실과 다를 수 있다.

테일러 : 대통령님, 금융위기 이후 연준의 지나친 완화적인 통화정책 때문에 미국이라는 나라가 유동성이라는 수영장에서 허우적거리고 있습니다. 경제는 발전하지 못하는데 물가 상승 압력은 도처에 널려 있습니다. 빨리 정상화해야 합니다.

트럼프 : 동의합니다. 오바마 8년 동안 복지정책 편다고 오바마케어니 뭐니 이상한 정책을 써서 경제가 도약을 못하고 있어요. 그런데 벌써부터 출구 전략이니 뭐니 해서 연준이 기준금리를 스멀스멀 올리고 있어요. 이것은 우리 정부에서 펼치려고 하는 아메리카 퍼스트 전략을 방해하고 있습니다. 곧 의회에서 감세안이 통과될 겁니다. 아임 슈어(I am sure)! 이 법안이 효과를 보려면 무조건 연준에서 제로금리를 행해야 합니다. 제로금리! 다시 금리를 내려야 한다는 말이지요.

테일러 : (므누신을 한번 흘낏 보더니) 대통령님, 지금 제로금리를 해서는 절대 안 됩니다. 지금 연준의 문제는 금리를 제때 올리지 않아서 다시 금융시장에 거품을 끼게 하고 있다는 것이 문제입니다. 따라서 금리를 빠르게 올려야 합니다. 여기 제 테일러 룰에 따르면, 10월 말 현재 적정 기준금리는 4.3%, 현재 1일물 연방기금금리 수준 1.07% 대비 약 3.2% 차이가 납니다. 진즉에 올렸으면 빠르게 올릴 필요가 없었는데, '유동성 파티(연준의 양적완화, 제로금리로 인해 실제 목표로 했던 실물 경기로 돈이 흘러가지 않고 금융시장에 흘러가 경제 성장 부진과 함께 자산 가격 급등을 초래)'에 취해서 금리를 올릴 시기를 놓친 것입니다. 최소 200bp(=2%, 25bp 씩 8회 인상을 주장)는 올려야 합니다(그림 17-3).

트럼프 : 왓 아유 토킹 어바웃(What are you talking about? 무슨 말씀하시는 거예요)? 금리를 유지하기는커녕 올려요? 아메리칸 퍼스트 정책을 망칠 셈이요? 당장 나가요(Get out of here)!

[그림 17-3] 연방기금금리 및 테일러 룰 목표금리 추이(2013년 8월~2017년 10월)

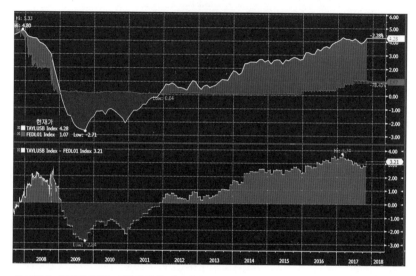

위 그래프 : 연방기금금리 : 주황색 실선, 테일러 룰 목표금리 : 흰색 실선 　　(출처) Bloomberg
아래 그래프 : 테일러 룰 목표금리 – 연방기금금리 차이

2023년 8월 16일 현재

"그래서 연준 이사로 있으면서 한 번도 다수 의견에 반기를 든 적이 없는 파월 의장을 지명했다나 어쨌다나 한 거라잖아요."

두 차장이 당시를 회고합니다.

"차장님, 이제 연준이 통화정책을 기준금리 이외에 여러 가지 방법을 동원해서 시행하고 있게 되면서 테일러 공식에 따른 목표 기준금리와 현재 기준금리 간 괴리가 계속 일어나고 있습니다. 그러면 테일러 룰은 이제 쓸모없는 거 아닌가요?"

안예슬 대리가 질문하자, 두 차장이 대답합니다.

"아까도 말했지만 테일러는 자신의 공식이 일종의 '자동항법장치'의 역할을 하면서 연준이 재량적으로 기준금리를 정하면 안 된다는 입장을 계속 냈지. 그런데 그가 비판하는 당사자였던 벤 버냉키 전 연준 의장(2022년 노벨경제학상 수상)은 다음과 같은 내용을 기고하며 그의 의견을 반박하기도 했어."

Monetary policy should be systematic, not automatic. The simplicity of the Taylor rule disguises the complexity of the underlying judgments that FOMC members must continually make if they are to make good policy decisions. Here are just a few examples (not an exhaustive list) :

The Taylor rule assumes that policymakers know, and can agree on, the size of the output gap. In fact, as current debates about the amount of slack in the labor market attest, measuring the output gap is very difficult and FOMC members typically have different judgments. It would be neither feasible nor desirable to try to force the FOMC to agree on the size of the output gap at a point in time.

The Taylor rule also assumes that the equilibrium federal funds rate (the rate when inflation is at target and the output gap is zero) is fixed, at 2 percent in real terms (or about 4 percent in nominal terms). In principle, if that equilibrium rate were to change, then Taylor rule projections would have to be adjusted. As noted in footnote 2, both FOMC participants and the markets apparently see the equilibrium funds rate as lower than standard Taylor rules assume. But again, there is plenty of disagreement, and forcing the FOMC to agree on one value would risk closing off important debates.

The Taylor rule provides no guidance about what to do when the predicted rate is negative, as has been the case for almost the entire period since the crisis.

There is no agreement on what the Taylor rule weights on inflation and the output gap should be, except with respect to their signs. The optimal weights would respond not only to changes in preferences of policymakers, but also to changes in the structure of the economy and the channels of monetary policy transmission.

I don't think we'll be replacing the FOMC with robots anytime soon. I certainly hope not.

⇨ 통화 정책은 자동이 아니라 체계적이어야 합니다. 테일러 룰의 단순성은 FOMC 위원들이 올바른 정책 결정을 내리기 위해 지속적으로 내려야 하는 근본적인 판단의 복잡성을 감추고 있습니다. 다음은 몇 가지 예시입니다(전체 목록은 아닙니다).

테일러 룰은 정책 입안자들이 아웃풋 갭 격차의 크기를 알고 있고 합의할 수 있다고 가정합니다. 사실, 노동시장의 낙수효과에 대한 최근의 논쟁에서 알 수 있듯이, 아웃풋 갭 격차를 측정하는 것은 매우 어렵고 FOMC 위원들은 일반적으로 서로 다른 판단을 내립니다. 따라서 특정 시점의 산출 격차 규모에 대해 FOMC가 합의하도록 강요하는 것은 실현 가능하지도 않고 바람직하지도 않습니다.

테일러 룰은 또한 균형 연방기금금리(인플레이션이 목표에 도달하고 산출 갭이 0일 때의 금리)가 실질 기준 2%(또는 명목 기준 약 4%)로 고정되어 있다고 가정합니다. 원칙적으로 이 균형 금리가 변경되면 테일러 룰 예측을 조정해야 합니다. FOMC 참가자와 시장 모두 균형 연방기금금리를 표준 테일러 룰이 가정하는 것보다 낮게 보고 있는 것으로 보입니다. 그러나 다시 말하지만, 이견이 많기 때문에 FOMC가 한 가지 값에 합의하도록 강요하면 중요한 논쟁이 종결될 위험이 있습니다.

테일러 룰은 위기 이후 거의 모든 기간 동안 그랬던 것처럼 예측 금리가 마이너스일 때 어떻게 해야 하는지에 대한 지침을 제공하지 않습니다.

테일러 룰이 인플레이션과 산출 갭의 징후와 관련한 것을 제외하고는 이 두 가지 요인에 가중치를 두는 방식에 대한 합의는 없습니다. 최적의 가중치는 정책 입안자의 선호도 변화뿐만 아니라 경제 구조와 통화정책 전달 경로의 변화에도 대응할 수 있을 것입니다.

조만간 FOMC를 로봇으로 대체할 날은 오지 않을 것 같습니다. 그러지 않기를 바랍니다.

(출처) Ben S. Bernanke (2015). The Taylor Rule : A benchmark for monetary policy? Brookings Institute (https://www.brookings.edu/articles/the-taylor-rule-a-benchmark-for-monetary-policy/)

"아따, 심하게 깠네예."

"하도 그가 연준의 제로금리와 양적완화에 대해서 비판적인 논조를 이어가니까 이에 대한 반박도 논리적으로 해야겠지?

그래도 연준은 매 반기마다 제출하는 통화정책 보고서에 테일러 룰의 내용을 넣고 사후 검증을 하고 있어. 즉 현재의 기준금리와 전통적인 테일러 룰, 그리고 수정된 공식들을 비교하는 그림을 넣고 적정성 여부를 보고 있지."

[그림 17-4] 실제 기준금리 vs 주요 통화준칙상 이론금리 추이(2023년 6월 16일 기준)

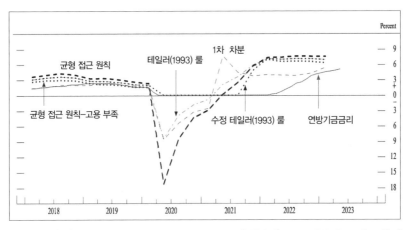

(출처) Board of Governors of the Federal Reserve System (2023. 6. 16), Monetary Policy Report, Page 45~46

테일러 룰(1993) : 전통적인 테일러 룰

- 균형 접근 원칙(Balanced Approach Rule) : 아웃풋 갭의 가중치를 0.5에서 1로 상향 ⇨ 물가 안정보다 완전경제 달성을 더 우선시함
- 균형 접근 원칙-고용 부족(Balanced Approach Rule : Shortfall) : 중앙은행이 완전고용으로부터 부족한 경우에 초점

- 수정 테일러(1993) 룰(Adjusted Taylor Rule) : 기존 테일러 룰의 목표 기준금리가 기준금리 실효 하한(현재와 같이 5.25 ~ 5.5%의 기준금리일 때는 5.25% 내외에서 형성)보다 낮을 경우, 연방기금금리와 균형 접근 원칙에 근거한 목표금리 간 차이의 누계 적용
- 1차 차분(1st Difference) : 아웃풋 갭에 단일 수치 대신, 그 변화를 1차 차분 형태로 반영

* 각 그래프 설명 : KB증권(2022년 10월 6일) 테일러 룰로 계산한 연준의 PIVOT, p.3

[표 17-1] 테일러 룰 및 수정 공식 현황

구분	공식	설명
테일러 룰(1993)	$R_t^{T93} = r_t^{LR} + \pi_t + 0.5(\pi_t - \pi^{LR}) + (u_t^{LR} - u_t)$	전통적인 테일러 룰
균형 접근 원칙 (Balanced Approach)	$R_t^{BA} = r_t^{LR} + \pi_t + 0.5(\pi_t - \pi^{LR}) + 2(u_t^{LR} - u_t)$	아웃풋 갭의 가중치를 0.5에서 1로 상향 물가 안정보다 완전경제 달성을 더 우선시함
균형 접근 원칙 : 고용 부족(Shortfall)	$R_t^{BAS} = r_t^{LR} + \pi_t + 0.5(\pi_t - \pi^{LR}) + 2min\{(u_t^{LR} - u_t), 0\}$	중앙은행이 완전고용으로 부터 부족한 경우에 초점
수정 테일러 룰 (Adjusted Taylor(1993) rule)	$R_t^{T93adj} = max\{R_t^{T93} - Z_t, \text{ELB}\}$	Z_t가 실효하한보다 낮을 때, 연방기금금리와 목표 금리 간 차
1차 미분 공식 (1st Difference Rule)	$R_t^{FD} = R_{t-1} + 0.5(\pi_t - \pi^{LR}) + (u_t^{LR} - u_t) - (u_{t-4}^{LR} - u_{t-4})$	아웃풋 갭 대신, 그 변화를 1차 미분 형태로 반영

두 차장은 설명을 이어나갑니다.

"이 보고서 상에서는 각종 준칙을 적용한 결과, 4~8%의 범위의 기준금리를 제시하고 있고, 작년부터 급격히 올라가고 있는 인플레이션 추이를 반영되어 있다고 설명하고 있어. 그리고 실제 기준금리도 작년 3월

부터 지금까지(2023년 6월 기준) 5% 올렸다고 보고하고 있네."

Over the past year, the prescriptions of the simple rules for the federal funds rate were between 4 and 8 percent; these values are well above the levels observed before the pandemic and reflect, in large part, elevated inflation readings . Since early 2022, the FOMC has raised the target range for the federal funds rate by 5 percentage points to attain a stance of monetary policy that will be sufficiently restrictive to return infl ation to 2 percent over time.

(출처) Board of Governors of the Federal Reserve System(2023년 6월 16일), Monetary Policy Report, pp. 45~46

⇨ 지난 한 해 동안 연방기금금리에 대한 각종 준칙의 '처방'은 4~8%였으며, 이러한 수치는 팬데믹 이전에 관찰된 수준보다 훨씬 높으며 대부분 인플레이션 수치의 상승을 반영합니다. 2022년 초부터 FOMC는 시간이 지남에 따라 인플레이션을 2%로 되돌릴 수 있는 통화 정책의 입장을 달성하기 위해 연방기금금리의 목표 범위를 5%포인트 올렸습니다.

"저 말은 꼭 기준금리를 테일러 룰과 그 수정 공식에 맞춰서 올리거나 내릴 필요는 없지만, 왜 저렇게 공식에 따른 목표금리가 올랐으며 이 기조에 맞게 기준금리도 조정해야 함을 암시하는 것 같습니다."

안 대리 코멘트에 신 부장이 정리합니다.

"맞아, 과거처럼 기준금리를 테일러 룰이 제시하는 금리에 맞출 필요도 없고, 현실적으로도 테일러 룰이 가진 한계가 존재하며, 테일러 룰에서처럼 세상을 단순한 몇 가지(물가, 아웃풋 갭)로 설명하기에는 너무나도 복잡다난해졌지. 그러나 연준의 목표가 완전고용과 물가안정이라는 점, 그리고 이를 달성하기 위해서 기준금리를 조정한다는 점에서는 테일러 룰의 변화가 우리에게 주는 시사점이 많아.

테일러 룰도 두 차장이 설명한 바와 같이 여러 가지 형태의 공식으로 변형되고 있고, 지금은 물가, 아웃풋 갭 이외에도 (완전고용을 위한) 실업률 갭도 감안해서 계산을 하고 있어. 괴리는 인정하지만 지속적으로 테일러 룰이 기준금리보다 높게 형성되어 있기 때문에 (그 이유는 여전히 견고한 근원 CPI 때문이지) 여전히 기준금리를 한두 차례 올려야 한다는 의견이 있는 거야. 그런데 기준금리를 더 올리면 물가는 잡히겠지만, 어떤 일이 일어날 수 있다?"

"뫄, 그라믄 진짜 조달비용 때문에 기업들이 힘들어지고, 주가 밸류에이션이 높은 금리로 할인해야 하니까 주가가 떨어지는 상황이 벌어지지 않겠심꺼?"

"그래서 안전자산을 더 매입해야 하는 겁니다~아~, 부장님!"

김 주임의 말을 차 차장이 받음으로써 자연히 2023년 여름, 신난은행 외화채권부의 포트폴리오 운용 전략이 정리됩니다.

테일러 룰 검색 방법

참고 사이트 | https://www.atlantafed.org/cqer/research/taylor-rule

(애틀랜타 연방준비위원회)

위 사이트에 접속하면 다음과 같은 과정을 거치면 됩니다.

[그림 17-5] 사이트 화면

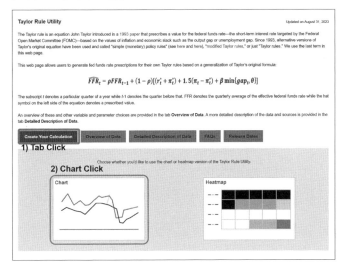

1993년 존 테일러 교수가 처음으로 소개한 이후, 시대에 맞게 테일러 룰은 약간의 수정을 거치면서 여러 가지 버전으로 발전했습니다. 여기서 소개할 애틀랜타 연은이 제공하는 'Taylor Rule Utility'는 다음 3가지 버전으로 값을 산출하여 보여줍니다. 이 데이터는 PCE 및 CPI 발표일 직후 클리블랜드 연은에서 제공하는 'Nowcast'를 기반으로 업데이트를 합니다.

$$\widehat{FFR}_t = \rho FFR_{t-1} + (1-\rho)[(r_t^* + \pi_t^*) + 1.5(\pi_t - \pi_t^*) + \beta \min\{gap_t, \theta\}]$$

FFR$_{t-1}$: 직전 3개월 평균 유효 연방기금금리

ρ : 이자율 조정변수(interest0rate smoothing parameter)

r$_t$: t기 자연이자율

π_t : t기 인플레이션율

π^*_t : t기 인플레이션 목표치

β : 산출량 갭 가중치

θ : 실업률 갭 상한

[표 17-2] 유형 3. 테일러 룰 주요 변수*

구 분	Alternative 1	Alternative 2	Alternative 3
인플레이션 목표치	2%	2%	2%
자연이자율 모델	내재이자율[1]	내재이자율[1]	Laubach–Williams model 1–sided estimate
산출량 갭 모델	실업률 갭 × 2[1]	실업률 갭 × 2[1]	Real GDP gap[2]
인플레이션 모델	Core PCE (직전 4분기 평균)	Core PCE (직전 4분기 평균)	Core PCE (직전 4분기 평균)
산출량 갭 가중치	0.5	1	0.5
이자율 조정 변수	0	0	0

* 디폴트 값이며, 변경 가능합니다.

1) 출처 : FOMC Summary of Economic Projection

2) 출처 : CBO(Congressional Budget Office, 의회 예산국)

위의 변수들을 식에 투입한 후 3가지 버전의 테일러 룰과 현재 기준금리 추이는 다음과 같습니다.

[그림 17-6] 테일러 룰 및 기준금리 추이

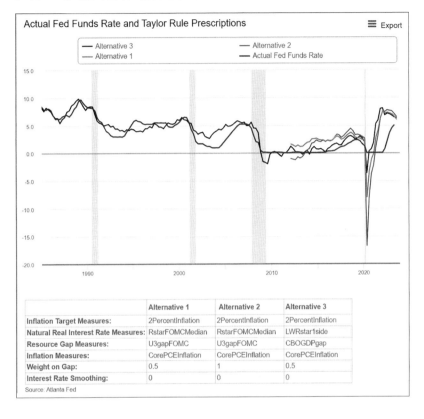

Actual Fed Funds Rate and Taylor Rule Prescriptions ≡ Export

— Alternative 3　　　　　　　　— Alternative 2
— Alternative 1　　　　　　　　— Actual Fed Funds Rate

	Alternative 1	Alternative 2	Alternative 3
Inflation Target Measures:	2PercentInflation	2PercentInflation	2PercentInflation
Natural Real Interest Rate Measures:	RstarFOMCMedian	RstarFOMCMedian	LWRstar1side
Resource Gap Measures:	U3gapFOMC	U3gapFOMC	CBOGDPgap
Inflation Measures:	CorePCEInflation	CorePCEInflation	CorePCEInflation
Weight on Gap:	0.5	1	0.5
Interest Rate Smoothing:	0	0	0

Source: Atlanta Fed

아직 끝나지 않았다

맺음말을 쓰고 있던 2023년 8월 말부터, 출간을 위한 인쇄 전 마지막 검토를 하고 있는 2023년 10월 20일까지 미국 10년 금리는 4.1%에서 4.99%까지 90bp(0.9%) 가까이 급등했습니다. 채권 투자자들은 패닉에 빠져 있고, 지난 수년간 주가를 끌어올렸던 IT주는 금리 급등에 따른 기업가치 하락을 우려합니다. 이스라엘과 팔레스타인 무장단체 중 하나인 하마스 간 분쟁으로 WTI는 배럴당 90달러를 돌파하며 급등하고 있고, 공포지수(VIX)는 어느덧 20을 넘어섰습니다. 지금도 지정학적 위험, 채권금리 등이 우리가 지켜보는 금융지표에 실시간 반영되며 계속 어딘가를 향해 나아가고 있습니다.

금융지표의 변동은 경제지표의 변동 대비 훨씬 빠릅니다. 금융시장의 참여자들이 향후 전망을 매매라는 형태로 즉각적으로 나타나고 있기 때문입니다. 예를 들어 원/달러 환율이 가파르게 오르고 있습니다(원화 가치가 달러 대비 하락하고 있다는 의미임). 이것은 미국과 한국의 기준금리 차이가 역대 최대[54]로 벌어져 있기 때문에 기준금리가 높은 국가의 화폐가

---

[54] 역사적으로 경제 규모 및 지위가 열위한 우리나라의 금리가 미국의 그것보다 높은 것이 일반적이었지만, 현재 미국 기준금리−한국 기준금리=1.95%로 역전 정도가 최대라는 의미임

치가 더 높은 것이 일반적이라는 이론적인 설명에 기인할 수도 있겠지요. 그러나 이것을 넘어서 미국의 경제는 탄탄대로를 향해 달려가는데, 우리나라는 그렇지 않다는 위기의 시그널로 보입니다.

이는 앞서 에피소드에서 설명해드렸던, 원/달러 스와프 포인트를 통해서 알 수 있습니다. 지금 6개월 만기 원/달러 외환 스와프의 스와프 포인트는 -15.1원입니다. 즉 내가 원화를 매도하고 달러를 매수하여 엔비디아 주식을 사고 싶은데, 환율 변동에 따른 수익률 변동이 싫어서 6개월 만기의 외환 스와프를 가입했을 때, 그 대가로 저는 15.1원만큼 상대방에게 프리미엄을 지불해야 합니다. 원화가치가 달러대비 하락, 즉 환율이 계속 오르는데 스와프 포인트가 계속 하락한다면, 국내 경제 펀더멘털이 상대적으로 약화되고 있음을 나타내는 시그널일 수 있음을 의심해야 합니다.

[그림] CNN 공포와 탐욕지수 추이(2022년 8월~2023년 8월)

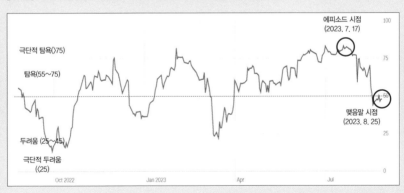

(출처) https://edition.cnn.com/markets/fear-and-greed

또한 제가 에피소드에서 설명했던 CNN 공포와 탐욕지수는 글을 썼던 시점 대비 급격하게 위축되는 모습을 보였습니다. 주식시장이 너무 빠르게 올랐다는 심리에 미국의 재정적자 심화, 그리고 국채 발행 증가로 인한 금리 상승 여파로 주가의 밸류에이션이 앞으로 조정받을 것이라는 예상 때문일까요?

제가 짧지 않은 기간 동안 해외채권을 운용하다 보니, 금융지표를 바라보는 저의 시각은 아무래도 채권이 중심이 될 수밖에 없었습니다. 그러나 '이것은 채권 지표야!'라고 단정지으면 안 됩니다. 채권과 관련한 금융지표는 결국 주식, 외환, 유가 등에 상당한 영향을 미치기 때문에 이를 분리해서 보지 않으셨으면 합니다.

공식적으로 정해진 경제지표와 달리, 금융지표는 주가지수 등 벤치마크에서부터 중앙은행이 주기적으로 발표하는 서베이에 이르기까지 정량적(Quantitative), 정성적(Qualitative) 요소가 포함되어 있습니다. 저는 책을 쓰기 위해 모은 글감의 원칙을 두 가지로 정했습니다.

1. 인터넷에서 쉽게 찾을 수 있어야 한다는 것
2. 비전문가 입장에서 쉽게 접하지 않았던 지표, 그러나 쉽게 통찰력을 얻을 수 있는 것

WTI(미 텍사스산 중질유)나 VIX 같은 언론에 잦은 노출이 있는 지표를 제외하고, 저는 이 두 가지 원칙을 지키며 글을 썼습니다.

아쉬움도 있습니다. 예를 들어 버핏지수(GDP 대비 시가총액)나 채권 및 주식의 풋-콜 비율과 같이 유용한 지표들이 있음에도 불구하고, 저의 무지함으로 통찰력 있는 글을 쓸 수 없었기에 이러한 좋은 글감들은 앞

으로 저의 능력이 충분하다고 생각할 때 다시 다루겠습니다.

금년 상반기만 해도 경기침체에 대한 두려움으로 뒤덮였던 미국에서는 지금 연착륙은 기정사실, 나아가서 노랜딩(No Landing, 침체 없이 경제 성장이 지속하는 현상)을 전망하고 있습니다. 반면 유럽에서는 물가 상승과 더불어 경기침체 우려 목소리가 나오는 스태그플레이션에 대한 걱정이 앞섭니다. 중국은 잇따른 대형 부동산 업체의 파산(헝다그룹), 또는 파산 위기(비구이위안), 그리고 GDP 성장률 5%를 하회할 수도 있다는 우려가 높아지고 있습니다. 이렇게 주요 경제권의 경제 상황이 이대로 진행될까요? 금융시장은 생물입니다. 경제 상황의 바로미터인 금융지표가 언제, 어떻게 변할지 모릅니다.

아직 끝나지 않았습니다.

20년 차 신 부장의 금융지표 이야기

초판 1쇄 인쇄 2023년 10월 24일
초판 1쇄 발행 2023년 11월 13일

지은이   신년기
펴낸이   임충진

펴낸곳   지음미디어
출판등록   제2017-000196호
전화   070-8098-6197
팩스   0504-070-6845
이메일   ziummedia7@naver.com
ISBN   979-11-980673-8-8 03320

값 22,000원